욕망의 메타포

서양 철학자들의 욕망 담론을 통해 욕망의 메커니즘을 밝히다

"인간 욕망의
근원은 어디에서?"

욕망의 메타포

서양 철학자들의 욕망 담론을 통해 욕망의 메커니즘을 밝히다

박정희 지음

이담
Books

"늘 곁에서 버팀목이 되어준 남편에게 바친다."

이 저서는 2015년 정부(교육부)의 재원으로 한국연구재단의 지원을
받아 수행된 연구임(NRF-2015S1A6A4A01012946).

프롤로그

　욕망은 늘 우리 곁에 있다. 마치 유령처럼 우리 곁을 맴돈다. 지금 이 순간에도 우리는 끊임없이 무언가를 욕망하기 때문이다. 그렇다면 욕망은 무엇인가? 어쩌면 우리 인간에게 욕망이란 인간이 생존하기 위해 만들어낸 산물로서 삶의 권태로움을 극복하며, 삶을 지속하기 위한 유인책일지도 모른다. 그래서 인간은 끊임없이 욕망을 추구하면서, 욕망을 실현하는 짜릿한 그 순간을 계속 느끼고 싶어하는 것은 아닐까? 때로는 인간에게 욕망은 삶을 긍정적으로 이끌어 가는 삶의 동력이 되기도 한다. 그러나 욕망을 실현하게 됨으로써 느끼는 강렬한 기쁨도 잠시, 결국 시간 앞에서 사그라지고 만다.

　욕망은 인류의 시작과 함께해 온 하나의 명확한 화두이다. 인간에게 있어서 욕망은 행동을 일으키는 동인이다. 이것은 우리 인간에게 본능이라고 할 수 있다. 그러나 현대에 와서는 욕망을 단순히 본능으로만 보지 않고, 인간과 환경의 상호작용을 통한 욕망으로 해석하는 경향도 있다. 욕망은 우리 인간에게 활력소로서 삶의 원동력이 되기도 하고, 반면에 욕망은 전쟁과 생태계 파괴 등의 원인으로서 알력과 불화의 근원이 되기도 하며 인류와 함께해 왔다. 따라서 욕망은 인류가 지구상에 존재하는 한 우리 인간에게 영원한 화두이다. 인간의 들끓는 욕망은 시대를 초월한 비슷한 모습으로 드러난다. 욕망은 인간의 본능인가?

인류는 그동안 행복의 열쇠를 찾기 위해 욕망의 언저리를 배회해왔는지도 모른다. 그동안의 역사에서 수많은 사상가와 철학자들은 행복을 최고선으로 규정했다. 특히 고대 그리스 철학자 에피쿠로스는 행복이 인생의 유일한 목적이라고 설파했다. 에피쿠로스는 행복을 최고선으로 규정할 때, 물질적 성취만으로는 만족이 오래가지 않으며, 행복해지기 힘들다고 경고했다. 그래서 적당히 먹고, 마시고, 성욕을 억제해야 한다고 강조했다. 에피쿠로스는 무절제한 쾌락을 추구하는 것은 사람을 행복하게 만들기보다는 비참하게 만들 가능성이 크고, 육체적 쾌락을 추구하는 것은 바로 인간 고통의 근원이라고 이미 예언했다. 돈, 명예, 육체적 쾌락을 맹목적으로 추구하면 오히려 비참해질 뿐이다. 그 이유는 인간은 쾌감을 느껴도 만족하기는커녕 더 많은 것을 갈구하고 욕망하기 때문이다. 우리가 쾌감을 느끼는 그 순간 그 쾌감은 순식간에 사라지고, 지나간 것의 쾌감을 떠올리는 것만으로는 만족할 수 없다. 그래서 또다시 무언가를 갈구하게 된다. 그러나 갈구하면 할수록, 욕망하면 할수록 점점 더 많은 스트레스와 불만을 느끼게 되므로 행복은 우리에게서 점점 더 멀어질 뿐이다. 노자 역시 욕망을 자기 자신이나 외부로 꼭 드러내야만 좋은 것은 아니라고 말한다. 욕망을 표출하는 그 순간부터 스스로를 괴롭히게 된다고 이미 경고했었다.

모든 인간은 행복하기를 간절하게 원한다. 그러나 행복은 쉽게 오지 않는다. 예전의 전통 사회에서보다 높은 수준의 부와 안락함을 누리는 현대인들은 유례없는 성취를 이루었지만 행복하지 않다. 선진국을 비롯한 우리나라에서 매년 자살률이 오르고 있다는 것만으로도 우리는 더 이상 행복하지 않다는 것을 증명하고 있는 셈이다.

폴 자네 필저가 2002년에 낸 『웰빙 혁명』이라는 책은 정보화 사회 다음 단계로 '웰빙 혁명'의 물결이 밀려올 것으로 전망했다. 그는 웰빙이 사회구조는 물론 개인의 생활양식마저 혁명적으로 변화시킬 것이라고 주장했다.[1] 웰빙(Well-bing)은 현대 산업사회의 병폐를 인식하고, 육체적·정신적 건강의 조화를 통해 행복하고 아름다운 삶을 추구하려는 새로운 삶의 방식이나 문화이다. 1980년대 중반 유럽에서 시작된 슬로푸드(slow food) 운동, 1990년대 초 '느리게 살자'라는 기치를 내걸고 등장한 슬로비족(slow but better working people), 부르주아의 물질적 실리와 보헤미안의 정신적 풍요를 동시에 추구하는 보보스(bobos) 등도 웰빙의 한 형태이다.

그러나 포괄적 의미로서 웰빙은 2000년 이후이다. 웰빙을 추구하는 사람들은 육체적으로 질병이 없는 건강한 상태뿐 아니라, 직장이나 공동체에서 느끼는 소속감이나 성취감, 여가생활이나 가족 간의 유대, 심리적 안정 등 다양한 요소들을 웰빙의 척도로 삼았다. 몸과 마음, 일과 휴식, 가정과 사회, 자신과 공동체 등 모든 것이 조화를 이루어 어느 한쪽으로 치우치지 않은 상태가 웰빙이다. 웰빙을 추구하는 '웰빙족'들은 유기농산물을 즐기고, 외식보다는 가정에서 만든 슬로푸드를 즐겨 먹는다. 그리고 단전호흡, 요가 등 마음을 안정시킬 수 있는 운동을 하며 여행이나 등산, 독서 등 취미 생활을 즐긴다. 우리나라에서도 2003년 이후 웰빙 문화가 확산하여 웰빙족들을 겨냥한 의류, 건강, 여행 등 각종 소비상품이 등장하고, 사회 전반에서 삶의 양식을 선도해 나갔다.

산업 고도화는 우리 인간에게 물질적 풍요를 가져다준 반면, 정

---

[1] 네이버 지식백과, 웰빙, 세계문화사전.

신적 여유와 안정을 앗아간 면도 적지 않다. 현대 산업사회는 구조적으로 사람들에게 물질적 부(富)를 강요하는 시스템을 가지고 있어서, 사람들은 대부분 시간을 부를 축적하는 데 소비해 왔다. 그런데 물질적 풍요로움 한가운데에서 우리는 만족하고 행복한 것일까?

현대 한국사회에서는 유독 타인의 시선을 의식한다. 그래서 타인의 시선에 갇혀서 타인의 취향과 욕망을 모방하는 것이다. TV 광고에서 연예인 송중기가 쓰는 밥솥과 전지현이 쓰는 화장품, 그리고 공유가 마시는 커피 등 일상에서 초 단위로 대중의 소비 욕망을 자극한다. '욕망의 삼각형'이라는 이론으로 인간 욕망의 구조를 파헤친 프랑스 사상가 르네 지라르는 우리가 원하는 것이 사실은 남의 욕망을 베낀 것에 지나지 않기 때문에 나, 욕망의 대상, 타자가 삼각형을 이룬다고 주장했다. 지라르에 따르면 인간의 욕망은 본원적인 것이 아니라 타인의 욕망을 모방하는 모방욕망이며, 이러한 욕망이 결국 인류의 원초적이고 집단적 폭력의 기원이 된다.

정신분석학자 자크 라캉에 따르면 인간은 욕망하는 존재이다. 존재의 결여, 열망의 환유로서의 욕망이다. 욕망하지 않는 삶은 곧 죽음이다. 욕망은 인간의 본질이다. 모든 욕망은 본질적으로 '타자(他者)의 욕망'의 욕망이다. 타자가 없으면 불가능한 욕망, 관계 속에서의 욕망이다. 수많은 대중 매체들과 끊임없는 상호작용을 통해 인간의 욕망은 만들어지고 조종된다.

그러나 욕망은 실현되는 것이 아니다. 왜냐하면, 성취하는 순간 새로운 욕망이 우리를 찾아오기 때문이다. 욕망의 완전한 충족은 없다. 우리는 서로가 서로에게 '타인들'이 되어주기 때문에 '타인들'의 속성은 욕망이 빚어낸 허상이 아니라 실재하는 현상이 된다. 그리고 우리는 그 타자의 가치를 기준으로 해서 자신의 욕망을 구현하는 것이다. 타자는 자신을 포함한 타인의 가치이다. 자신의 가치로 규정하는 일반화의 시선이지만, 거의 모든 개인이 가지고 있는 사회의 무의식이다. 욕망은 궁극적으로 스스로의 대상이 되고, 우리는 욕망 그 자체를 욕망하게 된다.

과연 인간은 라캉의 표현처럼 스스로 욕망하는 것이 아니라 타인의 욕망을 욕망하는 것인가? 타인의 욕망을 통해 불쾌감과 쾌감을 느끼며 불행하기도 하고 행복하기도 한 것인가? 내가 진정 원하고 갈구하는 그것을 욕망하는 것이 아니라 타인이 바라고, 이루어놓은 욕망의 부산물들을 내가, 우리가 욕망하는 것인가? 나는, 우리는 삶에서 정말로 무엇을 욕망하는가?

작년 여름 서유럽의 몇몇 나라들 프랑스, 독일, 벨기에, 네덜란드는 연일 폭염에 시달렸다. 아프리카에서 불어오는 열기 때문이라고 하지만, 지구 온난화가 그 원인일 것이다. 40도를 넘나드는 기온에 더위로 인한 사망자들도 늘어가고 있다. 습도가 거의 없는 유럽은 에어컨 보급률이 10% 이내라고 한다. 앞으로 더위 때문에 유럽을 포함한 세계 여러 나라의 에어컨 보급률은 지금보다 훨씬 늘어갈 것이다. 그렇게 되면 지구 온난화는 더욱 가속화될 것이다. 열대 기후에 속해있는 13억 인구를 가진 인도의 모든 가구가 에어컨을 사용한다면 지구 온난화를 가속해 지구의 재앙을 불러올 것이라고 한다. 그렇게 된다면 과연 지구의 운명은 어떻게 될까?

테슬라 창업자 중 한 사람, 일론 머스크는 우주 탐사 개발을 계획 중이다. 물론 인류는 이미 오래전부터 지구가 아닌 다른 별을 탐사해왔고, 현재도 지속해서 탐사계획을 세우고 개발을 시도하고 있다. 지구는 포화 상태다. 지구를 대체할 만한 또 다른 별을 끊임없이 탐색하고 있다. 인간이 그동안 편리함만을 추구하며 자연을 무분별하게 훼손해 온 덕분에 부메랑처럼 되돌아와 지구는 몸살을 앓고 있고, 우리 인간은 그 대가를 혹독하게 치르고 있다.

　　미래학자 최윤식은 <2030 미래의 대이동>[2])에서 세계는 움직임과 변화의 속도가 빨라지고 있으며, 거대한 판이 바뀌면서 거대한 판의 대이동과 함께 엄청난 변화를 생산해낼 것이라고 예측하고 있다. 인간 욕망의 창작품 '알파고'는 인간의 대단한 신기술의 결과물로서 인간 스스로 자부심을 느끼게 한 반면, 인간에게 미래에 대한 두려움을 불러일으켰다는 것이다. 그러나 인간은 알파고 같은 강력한 인공 지능과 로봇을 활용하여 지금까지 인류가 만들지 못했던 새로운 공간을 만들어, 새로운 차원과 시간을 만들어 낼 것이라고 주장한다. 인공 지능은 인간 두뇌의 연장이 될 것이고, 로봇은 인간 몸의 확장이 될 것이기 때문이다. 그래서 신기술은 20세기 인간에게는 생존을 위협하는 무서운 것이지만, 21세기 인간에게는 인류 전체를 한 차원 업그레이드해줄 위대한 기술이 될 것이라고 강조한다. 이런 관점에서 보면 인간의 욕망은 미래 인류의 발전에 있어서 굉장히 긍정적이다. 그러나 부정적인 관점에서 보면 인간이 창조한 로봇이 인간을 능가할 만큼 빠른 속도로 스스로 학습하고 진화해가는 단계에 도달한다면 사용자인 인간이 통제하기 힘들게 될 것이고, 그렇다면 인류의 운명은 어떻게 변할까?

　　인간의 욕망은 끝이 없다. 인간의 욕망은 동전의 양면과 같은 것이다. 인간의 욕망이 인류를 엄청난 속도로 변화시키고 발전시켰다. 그러나 인간의 욕망으로 인해 우리 인간 삶의 터전인 지구는 심한 몸살을 앓고 있다. 그 후유증으로 지구 온난화 문제, 환경 문

---

2) 최윤식·최현석, 김영사, 2016.

제, 생태계 파괴 문제 등 아주 심각한 상황에 처해 있다. 인간 욕망의 결과물로부터 오히려 역습을 당하고 있다. 그런데도 인간 스스로 끝없는 욕망에 매몰되어 가고 있다. 이제 욕망은 개인의, 개별화의 욕망을 넘어서 집단과 국가 간의 욕망으로 흘러가고 있다. 엄청나게 빠른 속도로 양적 팽창해나가는 변화에 인간 삶의 질은 그만큼 따라가지 못하고 있다. 그런데도 지구가 쉬지 않고 자전하듯 미래는 인간의 욕망과 함께 빠른 속도로 발전하고, 변화하고 있다는 것을 부정할 수도 거스를 수도 없다는 것은 자명하다. 왜냐하면, 인간은 지금 이 순간에도 현재보다 더 편리하고 안락한 삶을 원하기 때문이다. 그래서 끊임없이 새로운 욕망을 만들어낸다. 지금 이 순간에 집중하기보다는 미래에 실현될 욕망의 유혹에서 벗어나지 못하고 욕망에 매달려있다. 우리 내면에 숨어있는 욕망을 찾아내어 그 욕망을 표출하고, 그 욕망을 실현하고자 할 때 과연 우리는, 나는 행복하다고 할 수 있을까? 어쩌면 그 욕망은 우리의 전부가 아니라 우리의 일부일 뿐일지도 모른다. 왜냐하면, 욕망은 인간 자체가 아니고 우리 인간이 스스로 제어하고 다스릴 대상이기 때문이다. 때로는 인간 스스로 욕망을 만들어내는 것인지, 욕망이 그림자처럼 인간을 쫓아다니는 것인지 모호하다. 인간 존재는 결핍이다. 결핍을 메우기 위해 결핍된 것을 향해 초월하는 것이 인간 존재이고, 거기에서 욕망이 성립한다. 나의 자기 완결적인 존재가 떨어져 나가면서 생겨난 결핍은 인간에게 그 결핍을 메우고자 하는 영원한 존재론적 욕망을 부과한다.

이 책에서는 서양 철학자들의 욕망이론을 토대로 인간의 욕망을 분석하였다. '욕망의 메타포'라는 큰 주제 아래에서 인간과 욕망에 대한 다양한 철학적 담론들을 통해 21세기를 살아가고 있는 우리가 욕망을 어떻게 이해하고 수용해야 하는지, 그리고 욕망을 어떤 형태로 표출하는 것이 바람직한가에 대해 고찰해 보았다. 그래서 현재와 미래에 인간 욕망의 커다란 변화를 인식하는 가운데, 오랫동안 서양철학에서 논의되었던 욕망의 문제들을 다시 논의의 장으로 끌어냄으로써 인간에게 욕망의 정체성은 무엇인지 살펴보았다. 아울러 고대에서 현대에 이르기까지 대표적인 몇몇 철학자들의 욕망이론을 매개로 인간의 욕망을 다양한 관점에서 탐색하였다.

　이 책을 읽게 될 독자들은 철학자들의 혜안을 좇아서 인간 욕망의 지도를 가지고 욕망의 흐름에 한 번 따라가 보기를 바란다. 그 욕망의 지도 마지막 지점에 다다르는 순간 욕망에 대한 자신만의 관점이 새롭게 생길지도 모를 일이다. 왜냐하면, 욕망에 대해 자의적으로 해석할 수 있는 여지가 많기 때문이다. 우리 인간에게 있어서 욕망은 단언적으로 정의할 수 없는 애매하고 모호한 속성을 가지고 있으므로 정형화된 틀로 정의할 수 있는 피정의체가 아니다. 아마도 앞으로 많은 시간이 흐른 다음에도 인간의 욕망에 관해 긍정적이든 부정적이든 한 방향으로만 정립되지 않을 수도 있다. 그러나 인류는 끊임없이 많은 변화를 통해 점점 더 다양한 방법으로 욕망을 표현하고 실현해 왔다. 이 지구상에 인간이 존재하는 한 인간의 사고는 멈추지 않을 것이고, 그렇다면 인간의 생각과 마음도 한 곳에 고정되어 있지 않을 것이다. 인간은 끊임없이 새로운 것을 꿈꾸며, 그것을 실현하고자 그 미지의 세계를 향해 또 쉼 없이 내달려 나갈 것이기 때문이다. 욕망하는 인간은 멈출 수도, 멈추려 하지도 않는다. 욕망하는 인간은 오늘도 계속 질주하고 있다.

　끝으로 이 책을 출판하기까지 도움을 주신 분들께 깊은 감사를 드린다.

목 차

제 1 장

욕망이란 무엇인가?

서양사에서 이성이 욕망을 지배하는, 로고스 중심주의적 욕망 담론은 플라톤 이래 오랫동안 서양철학을 지배해 왔다. 플라톤은 욕망을 결핍으로 해석하며, 이성으로 욕망을 제어하고 지배하는 것으로 보았다. 플라톤의 욕망에 대한 부정적 경향은 그 이후 서양철학의 주류를 이루며 아우구스티누스, 데카르트, 헤겔을 거쳐 19세기까지 이어져 오고 있다. 그렇다면 21세기를 살아가고 있는 우리는 욕망을 어떻게 수용하고 해결해 가야 하는지에 대한 답을 얻기 위해 서양사에서 논의되었던 욕망을 한 번쯤 깊이 있게 다루어야 할 것이다.

　　지난 몇천 년 동안 많은 사람이 인간의 욕망에 관하여 연구해 왔다. 오랜 시간 동안 철학, 심리학, 사회학에서 인간 욕망의 근원에 관해서 연구해왔고, 특히 지난 몇십 년 동안 신경과학자들은 욕망의 메커니즘을 밝혀내는 데 충실했다. 인류는 보이지 않는 힘에 의해 끊임없이 변화를 겪으면서도 지금까지 불변성을 유지해 왔다. 또한, 그 기원으로부터 진화의 각 단계에 맞추어 그들이 절감하는 모든 욕구에 부응하기 위해 점점 더 다양한 방법으로 욕망을 표현해 왔다. 인류의 역사를 통틀어서 모든 인문학과 과학을 뒷받침하는 힘은 결국 우리 인간의 끝없는 욕망에 초점을 맞추고 있다고 해도 과언이 아니다. 그런 가운데 서구 사회에서는 인간의 욕망, 성과 사랑이 대중적 관심사에 머무르지 않고 아카데미 담론에서도 일찍부터 중요한 주제로 부각되어 왔다. 철학, 심리학, 사회학 분야뿐만 아니라 예술에 이르기까지 논의의 폭은 더욱더 넓어지고 또

두터워졌다.

　넥스트 그룹 CEO이자 미래학자인 멜린다 데이비스에 따르면 인간은 만족이라는 문제에 대해 끝없는 관심을 두고 있으며, 그 어느 때보다 주변의 많은 것들이 우리가 그것들을 원하도록 유혹하고 있다. 새로운 욕망은 바늘이나 막대기로 찌르는 것처럼 우리를 몰아대면서 자극한다. 그 같은 욕망은 우리의 잠을 방해하고 꿈속까지 우리를 따라다닌다. 또 우리가 무의식중에 버스를 타고, 운전하고, 줄을 서고, 거울을 들여다보고, 혹은 진열된 상품들 사이로 쇼핑 카트를 밀거나 인터넷 쇼핑을 위해 마우스를 클릭하고 있는 짧은 순간에도 잊지 않고 우리를 자극한다. 이 같은 새로운 욕망이 21세기의 인간 행동에 가장 영향력 있고 저항할 수 없는 동인이 된다. 그것은 섹스보다 중요한, 돈과 권력보다 더 중요한 위치를 차지해가고 있다. 그리고 이러한 동기부여와 설득 그리고 새로운 역학은 궁극적으로 전혀 새로운 인간의 교환관계, 즉 시장과 인간관계의 새로운 모형을 만들어냄으로써 과학기술 못지않은 강력한 힘을 가지고 우리 사회를 변화시킬 것이다.[1]

　철학자마다 욕망에 대한 이론이 다를 수 있겠지만, 그 논의는 크게 욕망을 부정적인 것으로 이해하느냐, 긍정적인 힘으로 바라보느냐로 구분할 수 있다. 욕망은 '결핍-부재-결여'로 인해 발생하는, 본질적으로 채워질 수 없는 생의 본능적 양태이며 이처럼 충족 불가능한 속성으로 인해 결국 파괴적이고 제어하기 힘들다는 것이 바로 욕망을 부정적으로 이해하는 관점이다. 반면에 욕망에 대해 긍정적인 견해는 욕망을 주요한 삶의 원동력으로 정의하면서 욕망

---

1) 멜린다 데이비스, 박윤식 역, 『욕망의 진화』, 21세기 북스, 15~16쪽 참조.

으로 인해 발생하는 대립과 갈등까지도 궁극적으로는 우리의 삶을 더 나은 방향으로 실현하고자 하는 계기로 이해한다. 그러나 욕망은 긍정의 힘이든, 부정적 충동이든 프로이트가 일찍이 언급했던 것처럼 인간은 죽지 않은 다음에야 채워지지 않는, 충족 불가능성을 그 동력으로 삼는다.[2]

libido는 '욕망'을 의미하는 라틴어인데 프로이트(Sigmund Freud)가 정신분석학에 도입한 용어로 '성 욕구의 에너지'를 나타낸다. 정신분석은 인간의 성(sexuality)이 생식과 연계된 단순한 생물학적인 차원을 넘어서 널리 또는 다양하게 구조화되어 있다는 것을 증명하였는데 그런 다양한 성적 활동의 근저에 요구되는 보편적인 에너지를 프로이트는 리비도라고 하였다. 이 에너지가 국한되는 신체 부위에 따라 구순기(口脣期), 항문기, 남근기(男根期)(오이디푸스기), 성기기(性器期)라고 하는 '심리ㆍ성적발달' 단계를 주장하고, 지적인 활동으로 향하는 경우를 '승화(昇華) 리비도', 자신의 신체로 향하는 '자기애(自己愛) 리비도', 타자로 향하는 '대상(對象) 리비도'를 생각할 수 있다. 리비도는 대상이나 목표를 다양하게 변화시킬 수 있으므로 욕망의 대상이 하나의 것에서 다른 것으로 옮겨지거나 제지된 욕망이 다른 욕망에 의해 대리될 수 있다. 또한, 만족을 얻지 못하고 출구를 상실한 리비도가 정신 내부의 일정 장소에 쌓이면 정신병이나 정신병의 원인이 될 수 있다.[3]

욕망은 생물학적이라거나 철학적인 문제이기 이전에 우선 남

---

2) 이찬,「맹목적 욕망과 자기인식의 결여: 부끄러움에 대한 철학적 인간학의 성찰」, 범한 철학회 논문집, 범한 철학, 제63집. 2011년, 겨울, 114쪽 참조.
3) 21세기 정치학대사전

성과 여성의, 후덕한 자연의, 그리고 육체적인 고양의 문제이다. 그 것은 자기 동일성을 잃어버릴 위험을 무릅쓰고 인류가 만족시켜야 만 할 심오한 욕구이다. 타자에 대한 욕망, 한 대상에 대한 욕망, 또는 희열에의 욕망이다. 모든 남성과 여성, 갓난아이부터 80대의 노인에 이르기까지 인류는 각자 처한 상황에서 그 단계에 맞춰 나름대로 생성된 온갖 종류의 욕망을 느낀다.[4]

욕망이라는 라틴어의 어원을 따져 보면, 그것이 '우리가 더 이 상 소유하지 못하는 것에 대한 애착'이라는 것을 발견할 수 있다.[5]

어원학적 측면에서 욕망을 뜻하는 영어 'desire'는 '기대하다 (await)', '원하다(want)'라는 의미가 있다.[6] 한자어 '慾望'을 살펴보 면 '欲'은 '欠' 자가 뜻하는 '모자람' '결여' '부재'에서 그 일차적인 의미로 쓰이게 되었고, '望'은 윗부분 '亡'이 눈동자(臣)를, 아랫부분 의 '任'은 언덕을, '月'은 멀리 떨어진 대상을 뜻한다. 따라서 '望'은 밖으로 나가고 없는 대상이 돌아오기를 기대하며 언덕에 올라 바라보 는 형상이다.[7] 따라서 욕망은 영어(desire)와 한자어(慾望) 모두 '결 여' '부재'에서 나왔음을 시사하고 있다. 결여와 부재는 간절하게 원 하고 기대하게 마련이다. 왜냐하면, 바라고 기대하는 것은 결핍, 부족 함으로부터 나오기 때문에 자신에게 부재한 것을 기다리게 된다.

욕망은 결핍된 것을 채우려고 하는 지향적 충동이며 그 기저 에는 결핍을 느끼는 '나', 그리고 그 결핍을 끊임없이 채우고자 하 는 '내'가 존재한다.[8]

---

4) 말렉 슈벨, 서민원 역, 『욕망에 대하여』, 동문선, 27쪽 참조.
5) 같은 책, 28쪽.
6) online etymology, http://www.etymonline.com 참조.
7) 容, 『漢字源流字典』, 語文출판사, 2008, 欲(1283쪽), 望(1303쪽), 참조.
8) 이찬, 「맹목적 욕망과 자기인식의 결여: 부끄러움에 대한 철학적 인간학의 성찰」, 범한 철학 회 논문집, 범한 철학, 제63집. 2011년, 겨울, 96쪽.

라캉은 욕망과 욕구와 요구를 구분한다.[9] 무엇인가 필요한 것을 요구하여 주어지면 욕구가 충족되지만, 그런데도 충족되지 않고 남아있다면 욕망이다. 억압된 것이 파생물 속에서 드러나는데, 그것이 인간에게 욕망으로 모습을 드러낸다는 것이다.

더욱 간소한 욕망에 대한 정의는 '하나의 대상을 향한 의지의 움직임'이지만, 그 상황은 여러 갈래로 나누어질 수 있다. 탐욕, 무절제한 욕망, 타인의 재산을 탐내는 것, 영원히 충족될 수 없는 부귀영화에 대한 탐욕, 그리고 끊임없이 자신의 욕망을 성취하거나 다른 이의 욕망을 만족시키기 위해 강렬히 욕망한다. 욕망은 '운명에 놓여 있다.'[10] 욕망의 힘은 강력하다. 우리 인간의 삶에서 가장 강력한 힘 가운데 하나이다. 그래서 인간의 욕망은 삶의 원동력과 활력소로서 작용해 왔고, 반면에 알력과 불화, 전쟁의 원인으로서 인류와 함께해 왔다.

욕망이란 좋아하는 무엇인가를 얻거나, 싫어하는 무엇인가를 멀리하고 싶은 마음이다. 예를 들면, 좋아하는 사람과는 함께 있고 싶은 욕망이 생기고, 싫어하는 사람과는 멀리하고 싶은 욕망이 생긴다. 따라서 욕망은 무엇을 갖고 싶은 경우뿐만 아니라 싫어하거나 혐오하는 때에도 나타난다.[11]

욕망은 결핍에서 비롯된다. 내가 가지지 않은 것, 내게 없는 것, 내게 결핍된 것, 그래서 내가 불쾌하고 불편하게 느끼게 되는 것, 바로 그것을 얻고자 하는 것이 욕망이다. 결핍을 채우려는 것이 욕망이다. 나의 결핍을 채워주는 것은 내게 쾌감을 준다. 그러므로

9) 자크 라캉, 김석, 『에크리』, 살림, 2015, 184쪽.
10) 말렉 슈벨, 28쪽 참조.
11) 한자경 외, 『욕망, 삶의 동력인가 괴로움의 뿌리인가?』, 운주사, 2010, 57쪽.

욕망은 내게 쾌감을 주는 것을 좋아하고, 그것을 좇아 집착하게 만든다. 애·취의 행위를 일으키는 마음, 탐내고 성내는 마음인 탐심(貪心)과 진심(瞋心)이 바로 욕망이다. 그런데 불교에서는 이 탐심과 진심의 욕망을 부정적인 것으로 간주한다. 우리가 탐하는 것은 즐거움이며, 애써 피하고자 하는 것은 고통이다. 불교에서는 즐거움을 탐하고 고통에 분노하는 탐심과 진심의 욕망은 집착을 낳을 뿐이며, 욕망과 집착은 그 자체가 바람직한 것이 아니라고 본다.12)

인간의 정신, 의식, 초의식, 무의식, 잠재의식 등의 모든 기능은 단 한 가지 것, 다시 말하면 욕망으로 바뀔 수 있다. 왜냐하면, 인간의 욕망이 모든 삶에 생기를 주는 기본적인 생물학적 필요의 발전된 형태이기 때문이다. 인간의 욕망은 그 목적과 만족의 수단에 대한 의식을 점차 발전시키고자 하는 기본적인 필요의 변형 결과이다. 모든 기쁨은 없어서는 안 될 필요를 충족시키는 데서 온다. 인간에게 있어서 욕구는 각양각색이므로 다양한 욕망의 조화를 통해서만 얻을 수 있다. 욕망의 조화가 가장 큰 기쁨을 가져온다. 모든 고통은 충족되지 않는 욕망에서 생긴다. 욕망과 현실의 현저한 차이라고 규정할 수 있다. 욕망은 삶의 중심이 되는 현상이다. 인생은 욕망에서 나오는 에너지를 바꾸려는 끊임없는 노력 가운데서 이루어지고 소모된다.13)

욕망의 원인과 대상

욕망의 원인은 '무엇을 하고 싶다', '무엇을 갖고 싶다'라는 욕망

---

12) 같은 책, 60쪽 참조.
13) 뽈 디엘, 안용철 역, 『그리스 신화의 상징성』, 현대미학사, 31~32쪽 참조.

을 인간의 마음속에 일으키는 이유이다. 그리고 욕망의 대상은 욕망의 어원에서 알 수 있듯이 우리가 원하고, 바라고, 기대하는 것을 더 이상 소유하지 못하는 것에 대한 애착이 향해 있는 대상이라고 할 수 있다.

파스칼에 따르면 인간은 토끼 사냥을 할 때 토끼는 '욕망의 대상'이지 '욕망의 원인'은 아니다. 인간이 바라는 것은 허무하고 권태로운 시간을 외면하고 마음을 달래주는 무엇인가에 집중할 수 있는 사건이다. 그러나 인간은 사냥하면서 토끼가 갖고 싶어서 사냥하는 것으로 생각한다. '욕망의 대상'을 '욕망의 원인'과 착각하는 것이다.

도박에서도 마찬가지이다. 도박하고 싶은 욕망은 이익을 얻는 것을 대상으로 삼는다. 그러나 그것이 도박하고 싶은 '욕망의 원인'은 아니다.

어떤 사람은 날마다 하찮은 노름을 하면서, 권태 없이 나날을 보낸다. 그가 매일 딸 수 있는 돈을 노름을 전혀 하지 않는다는 조건으로 아침마다 그에게 주어보라. 그를 불행하게 만들 것이다. 그가 구하는 것은 노름의 재미이지 따는 것이 아니라고 말할 수 있겠지. 그렇다면 걸지 않고 노름을 시켜보라. 그는 열중하지 않고 권태에 빠질 것이다. 그러니 그가 구하는 것은 재미만이 아니다. 열정이 없는 맥 빠진 놀이는 그를 지겹게 할 것이다. 그 일에 열중하여야 하며, 노름하지 않는다는 조건으로 돈을 준다면 바라지도 않을 것이다. 정념의 하나의 원인을 만들어, 스스로 만든 대상을 위해 자신의 욕망을 꼬드기기 위해서.14)

_____

14) 파스칼, 박은수 역, 『팡세』, 마당문고, §206, 69~70쪽.

파스칼에 따르면 토끼 사냥을 하는 사람에게 '토끼'는 '욕망의 대상'이지 '욕망의 원인'은 아닌 것처럼 매일 도박하는 사람에게 '돈을 따는 것'은 '욕망의 대상'이다. '욕망의 원인'은 방에 가만히 앉아 있을 수 없다는 데 있다. 지루함에서 도망치고 싶어서, 인간의 비참함에서 도망가기 위해서 토끼 사냥을 떠나고, 도박하러 간다. 위험을 감수하며 토끼를 쫓고, 도박을 한다.

　　파스칼은 "인간은 아무리 슬픔에 싸여 있어도, 누가 어떤 기분 전환 속으로 끌고 들어갈 수만 있다면 그 시간 동안 행복하다. 그리고 인간은 아무리 행복하더라도 권태가 밀려옴을 막아낼 어떤 정념이나 놀이로 기분 전환을 하거나 거기에 마음이 쏠리지 않고서는, 이내 우울하고 불행해질 것이다."[15]라고 주장한다.

　　인간은 일상이 시시하고 지루해지면 맹목적인 욕망에 눈이 멀 수 있다. 그것이 사냥이든 도박이든 그리고 사랑이든.

　　무라카미 하루키의 소설 '국경의 남쪽, 태양의 서쪽'을 관통하는 키워드는 결핍이다. 이 소설 속의 주인공 하지메는 외동아들이다. 그의 첫사랑 시마모토 역시 외둥이다. 그는 어릴 적 소아마비를 앓았던 탓에 왼 다리를 절었다. 불완전한 존재였던 두 사람은 서로 마음을 터놓게 된다. 하지메와 시마모토는 서로 다른 중학교에 진학하고 사춘기를 겪으며 헤어진다. 세월이 흘러 삼십 대가 된 하지메는 결혼하고 두 딸의 아버지가 된다. 아내와 두 딸과 함께 아무런 불만도 없이 순조롭게 생활해 나간다. 그러던 어느 날, 자신이 운영하던 재즈 바가 잡지에 실린 것이 계기로, 25년 만에 초등학교 시절의 동급생인 시마모토를 만

---

15) 같은 책, §205, 70쪽.

나게 된다. 그녀는 어렸을 때 절던 왼쪽 다리를 수술하고, 완벽한 아름다움을 지닌 채 하지메 앞에 나타난다. 재즈바를 운영하며 경제적으로도 부족할 것 없는 평온한 삶을 누리고 있었지만, 그는 여전히 결핍되어 있다. 그런 그에게 시마모토가 찾아와 그의 삶을 송두리째 흔들어 놓는다. 하지메는 그녀의 흡인력에 사로잡혀서 모든 것을 버릴 결심을 한다. 하지메와 시마모토는 어린 시절 냇 킹 콜의 '국경의 남쪽'을 들으며 그곳에 있을 막연한 무엇인가를 상상한다. 국경의 남쪽은 실체가 없는 아마도 우리가 좇는 삶일지도 모른다. 일상의 행복이 시시해지고 지루하면 맹목적으로 그 무엇인가를 향해 내달릴 수 있다. 소설에서는 '히스테리아 시베리아'라는 병이 등장한다. 시베리아 벌판의 농부는 매일 동쪽에서 해가 뜨면 밭을 갈고 서쪽으로 해가 저물면 집으로 돌아오는, 날마다 반복되는 일상에 지치면 어느 순간 곡괭이를 집어던지고 태양의 서쪽을 향해 하염없이 걷다가 쓰러져 죽는다는 것이다. 하지메에게 태양의 서쪽은 시마모토가 있는 곳이었다. 그러나 아내와 두 딸을 버리고 가려고 했던 그곳은 어느 날 신기루처럼 사라진다. 어쩌면 우리에게 욕망의 대상은 태양의 서쪽인지도 모른다.

파스칼에 따르면 우리에게는 우리를 밖으로 밀어내는 사물이 가득 차 있다. 우리의 본능은 행복을 우리 밖에서 찾아야 한다고 느끼게 한다. 우리의 정욕은 비록 그것들을 자극할만한 대상물이 나타나지 않는 때에도 우리를 바깥으로 떠다민다. 밖에 있는 대상물들은 스스로 우리를 유인하고, 우리가 그것을 생각하지 않을 때라도 우리를 부른다.[16]

---

16) 팡세, 141§, 160쪽.

그리스 신화의 상징: 욕망의 질주

디오니소스(Dionysus) 신을 모시고 다니는 시종들, 사티로스(Satyros), 실레노스(silenos), 판(Pan), 켄타우로스(centaurus) 등이 있었다.

미다스는 프리기아(Phrygia) 지방의 왕이다. 미다스는 실레노스를 자기 궁전에 모셔다가 열흘 동안 극진히 대접한 뒤 돌려보냈다. 이 사실을 알게 된 디오니소스는 미다스 왕에게 고마움을 느껴 미다스 왕을 찾아가 그에게 한 가지 소원을 들어주겠다고 했다. 재물에 대한 욕심이 많았던 미다스 왕은 자신의 손이 닿으면 모든 것이 황금으로 변하게 해 달라고 부탁했다. 디오니소스 신은 그의 소원을 들어주었다. 미다스 왕의 손이 닿는 그 모든 것은 빛나는 황금으로 변했다. 주변 사물을 모두 황금으로 바꾸어 놓은 미다스 왕은 배가 고파 빵을 잡았지만, 그 빵은 미다스 왕의 손이 닿자 황금으로 변해버렸다. 물, 고기, 포도주는 물론이고 사랑하는 딸까지도 그의 손이 닿기만 하면 모두 황금이 되고 말았다. 목마르고 배가 고파 견딜 수가 없었다. 미다스 왕은 사람이 살아가는 데 많은 재물만이 필요한 것이 아니라는 것을 깨닫고 과욕을 부린 자신의 잘못을 뉘우치게 된다. 미다스 왕은 다시 디오니소스 신에게 황금도 필요 없으니 마법에서 풀려나게 해달라고 간청했다. 그리고 디오니소스가 시키는 대로 강의 원천으로 가서 몸을 깨끗이 닦은 뒤 마침내 원래의 상태로 되돌아갔다.

그 후 미다스 왕은 재물에 대한 욕심을 버리고 피리 하나를 벗 삼아 산과 들을 돌아다니면서 디오니소스 신과 판 신을 섬겼다.

'미다스 손'은 만지는 것은 모두 황금으로 변하게 만드는 미다스 왕의 손에서 유래되었다. 미다스 왕의 신화는 특히 부에 대한 과도한 탐욕을 다루고 있다.

　　교수가 수업 중에 학생들에게 장래 희망이 무엇인지 물었다. 몇몇 학생들은 "재벌 2세"라고 아무렇지도 않은 표정으로 답한다. 언젠가부터 우리 사회는 돈이 곧 권력인 사회로 가고 있다. 그 사회에서 태어날 때부터 부유한 삶을 타고난 재벌 2세를 바라볼 때 상대적인 박탈감을 느끼는 동시에 자신들도 그러한 삶을 살 수 있기를 갈망한다. 재벌인 창업주의 피나는 노력과 그들 삶의 여정보다는 하루아침에 일확천금을 노리듯, 부를 일궈가는 과정은 생략되고 아무런 노력 없이 부를 그대로 계승하기를 간절히 원한다. 굳이 재벌 그룹이 아니어도 좋다. 항상 손님으로 붐비는 식당에 가면 '이런 식당 물려받으면 인생이 얼마나 편하고 좋을까'라는 생각을 한다. 마치 손만 닿으면 모든 것이 황금으로 변하는 미다스의 손을 욕망한다.

　　'이카로스의 날개'는 과도한 욕망을 추구하는 인간의 추락을 상징한다. '이카로스의 모험'은 실패로 끝나는 무모한 도전을 의미하기도 한다. 다이달로스는 아들 이카로스에게 너무 높이 날면 태양의 열기에 밀랍이 녹아 깃털이 떨어지고, 너무 낮게 날면 바닷물에 젖어 바다로 빠질 수 있으니 반드시 하늘과 땅의 중간으로 날아야 한다고 했다. 땅에 너무 가까이 내려가지도 말고, 무모하게 높이 올라가 태양에 너무 가까이 가지 말라고 간청한다.

　　그러나 아버지의 경고를 무시하고 더 높이 날려고 하다가 결국 밀랍 날개가 녹아 바다로 떨어져 죽게 되는 것이다. 그것은 욕망이다. 과도한 욕망, 타락한 욕망은 인간의 마음을 선한 존재에서 멀어지게 하고 끊임없는 갈증을 불러일으키게 해서 인간을 불행하게 만든다. 결국, 인간을 파멸의 종착지에 도달하게 한다. 욕망은 인간의 마음 안에서 매일 매 순간 살아있는 생명체처럼 꿈틀거린다. 이 세상의 수도 없이 많은 일이 인간의 마음 안에서 그 욕망을 자극하고 그 욕망은 인간의 마음을 지배한다.

소피스트와 소크라테스의 욕망 담론

그리스가 페르시아 전쟁에 승리한 후 아테네는 정치, 문화, 경제의 중심지가 되었다. 아테네를 중심으로 국내외 무역이 활발해지면서 상공업이 발달했으며 민주 헌법이 제정되고, 시민들에게는 이에 부응할 수 있는 교양이 요구되었다. 이 시기에는 경제적, 정치적 지식을 잘 사용하여 상대방을 잘 설득할 수 있는 기술이 바로 출세의 지름길이다. 이처럼 민주적인 도시국가의 발전이 절정에 달한 시기에 소피스트들이 나타나 활동을 했다. 소피스트는 교양, 수사학, 변론술(rhetorike), 또는 웅변술을 가르치면서 그 대가로 돈을 받았다. 그 당시에 프로타고라스는 유명한 조각품을 만든 피디아스(Phidias)나 다른 조각가들이 번 돈을 합친 것보다 더 많은 돈을 벌었다는 것이다.17)

사회적 변화에 따라 사람들은 의회에서, 법정에서, 시장에서, 변론술의 중요함을 깨닫게 되고, 그에 대한 사회적 수요는 현실적으로 증대할 수밖에 없다. 왜냐하면, 의회에서는 더듬거리는 사람보다 설득력이 있고 말을 잘하는 정치인이 시민들의 마음을 한층 사로잡을 수 있었을 것이고, 법정에서도 정확한 논리로써 스스로를 변호할 수 있는 사람이 더 유리한 입장에 서게 될 수밖에 없다. 그

---

17) Platon, Menon, 91 D.

리고 말솜씨가 뛰어난 상인이 고객을 더 많이 유치할 수 있었을 것이다. 그래서 사람들은 대화나 웅변을 잘 구사하기 위해서는 많은 돈을 지불하면서라도 기꺼이 교양과 지식을 쌓았다. 이러한 사회적 변화와 사람들의 욕망에 부응하기 위해 나타난 소피스트들은 지식과 웅변술을 가르쳐주고 그에 상응하는 보수를 받았다.

소피스트의 대표자인 프로타고라스(Protagoras, 기원전 481～411년경)는 뛰어난 웅변술로 그 명성을 떨쳤다. 그는 웅변을 통하여 약한 것을 강한 것으로, 추한 것을 아름다운 것으로, 부도덕한 것을 도덕적인 것으로 역전시킬 힘을 가지고 있었다. 그가 강조하는 지식은 형이상학적인 지식이 아니라 인간의 구체적인 삶과 연관된 지식이었다. 다시 말하면 '잘사는 것(to live well)'에 대한 현실적인 지식을 가르치고 부를 얻었다. 여기서 '잘사는 것'은 삶에서 출세하고 성공하는 것, 그리고 행복하게 사는 것을 의미한다. 삶에서 출세하고 성공한다는 것은 돈을 많이 벌고 명예와 권력을 얻는 것이고, 그것이 곧 행복하게 잘 산다는 것과 같은 의미로 생각했다. 그래서 사람들에게 성공할 수 있는 기술을 가르칠 수 있다고 선전하며 다녔다. 그 기술이 바로 변론술, 또는 웅변술이었다. 그러나 그것은 사실 욕망의 자기주장이라고 할 수 있다.

욕망의 자기주장에 사로잡힌 소피스트들에게 있어서 도덕성은 위선이다. 소피스트들의 도덕 제1 원리는 쾌락이다. 이들에게 선이라는 것은 쾌락을 주는 것일 뿐이다. 그 외의 다른 어떤 가치도 부차적인 것이다. 그리고 사람들 사이의 사회적 관계에 있어서 제1 원리는 약육강식이다. 강한 사람이 약한 사람을 지배하는 것은 자연의 법칙에 기인한 것이기 때문이다. 따라서 소피스트들에게 도덕 규범은 위선에 지니지 않는 것이다.

플라톤의 대화편 『고르기아스(Gorgias)』에는 소피스트들의 도덕 규범에 대한 냉소와 경멸이 잘 드러나 있다.

"인간이 올바로 살려면, 자기의 욕망을 억제할 것이 아니라 이것을 최대한 허용하고 용기와 지혜로 이 욕망에 봉사하여 욕망이 원하는 것이면 무엇이든지 충족시킬 만한 힘을 가지고 있어야 한다. 그러나 이것은 일반 대중에게는 절대로 불가능한 일이다. 그래서 대중은 여기에 열등감이 있으므로 이런 능력이 있는 사람들에게 비난의 화살을 던지지만, 여기에는 결국 자신의 무능함을 감추려는 심전이 숨어 있는 것이다. 그래서 이들은 입만 열면 무절제한 행위를 추악한 일이라고 주장하면서, 재능이 뛰어난 사람들을 억압해서 노예화하려는 것이다. 그리고 자기들은 쾌락을 충분히 누릴 수 없으므로 절제나 정의를 찬양하지만, 그것은 자기가 그만큼 비겁하기 때문이다."

반면에 아테네 거리의 철학자 소크라테스(Sokrates, 기원전 470~399)는 우리 인간은 그저 사는 것을 가장 소중하게 여길 것이 아니라 잘 사는 것을 가장 소중하게 여겨야 한다고 주장했다. 여기서 '잘'이란 '아름답게'라든가 '옳게'라든가와 같은 의미이다. 정욕을 누르고 다스리며 단정한 몸가짐을 갖는 것이라고 보는 절제는 덕이다.[18]

인간의 영혼은 육체와 함께 있는 동안 우리를 연정과 정욕, 공포와 온갖 공상과 끝없는 어리석음으로 가득 채우고, 생각하는 능력을 빼앗기게 된다. 그리고 전쟁이나 분쟁, 싸움은 육체 때문에, 육체의 정욕 때문에 생기는 것이다. 전쟁은 돈을 사랑함으로써 생기는 것이고, 돈이란 육체를 위해서 얻지 않으면 안 되는 것이다.[19]

소크라테스는 인간의 더럽혀진 영혼, 육체를 떠날 때 깨끗하지 못한 영혼, 늘 육체와 짝을 이뤄 육체의 노예 노릇을 하며 육체

18) 플라톤, 『대화편』, 크리톤, 100쪽 참조.
19) 플라톤, 『대화편』, 파이돈, 130쪽 참조.

를 가지고 야단스럽게 굴며 또 육체의 여러 욕망과 쾌락에 정신이 팔린 그런 영혼들은 좋은 영혼이 아니고 좋지 못한 영혼이라는 것이다. 그 영혼들은 계속 배회하다가, 절대로 벗어날 수 없는 육체적인 것에 대한 갈망 때문에 마침내 다른 육체에 갇히게 된다. 그리고 전생에 가졌던 여러 가지 나쁜 습관에 다시 매이게 된다는 것이다. 가령 폭식한다든가 제멋대로 산다든가 술에 취한다든가 하는 습관이다. 이런 습관에 젖어 이런 것들을 피하려고 생각한 적이 없는 사람은 당나귀 따위의 동물로 태어나고, 부정한 일과 도둑질을 한 사람들은 이리나 독수리나 매 같은 것으로 태어난다. 그러나 세상 사람들이 절제와 정의라고 부르는 공공의 국민적인 덕을 실천한 사람들, 습관과 수련으로 그런 덕을 획득한 사람들은 가장 행복한 사람들이며, 가장 좋은 곳에 가는 사람들이다.[20]

인간의 몸이 느끼는 쾌락은 언제나 결핍의 반대에 있다. 예를 들면 우리가 맛있는 음식을 먹으면서 쾌락을 느끼는 것은 우리가 배고픔을 알기 때문이다. 모든 쾌락은 결핍으로부터 충족으로 가는 데서 생겨난다. 인간의 고통은 그 결핍에서 생겨난다. 소크라테스는 우리가 육체의 감옥에 갇혀 있는 한 영원히 채울 수 없는 결핍을 채우기 위해 애쓰는 것보다, 결핍과 충족 그 자체를 초월하는 것이 영혼의 온전함을 지키는 것이라고 강조한다. 그리고 그 초월은 우리가 쾌락에 대한 집착을 버릴 때 비로소 가능한 것이다. 어떤 경우에도 쾌락 그 자체가 좋은 삶의 척도일 수는 없다.

소크라테스는 영혼의 온전함은 우리 마음의 주관적 기분의 문제가 아니라 어떤 본질적이고도 객관적인 마음의 본성이 실현된

---

20) 파이돈, 158~160쪽 참조.

상태를 의미한다. 마음이 자기 자신의 본성에 일치하는 상태가 곧 마음의 온전함이다. 우리의 영혼이 객관적으로 온전한 상태에 있을 때, 우리는 참된 기쁨과 행복을 느낄 수 있다는 것이다. 그러나 어리석은 사람들은 자신의 영혼에 좋은 것은 멀리하고, 오히려 나쁜 것은 가까이한다.

인간은 쾌락을 원한다. 같은 쾌락이라도 작은 쾌락보다 큰 쾌락을 원한다. 그리고 멀리 있는 쾌락보다 가까이 있는 작은 쾌락에 더 쉽게 빠져든다. 나중에 그것이 얼마나 큰 고통을 가져올 것인지를 미처 깨닫지 못하고 바로 눈앞에 있는 쾌락에 빠져들기도 한다. 이런 의미에서 소크라테스는 악덕과 방종을 무지(無知)의 소산이라고 보았고, 반면에 절제를 참된 인식, 참된 앎과 같은 것으로 보았다. 무엇이 진정 행복한 삶인지, 또 무엇이 올바른 삶인지 스스로 질문할 수 있어야 한다. 따라서 인간이 행복하고 선한 삶을 살기 위해서는 참된 앎이 필요하다는 것이다.

스토아학파의 욕망과 에피쿠로스의 쾌락 그리고 욕망

보통 사람들은 살아가면서 욕망에 치우쳐 부질없는 명예와 부에 대한 탐욕에서 갈등하며 늘 부딪힌다. 때로는 이런 문제 때문에 많은 시간을 고민하며 보낸다. 스토아 철학은 일상의 관습과 도덕에서 벗어날 수 없는 우리와 스토아적 현자들의 구별되는 삶의 방식을 잘 보여주고 있다.

서양철학사에서는 욕망에 대해서 부정적인 태도를 보이면서 욕망이 지배하는 현실로부터의 도피를 주장하는 철학들이 있었다. 이러한 철학적 입장을 에피쿠로스학파와 스토아 철학에서 발견한다.[21]

스토아 철학자들은 행복의 열쇠는 바로 욕망의 정복에 있다는 것을 강조한다. 스토아 철학자이며 로마 제국의 황제였던 마르쿠스 아우렐리우스22)는 환상을 지우고, 충동을 억제하고, 욕망을 줄이라고 강조했다.23)

세네카24)에 따르면 스토아 현자는 그가 원하든 원하지 않든지 마음속 깊은 곳에서 솟아나는 즐거움과 기쁨을 지속해서 경험하는 사람이다. 왜냐하면, 그는 그 자신의 능력에서 기쁨을 찾고, 그 내면의 기쁨 이상의 더 큰 기쁨은 욕망하지 않는 사람이기 때문이다. 스토아 현자의 이런 기쁨과 비교해 볼 때 우리의 형편없는 몸이 제공하는 쾌락은 하찮고, 사소하며, 부질없는 것이다.25)

세네카는 우리의 탐욕을 극복하는 데 중요한 것은 자연스러운 욕망과 부자연스러운 욕망을 구분하는 일이라고 강조한다. 다시 말하면 "자연스러운 욕망에는 한계가 있다. 그러나 잘못된 견해에서 비롯되는 욕망은 그칠 줄 모른다. 왜냐하면, 거짓이나 허위에는 끝이 없기 때문이다."26)

예를 들면 우리가 배가 고플 때 음식을 먹고 싶은 욕망은 지극히 자연스러운 것이다. 배가 고파서 음식을 먹으면 우리의 배고픔은 채워진다. 반면에 부에 대한 욕망은 부자연스러운 것이다. 우리는 아무리 많은 부를 가져도 또다시 더 많은 부를 원하게 된다.

---

21) 한자경 외, 『욕망, 삶의 동력인가 괴로움의 뿌리인가?』, 174쪽.
22) 로마의 황제(121~180), 후기 스토아학파에 속하는 철학자.
23) Marcus Aurelius, *Meditations*. Translated by Maxwell staniforth, London: Penguin, 1964, sec. 7.
24) 세네카(B.C. 4년 추정~A.D. 65년)는 후기 스토아 철학을 대표하는 로마 제정시대 정치가. 네로(Nero) 황제의 스승으로, 황제를 암살하려는 음모가 발각되어 네로에게 자살을 명령받은 일로 그의 이름은 비교적 널리 알려져 있다.
25) Seneca, "On the Happy Life" In *Moral Essays*, Vol. Ⅱ. Translated by John W. Basore. Cambridge, MA: Harvard University Press, 1932, pt. Ⅳ, sec. 4.
26) Seneca, *Letters from a Stoic*. Translated by Robin Campbell. London: Penguin, 1969, iet. XVI.

천석꾼이 되면 거기에 만족하지 않고 만석꾼이 되기를 원하는 것과 같은 이치이다. 세네카는 이러한 부자연스러운 욕망을 충족하기 위해 행동으로 옮기기 전에 한 번 더 생각해 보라고 우리에게 충고하는 것이다. 사실 탐욕을 억제하기 위해서는 많은 노력이 필요하다. 그러나 세네카는 바람직하지 못한 욕망을 충족하기 위해서 들이는 노력을 오히려 그것을 억누르려는 노력으로 상쇄시켜야 한다는 것이다.

스토아 철학자들은 우리 인간의 감정을 추방해야 한다고 강조하는 것이 아니라 분노, 슬픔과 같은 우리 마음의 평정을 깨뜨릴 수 있는 부정적인 감정을 가능한 줄이기 위해 노력했던 사람들이다. 스토아 철학은 육체적 욕구 내지는 정념(pathos)에서 벗어나는 길을 무관심 (apatheia)에서 찾았다. 어리석은 인간이 이 세속적인 욕구에서 벗어날 수 있는 길은 세속적인 것에 대한 무관심을 보이는 일이다. 자긍심이 대단했던 견유학파 사람들은 자신의 이성적 순수성을 지키기 위해서 성욕을 포함해서 먹는 것, 잠자는 것 등의 기본적인 욕구들로 인해서 육체적으로 고통받지 않아야만 했다. 그래서 그들은 간음의 위험성을 사전에 봉쇄하기 위해서 자위행위라는 수단을 선택했다. 시노페 출신의 디오게네스 일화는 견유학파의 철학자들이 자기만족의 궁극적 수단으로 자위행위를 선택했음을 보여준다. 관습적 결혼제도와 격정적 사랑(에로스)에 대해서 적대적인 생각을 하고 있었던 디오게네스는 어느 날 육체적 욕구가 넘쳐 매춘부를 구했다. 그녀가 농간을 부려 늦게 도착했기 때문에 그는 어쩔 수 없이 자위행위를 통해서 자신의 성적 욕구를 풀어버리고 말았다. 그것은 그가 그 육체적 고통으로부터 해방되었다는 것을 의미한다. 디오게네스의 이 일화는 여자와의 성관계에서 오는 그 쾌락이 '그 목적'이 아니라는 것과 실제로 그 대상은 다른 수단으로 대체될 수 있고, 반드시 불가피하게 한 '여인'이 필요한 것도 아니라는 것을 보여주고 있다. 스토아 철학이 이해하는 사랑은 무미건조하고, 고독한 사랑이다. 사랑이라는 행위 자체도 '무관심'의 대상이 되어야 한다는 것이다. 사랑은 격정적이어서는 안 된다. 자족적인 에로스가 되어야 한다. 인간의 영혼에 상처를 주는 에로스가 아니라 그저 동물적 혹은 생물학적으로만 가능한 사랑이어야 한다. 스토아 철학자들의 '철학적 에로스'의 모델은 '욕구'의 근절에 있다.[27)]

이것은 스토아학파의 육체적인 것을 중요하게 생각하지 않는 철저한 금욕주의적 태도를 보여준다. 반면에 인간 욕구의 구조조차도 오히려 자유롭게 즐길 수 있는 것을 말한다.

우리가 욕망을 극복해야 마음의 평정을 얻을 수 있다는 스토아 철학자의 충고는 깊이 되새겨볼 만하다. 그러나 여전히 우리에게 남는 물음은 우리가 과연 어떻게 욕망을 극복할 것인가 하는 문제이다. 스토아 철학자들은 선불교처럼 욕망을 극복하기 위해서 명상을 해야 한다거나, 기독교처럼 욕망을 극복할 힘을 달라고 기도해야 한다는 식의 주장을 하지 않았다. 대신에 그들은 우리가 욕망에 정신을 집중하여 그것들에 대해서 깊이 생각하면 바람직하지 않은 욕망을 이길 수 있다고 주장했다.[28)]

에피쿠로스는 참된 쾌락이 무엇인지를 밝히기 위해서 우리 인간의 욕구가 무엇인지를 논한다. 왜냐하면, 쾌락은 욕구를 동반할 수밖에 없기 때문이다. 에피쿠로스에게 있어서 쾌락과 행복을 결정하는 요인은 내적인 것이다. 이것은 자기 자신을 잘 알고 자신의 욕망에 휘둘리지 않으며 오히려 욕망을 조절할 수 있는 능력을 말

---

27) 에픽테토스, 김재홍 역, 『엥케이리디온』, 까치, 103~104쪽 참조.
28) 윌리엄 B. 어빈, 윤희기 역, 『욕망의 발견』, 2008, 278쪽 참조.

한다. 바로 자기 지배 능력이다.

인간은 어쩔 수 없이 욕구를 가질 수밖에 없다. 욕망(epitbymia) 중에서 그것이 충족되지 않더라도 우리를 고통으로 이끌지 않는 욕망은 필연적이지 않다. 이런 욕망은, 욕구 대상을 얻기 어렵거나 그런 욕구가 고통을 야기할 때, 쉽게 몰아낼 수 있는 욕구(orexis)들을 포함한다.

에피쿠로스는 인간의 욕망을 세 가지로 나누었다.

1) 자연적인 동시에 필연적인 욕망
2) 자연적이기는 하지만 필연적이지는 않은 욕망
3) 자연적이지도 않고 필연적이지도 않으며, 다만 헛된 생각에 따라서 생겨난 욕망[29]

자연적이고 필연적인 욕망은 배가 고플 때, 배고픔을 면하기 위해서 배를 채우려는 욕망이며, 자연적이기는 하지만 필연적이지는 않은 욕망은 잘 차려진 산해진미에 대한 욕망이다. 마지막으로 자연적이지도 않고 필연적이지도 않은 욕망은 돈과 권력을 좇아가는 것과 같은 욕망이다.

그리고 에피쿠로스는 <메노이케우스에게 보내는 편지>에서 욕망을 다른 방식으로 제시한다.

욕망 중 어떤 것은 자연적이고 다른 것은 공허하며, 자연적인 욕망 중 어떤 것은 필연적이고 다른 것은 단순히 자연적이며, 필연적인 욕망 중 어떤 것은 행복을 위해 필요하며 어떤 것은 몸의 휴식을 위해 필요하며 다른 것은 삶 자체를 위해 필요하다. 이런 것을 잘 관찰하는 것은, 우리가 어떤 것을 선택하거나 피할 때 몸의 건강과 마음의 평안을 참고하도록 해준다. 왜냐하면, 이것이 행복한 삶의 목적이므로 … 우리는 항상 이런 목적을 이루기 위해서, 즉 고통과 두려

29) 에피쿠로스, 오유석 역, 『쾌락』, 문학과 지성사, 20쪽.

움을 피하려고 행동한다. 그리고 일단 이것이 얻어지면 모든 마음의
폭풍우가 사라진다. 왜냐하면, 이제 우리는 잃어버린 것을 찾아 헤매
듯 돌아다니지 않아도 되며, 몸과 마음의 선을 이룰 수 있는 다른
길을 찾지 않아도 되기 때문이다. 즉 우리가 쾌락의 부재로 인해 고
통을 느낄 때는 쾌락이 필요하지만, 고통을 느끼지 않는다면 더 이
상 쾌락이 필요하지 않다.[30]

에피쿠로스는 인간의 모든 욕망을 자연적인 것과 공허한 것으
로 나눈다. 자연적인 욕망은 우리가 느끼는 최소한의 욕구로서 갈
증과 배고픔과 같은 욕망이다. 반면에 공허한 욕망은 우리에게 꼭
필요한 욕망은 아니지만, 외부의 자극에 따라서 그저 생겨나는 욕
망과 같은 것이다. 에피쿠로스는 자연이 요구하는 부유함과 헛된
생각이 요구하는 부유함으로 구분하고 있는데 전자는 제한되어있
어서 쉽게 충족되는 반면, 후자는 결코 채워질 수 없는 허영심에
불과하다고 말한다.[31] 그리고 자연적인 욕망을 다시 필연적인 것
과 필연적이지 않은 것으로 나눈다. 충족되지 않으면 반드시 고통
스러운 욕망은 필연적이지만 충족되지 않더라도 반드시 고통이 따
라오지 않는 욕망을 필연적이지 않은 욕망이라고 구분한다.

에피쿠로스는 쾌락(hedonē)을 삶의 목표로 삼았지만, 에피쿠로
스가 말하는 쾌락은 육체적 쾌락과는 거리가 먼 정신적, 육체적 고
통으로부터의 해방이다. 에피쿠로스는 지속적이고 정적인 쾌락, 즉
아타락시아(ataraxia)를 추구했다.

> "마음의 동요가 없음(ataraxia)과 고통이 없음(aponia)은 정적 쾌락이
> 다. 하지만 즐거움과 환희는 운동을 동반한 실제적 쾌락이다."[32]

---

30) 같은 책, 45~46쪽.
31) 같은 책, 21쪽.
32) 같은 책, 36쪽.

그는 쾌락에 대해서 "우리가 '쾌락이 목적이다'라고 할 때, 이 말은, 방탕한 자들의 쾌락이나 육체적인 쾌락을 의미하는 것이 아니다. 내가 말하는 쾌락은 몸의 고통이나 마음의 혼란으로부터의 자유이다. 왜냐하면, 삶을 즐겁게 만드는 것은 계속 술을 마시고 흥청거리는 일도 아니고, 욕망을 만족시키는 일도 아니며, 물고기를 마음껏 먹거나 풍성한 식탁을 가지는 것도 아니고, 오히려 모든 선택과 기피의 동기를 발견하고 공허한 추측들-이것 때문에 마음의 가장 큰 고통이 생겨난다-을 몰아내면서 멀쩡한 정신으로 계산하는 것이다."[33]

에피쿠로스는 쾌락이 방탕이나 탐닉이 아니라는 것을 명확하게 한다. 쾌락은 현명하게 판단한 결과로 얻은 것이며, 육체적 고통과 정신적 혼란으로부터의 해방을 의미하고 있다. 에피쿠로스에 따르면 모든 욕망은 다음과 같은 질문에 대면해야 한다. 내 욕망의 대상이 성취된다면 나에게 무슨 일이 생길까? 만약 성취되지 않는다면 나에게 무슨 일이 생길까? 에피쿠로스는 '사려는 철학보다도 더 소중하다'라고 말한다. 어떤 욕구를 선택할 것인지 우리에게 달려있다면 우리는 사려를 소중하게 여겨야 한다는 것이다. 인간을 사려 깊은 사람으로 만들어 자신을 성찰할 수 있도록 해주는 것이 바로 철학에 대한 훈련이다.

"가장 적은 양을 필요로 하는 사람이 사치에 가장 큰 기쁨을 느낀다. 모든 자연적인 것은 얻기 쉽다. 반면 공허한 것은 얻기 어렵다."[34]

에피쿠로스에 따르면 자기만족을 큰 선으로 생각한다. 그것은

33) 같은 책, 47~48쪽 참조.
34) 같은 책, 47쪽.

항상 적은 것들을 향유하기 위해서가 아니라, 비록 많은 것을 가지지 못한다 하더라도 적은 것들에 만족하기 위해서이다. 결핍으로 인한 고통이 제거된다면, 단순한 음식도 우리에게 사치스러운 음식과 같은 쾌락을 준다. 또한, 빵과 물은 그것을 필요로 하는 배고픈 사람에게 가장 큰 쾌락을 제공해 준다. 그러므로 사치스럽지 않고 단순한 음식에 길드는 것은 우리에게 완전한 건강을 주며, 우리가 생활하면서 꼭 필요한 것들에 대해서 주저하지 않게 해준다. 그리고 나중에 우리가 사치스러운 것들과 마주했을 때 우리를 강하게 만들며, 우리가 두려워하지 않도록 만들어 준다. 에피쿠로스는 욕망을 최소한의 욕구로 축소하려고 했다.

욕망의 삼각형

'욕망의 삼각형(Desir triangulaire)'은 르네 지라르(R. Girard)[35]가 그의 저서 『낭만적 거짓과 소설적 진실』[36]에서 소설 주인공들의 욕망 체계를 설명하는 데 사용한 용어이다. 이 책에서 지라르는 소설 주인공들의 욕망 체제를 통해서 인간의 욕망 구조를 분석하면서, '욕망의 삼각형' 이론을 주장한다.

그가 이 책에서 언급한 소설은 『돈키호테(세르반테스)』, 『보바리 부인(플로베르)』, 『적과 흑(스탕달)』, 『잃어버린 시간을 찾아서

---

35) 르네 지라르(Rene Girard, 1923~2015)는 문학비평가이자 문학 인류학자로서 20세기 철학의 주제인 '욕망'의 문제를 평생 연구한 사람이다. 인간사회의 모든 문제 근저에 욕망이 깔려있다고 본 그는 자신의 저작들을 이 욕망의 원천을 탐구하는 데 바쳤다. 그가 말하는 욕망의 특성은 1961년 펴낸 출세작 『낭만적 거짓과 소설적 진실』에서 이론적으로 탄탄하게 정립하였다. 그는 문학비평가로서 위대한 소설작품들을 분석함으로써 그 작품들에서 공통으로 등장하는 '욕망의 삼각형'을 찾아냈다.
36) 르네 지라르, 김치수 역, 『낭만적 거짓과 소설적 진실』(한길 그레이트북스 53), 한길사, 2001. 이 책은 인간의 욕망 체계를 소설 주인공의 욕망 체계에서 발견하여 우리가 사는 사회의 특성을 제시한 책이다.

(프루스트)』, 이외에 도스토옙스키의 작품들이다.

지라르는 소설 분석을 통해 우리가 원하는 것이 사실은 남의 욕망을 베낀 것에 지나지 않는다는 것을 논증한다. 소설 속의 인물들이 어떠한 대상을 직접 욕망하는 것이 아니라, 타자가 욕망하는 것을 통해서 어떠한 대상을 욕망한다는 것을 밝혀냈다. 예를 들면 '보바리 부인'에서 상류 사회를 동경하는 엠마의 욕망은 자연 발생적인 것이 아니다. 단지 그녀가 사춘기 때 읽었던 삼류소설 주인공의 욕망을 빌려온 것으로 나, 욕망의 대상, 타자가 삼각형 구도를 이룬다. 그 삼각형 구도를 통해 지라르는 어떠한 인물의 욕망이 독창적이라는 낭만적인 믿음은 거짓, 또는 자기기만이라고 주장한다. 왜냐하면, 욕망은 타자가 이미 욕망한 것을 자신도 향유하려는 바람에서 나온 것이기 때문이다.

세르반테스의 소설 『돈키호테』에서, 기사가 되고 싶은 돈키호테는 기사 소설을 읽고 전설적인 기사 아마디스[37]의 삶을 욕망한다. 돈키호테가 스스로 되고자 했던 것은 '이상적인 방랑의 기사'이다. 그런데 그의 '이상적인 기사'가 되고자 하는 욕망은 아마디스라는 전설적인 기사를 모방하고자 하는 욕망이다. 그것은 그의 욕망이 자신의 부족함을 채우기 위한 자연 발생적이고 수직적인 초월의 욕망이 아니라, 아마디스라는 중개자(mediateur)를 모방함으로써 이상적인 기사가 되고자 하는 간접화된 욕망이다.[38] 이처

---

37) 최초의 문헌은 1508년 가르시 오르도녜스(혹은 로드리게스) 데 몬탈보가 스페인어로 쓴 것으로 알려져 있는데, 아마디스는 뛰어난 미남이고 고결하며 용감한 기사로 등장하는데, 한 번도 패한 적이 없는, 믿을 수 없을 만큼 눈부신 그의 무공 이야기와 함께 잉글랜드의 왕 리수아르테의 딸인 오리아나에 대한 그의 사랑 이야기가 나온다. 오리아나는 아마디스에게 끊임없이 사기를 북돋아 주는 존재로서 결국 그와 결혼하게 된다. (Daum 백과사전)
38) 르네 지라르, 김치수 역, 『낭만적 거짓과 소설적 진실』(한길 그레이트북스 53), 한길사, 2001, 23쪽.

럼 중개자를 통해서 암시를 받고 갖게 된 욕망을 지라르는 '삼각형의 욕망'이라고 한다. (주체: 돈키호테, 대상: 기사도, 중개자: 아마디스)

플로베르의 소설 『보바리 부인』에서 파리 사교계를 동경하는 보바리 부인은 삼류소설을 읽고, 그 안에 나오는 파리 여인들의 삶을 욕망한다. 착실한 시골 의사 남편이 벌어주는 돈으로 금전적인 어려움을 모르고 평범한 가정주부의 안정된 삶을 살아온 엠마는, 어느 날 자신의 현재 생활이 무미건조하고 지루하다는 생각을 하게 된다. 그녀는 어린 시절의 꿈이 사교계의 여왕이 되는 것이었다는 것을 떠올리면서, 그 꿈을 실현하고자 하는 욕망이 자신의 내부에서 솟아나는 것을 느낀다. 그러나 그녀의 욕망은 어릴 때 읽었던 삼류소설의 주인공, 파리의 유행잡지에 나오는 여주인공을 통해서 얻은 낭만적인 욕망이다.

지라르는 사교계의 여왕이 되고자 하는 엠마 보바리의 욕망이 자연 발생적인 것이 아니라 사춘기 때 읽은 삼류소설과 잡지에 나온 사교계의 여왕으로부터 암시받은 중개된 욕망이며, 그 여자들을 모방하고자 하는 욕망이다.[39] (주체: 보바리 부인, 대상: 파리 사교계, 중개자: 삼류소설 속 파리 여인들)

이처럼 욕망은 자발적인 것이 아니라 타자를 매개로 일어난 비자발적 욕망이다. 주체는 대상을 직접 욕망하는 것이 아니라, 타자가 욕망한 것을 통해서만 욕망할 수 있으며, 욕망의 기본 구조는 주체와 대상 사이에 욕망의 중개자가 존재하게 된다. (욕망의 삼각형)

따라서 욕망이란 늘 모방의 욕망이며, 타자의 욕망을 모방하

---

39) 같은 책, 26쪽.

려는 모방욕망의 결과물이다. 그에 따르면 모든 소설의 주인공들은 대상을 소유하고자 하는 욕망을 가진다. 그러나 소설의 주인공들은 대상을 직접 욕망하는 것이 아니라 '제3자의 중개'를 통해서 욕망을 일으키게 된다는 것이다. 주인공 남자가 어떤 여성을 직접 욕망하는 것이 아니라, 다른 남자의 욕망에 자극을 받아 사랑하고자 하는 욕망이 생기는 것이다. 이렇게 욕망 주체와 욕망 대상 사이에 욕망의 중개자가 존재하는 '욕망의 삼각형'이 소설의 기본 구조를 이룬다.

지라르는 자신의 욕망이 '모방한 욕망'이 아니라 자발적이고 독자적인 욕망이라고 애써 주장하는 경우를 '낭만적 거짓'이라고 부른다. 이와 달리, 위대한 작품은 욕망의 비자발성을 인정하고 그 실상을 있는 그대로 보여주는데, 그는 그것을 '소설적 진실'이라고 표현한다. 주체가 대상을 직접 욕망하는 것이 진정한 욕망이라면 주체가 중개자를 통해 대상을 간접적으로 욕망하게 되는 것을 간접화된 욕망 혹은 가짜 욕망이라 부른다.

그리고 스탕달의 『적과 흑』에서 쥘리앙 소렐을 가정교사로 데려오고자 하는 레날의 욕망이 자연 발생적인 것이 아니라 그의 정치적 경쟁자 발르노가 소렐을 데려갈지도 모른다는 이야기로부터 암시받은 중개된 욕망이며, 프루스트의 『잃어버린 시간을 찾아서』에서 대부분 주인공의 사랑이 경쟁자의 존재로부터 암시받은 중개된 욕망이라고 주장한다.

그에 따르면 삼각형의 욕망에는 여러 가지 유형이 존재하는데, 주체와 중개자 사이에 경쟁 관계가 없는 경우를 외면적 간접화(mediation externe)라 하고 주체와 중개자 사이에 경쟁 관계가 성립하는 경우를 내면적 간접화(mediation interne)라 한다. 돈키호테와 아마디스 사이나 돈키호테와 산초 판사 사이, 엠마 보바리와 유행잡지의 여주인공 사이의 관계가 전자에 속한다면 레날 씨와 발르노 사이, 마틸드와 페르바크 원수 부인 사이, 오데트를 중심으로 한 스완과 사교계 인물들 사이의 관계는 후자에 속한다. 이 두 가지 가짜 욕망 가운데 더욱 비극적인 것은 후자이다.

왜냐하면, 주체와 중개자 사이에 다툼이 일어날 뿐만 아니라 때로는 서로가 서로를 모방하기 때문에 주체와 중개자의 구분이 애매해지기 때문이다. 도스토옙스키의『미성년』에서 아흐마코바 장군 부인을 사이에 두고 돌고루키와 베르실로프의 관계가 내면적 간접화라면, 돌고루키의 열정이 아버지의 열정에서 베껴온 것이라는 사실은 그것의 비극성을 설명해 준다. 또『영원한 남편』에서 파벨 파블로비치는 친구 벨차니노프에게 사랑하는 여자를 밀어 보냄으로써 친구가 그녀를 욕망의 대상으로 삼게 한 다음, 대상에 대한 경쟁에서 승리자가 되고자 하는 욕망을 실현한다. 그것은 욕망의 간접화가 가장 심화된 '형이상학적 욕망'의 비극을 그대로 보여준다.

모든 욕망은 매개된 것이다. 주체는 스스로 어떤 대상을 욕망한다고 생각하지만, 사실은 매개된 욕망에 불과한 것이다. 다시 말하면 모든 욕망은 라이벌의 욕망을 모방한 것이다. 욕망하는 주체와 욕망 주체로서의 대상 사이에 제3의 인물이 등장하는데, 이것이 바로 라이벌 관계이다. 모방욕망에서 라이벌은 핵심적이다. 주체가 대상을 욕망하는 이유는 라이벌이 그것을 욕망하기 때문이다. 따라서 모방 충동은 자동으로 갈등을 유도하게 되고, 주체와 라이벌 사이의 갈등 관계는 끝없는 폭력으로 나가게 된다.

지라르에 따르면 인류는 경쟁적으로 타자의 욕망을 모방하다가 쌓인 질투, 적개심 같은 집단적 스트레스를 엉뚱한 희생양을 찾아내 해소한다. 욕망은 실체가 있는 것이 아니라 언제나 매개된 것이다. 욕망은 타인의 욕망을 매개로 하는데, 타인의 욕망을 매개로한다는 점에서 욕망은 언제나 타자의 욕망이 될 수밖에 없다. 지라르에게 욕망은 모방 충동이다.

부모가 자기 자식의 적성과 관계없이 의사나 변호사가 되라고 강요하는 것도 자식들의 욕망이 아니라 '모방욕망'에서 비롯된 것이라고 할 수 있다. 어쩌면 우리는 남의 욕망을 모방하며 살고 있다는 사실 자체를 자각하지 못하고 있는지도 모른다. 소셜네트워크 서비스(SNS)를 통해 남의 욕망을 엿보면서 나의 욕망이 아닌 타인의 욕망을 욕망하는 것이다.

인간은 욕망하는 존재이다

드라마나 영화 속에는 욕망의 화신 캐릭터가 단골로 등장한다. 영화나 드라마 속 악역으로 등장하는 캐릭터들의 공통점은 욕망의 덩어리 그 자체이다. 많은 사람이 오가는 서울 명동 한복판을 브레이크 한 번 밟지 않고 고속 질주하는 재벌 3세 조태오(영화 '베테랑'에서), 그룹을 독차지하기 위해서 아버지의 유언을 저버리고 여동생을 죽이려 하는 한도준(SBS 드라마 '용팔이')과 같이 자신의 욕망을 채우기 위해서는 범법행위에 대한 죄책감을 전혀 느끼지 않은 채 책임감 없이 죄를 저지른다. 영화 '암살' 속 강인국은 '조국을 위해서'라고 포장한 채 실제로는 자기의 이익을 지키고 욕망을 위해 자신의 아내와 딸까지 죽이는 행위를 서슴지 않는다. 살인에 대한 죄책감이나 가장의 책임감을 찾아볼 수 없다.

'협녀, 칼의 기억'에서 '유백'은 권력을 탐하면서 의리를 저버리는 인물로 그려지는데, 어느 순간 자신의 욕망이 내면으로부터 스멀스멀 올라오는 순간을 이렇게 묘사한다. "보아라. 사람은 본디 저렇게 벌거벗은 몸으로 태어날 뿐이다. 저렇게 보잘것없는 자가 가진 것을 너는 왜 한 번도 탐낸 적이 없느냐. 탐을 내거라. 네가 원하는 모든 것을 가져라." 하고 스스로를 다그치는 영화 속 유백은 알고 보면 죽는 순간까지 소유와 획득의 욕망에서 벗어나지 못한 우리의 자화상인 것이다.

영화 '악마는 프라다를 입는다'에서 앤디는 기자가 되겠다는 꿈을 이루기 위해 수없이 많은 이력서를 보낸 끝에 유명한 패션잡지 런웨이로부터 연락을 받는다. 그러나 그녀에게 주어진 일은 기자직이 아니라 런웨이 편집장이자 패션계 거물 미란다의 비서다. 출근 첫날부터 앤디의 비서 생활은 좌충우돌이다. 머리끝에서 발끝까지 명품으로 치장한 패션 리더들 틈에서 그녀는 패션에 대해서는 문외한인 시골에서 갓 상경한 촌스러운 여성일 뿐이다.

"네가 지미추의 신발을 신는 순간, 넌 이미 네 영혼을 판 거야."

영화 속 이 상징적인 대사는 소비 사회의 현실을 그대로 보여 준다, 어떤 신발을 구입해서 신는 행위가 곧 자신의 정체성을 드러내 보여주는 것이다. 현대 산업사회에서는 무엇을 소비하느냐에 따라 그 사람의 취향과 소비 패턴, 그리고 계급이 그대로 드러난다. 사실 현대 사회에서는 어떤 물건이 꼭 필요해서 소비하지 않는다. 자신을 보여주기 위해 무엇인가를 소비하는 일이 더 흔하다. 상품은 그 자체의 효용성으로서 평가받는 것이 아니라 그 상품을 소비하는 사람의 권위와 성공을 드러내 보여주는 일종의 기호로서 자리 잡게 되었다. 그것은 바로 인간의 욕망 때문이다. 소비는 인간의 욕망과 일치한다. 소비는 타자가 있어야 가능하다. 그것은 타자의 소비 욕망을 모방하기 때문이다. 욕망이 절제를 모르면 그것은 이미 시한폭탄이다. 인간에게는 자폭(自爆)이나 다를 것이 없다.

영화 '블랙 스완'에서는 순수한 백조와 사악한 흑조의 양면을 연기해야 하는 니나는 차츰 흑조로서의 모습을 축적해 간다. 작품에 대한 니나의 지나친 욕망은 심한 강박감과 과도한 스트레스로 인하여 환상과 환청을 듣게 되면서 자아 분열 양상까지 보인다. 잠재되어 있던 니나의 욕망이 서서히 존재감을 드러내게 된다. 그것은 반대되는 두 가지 감정, 욕망과 집착 사이를 왕래한다. 흑조 역으로 인하여 점점 파괴되어가는 그녀는 돌이킬 수 없을 만큼 욕망의 포로가 되어 간다. 영화 '블랙 스완'은 욕망에 대한 심리적 갈등과 도착점을 정교하게 아우르면서 파토스의 끝이 결국 죽음이라는 강렬한 메시지를 남긴다. 여기서 욕망이란 아름답고 연약한 백조의 날개로 자신의 본성을 통제하며 순리대로 살아갈 것인지, 통제할 수 없는 검은 날개, 흑조의 사악한 기운을 끌어당겨 자신을 파멸시켜서라도 빛나는 찰나의 순간을 맞이할 것인지 과연 우리는 어느 날개를 선택할 것인가를 묻는다.

임상수 감독의 영화 '하녀'에서는 이혼 후 식당 일을 하면서도 해맑게 살아가던 '은이(전도연)'는 유아교육과를 다닌 이력으로 자신에게는 까마득하게 높은 상류층 대저택의 하녀로 들어간다. 하녀 은이에게 주어진 의상은 흰색 블라우스와 검은색의 짧은 치마와 하이힐이다. 깔끔한 이 제복은 은이의 여성적 욕망을 그 단정함 속에 억압하면서 여성이 아닌 하녀라는 직업으로만 존재하도록 명령하는 외적 기호이다. 완벽해 보이는 주인집 남자 '훈(이정재)', 쌍둥이를 임신 중인 세련된 안주인 '해라(서우)', 자신을 엄마처럼 따르는 여섯 살 난 '나미', 그리고 집안일을 총괄하는 나이든 하녀 '병식(윤여정)'과의 생활은 낯설지만 즐겁다. 어느 날, 주인집 가족의 별장 여행에 동행하게 된 '은이'는 자신의 방에 찾아온 '훈'의 은밀한 유혹에 이끌려 육체적인 관계를 맺게 되고 은이는 그동안 잠재되어 있던 욕망을 발산하며 본능적인 행복을 느낀다. 이후에도 '은이'와 '훈'은 '해라'의 눈을 피해 관계를 이어간다. 그러나 얼마 지나지 않아 '병식'이 그들의 비밀스러운 사이를 알아차리게 되면서 평온하던 대저택에 알 수 없는 긴장감이 감돌기 시작한다. 은이가 임신하자 훈의 부인 해라와 그녀의 친정어머니가 유산을 종용하다가 강제로 유산시킨다. 은이는 복수를 결심하고 훈의 가족들이 보는 앞에서 거대한 샹들리에에 매달려 자살한다. 권력의 욕망에 순종하지 않고 자신의 진실에 충실하려는 은이의 태도는 탈주의 욕망을 거침없이 드러낸다. 욕망은 위반을 낳고 위반은 탈주로 이어진다. 끔찍한 죽음의 현장을 목격했음에도 훈과 해라는 은이(전도연)가 기대했던 충격을 받지 않는다. 일말의 죄의식은커녕 금세 일상의 삶으로 회귀한다. 스프링클러가 작동하는 최신의 건물은 은이의 저항에 전혀 파문을 일으키지도 않았다. 어린 딸의 생일날 훈의 가족은 일체의 진실로부터 철저하게 격리되어 의례적인 생일파티를 한다. 그들은 화려하지만 피폐하고 삭막한 나미의 생일잔치를 열며 유유자적하게 삶의 풍요를 누린다.

타인의 죽음조차 무관심한 지독한 냉소주의, 개인주의가 보편화된 채 욕망이 넘실거리며 욕망의 해소를 위해 존재하는 것처럼 불야성의 유흥가 풍경이 파노라마처럼 임상수 감독의 카메라에 담긴다. 끊임없는 유혹이 도사리고 있는 도시의 밤. 먹고 마시고 취한 채 거리는 덩달아 흔들거린다. 욕망과 유혹의 이면에는 자본주의의 재화가 필수이다. 그 극단의 세상 한 편에서는 이미 엄청난 부를 통해 새로운 계급사회가 잉태되었다. 그들은 보통 사람들을 천박하다며 대놓고 무시하며 모든 것을 돈으로 평가하고 돈으로 해결하려는 비인간화의 단면을 보여준다.

욕망은 늘 다른 어떤 것을 추구하는 환유이다. 욕망은 결코 만족할 수 없으며 태양을 날아가는 이카로스의 날개처럼 극한을 향해 치닫는 파토스의 세계를 보여준다. 파토스는 인간의 의식 아래 근원적인 충동으로서 인간 존재의 근원성을 나타내는 것이다. 욕망 역시 인간 존재의 근원성에 자리한 존재 표현이다. 의식적이든 무의식적이든 욕망은 인간에게 있어서 소멸하지 않는 본성을 가지고 있다. 욕망은 결코 만족할 수 없고, 그렇다고 소멸하지도 않는 것이다.

프루스트의 걸작 '잃어버린 시간을 찾아서'40)에서 '스완의 사랑' 편에 등장하는 바람둥이 스완은 프랑스 파리의 귀부인들을 쥐락펴락하는 사교계 인사다. 그는 어느 날 극장에서 오데트란 화류계 여성을 소개받는다. 그런데 스완은 오데트의 첫인상에 대해 부정적인 선입견을 품게 된다. 광대뼈가 너무 튀어나왔고 옆얼굴이 너무 날카롭다고 생각한다. 그러나 오데트는 스완의 예술 컬렉션을 보고 싶다는 것을 핑계로 계속 찾아간다. 스완은 단지 재미만 보겠다는 생각으로 오데트를 만난다. 그러나 우연히 스완에게 오데트에

---

40) 마르셀 프루스트, 『잃어버린 시간을 찾아서』, 국일미디어, 2011.

대한 사랑의 불씨가 지펴진다. 그는 보티첼리의 그림에 나온 여성이 오데트와 비슷하게 닮았다는 점, 자신이 좋아하는 소곡을 함께 들었다는 우연성 때문에 점차 오데트를 운명의 여성으로 생각하게 된다. 스완이 사랑의 올가미에 걸려들었다고 판단한 오데트는 그때부터 스완을 초조하게 만든다. 스완이 처음에 가졌던 사랑의 환희는 점차 집착과 의심으로 바뀌고 종국에는 사랑의 갑을 관계가 역전되고 만다. 오데트의 바람기와 추문 때문에 신경쇠약에까지 걸린 스완은 우연히 꾸게 된 꿈을 통해 오데트에 대한 사랑은 필연이 아닌 우연에 의해 시작되었고, 결국은 자신의 욕망과 맞물려 집착으로 변해 자신을 괴롭히고 있다는 사실을 깨닫게 된다. 운명이라고 생각했던 사랑이 단순히 우연에 의해서 시작되고 발전되었다는 것을 보여준 프루스트의 통찰력은, 사랑에 대한 인간의 욕망이 내포하고 있는 허무함을 깨닫게 해준다.

> 이 세상에는 자신을 풍요롭게 하는 착한 욕망이 있는 반면 또 다른 욕망을 갈망하도록 하여 착한 욕망을 축소하거나 파괴하는 나쁜 욕망이 있다. 욕망의 과잉이나 무분별한 쾌락은 정열을 망치는 결과를 낳는다. 그러므로 최상의 욕망은 제어된 욕망이고 좋은 욕망은 절제된 욕망이다.[41]

사실 자세히 들여다보면 우리가 느끼는 소소한 기쁨은 욕망의 과잉이나 격정 속에 있는 것은 아니다. 그보다는 오히려 올바르게 행동하고, 절제와 소박함 안에서 찾을 수 있다. 무분별한 욕망의 과잉은 일상 속의 소소한 기쁨을 놓치게 되고, 과다한 쾌락도 궁극적으로는 인간의 열정을 망쳐놓는 결과를 초래할 수 있다.

---

41) 말렉 슈벨, 『욕망에 대하여』, 76쪽 참조.

욕망은 우리 인간 생활과 너무나도 밀접하게 연관되어 있어서 인간과 욕망을 떼어놓고 생각할 수가 없다. 욕망과 인류는 너무나 서로 깊이 연루되어 있다. 욕망이 인류를 만들었고, 인류가 욕망을 만든 것이다.

　　홉스는 근본적인 심리적 동인이 쾌락에 대한 욕망이라고 주장했다. 스피노자는 인간의 자연적 욕망을 굴레로 보았다. 칸트는 욕망에서 비롯되는 행동은 자유로울 수 없으며 자유는 단지 이성적 행동에서 찾을 수 있다고 주장했다. 그는 욕망에 기반을 둔 모든 행동을 가언적 명령이라고 명명했다. 이처럼 욕망의 본성은 모든 경우에서 모호성을 가진다. 그래서 만족의 원천이 되는 대상에 관한 탐구임에도 불구하고 욕망은 자기만족을 거부한다. 욕망은 인간에게 있어서 근본적인 불만족 그 자체인지도 모른다.

　　라캉[42])에 따르면 욕망은 인간의 본질이다. 그 욕망은 무의식적이고 성(性)적이다. 욕망은 그것이 드러났을 때만 의미가 있다. 욕망은 본질적으로 '타자(他者)'의 욕망의 욕망이다. 다시 말해서 타자 욕망의 대상이 되려는 욕망이자, 타자에게 인정받으려는 욕망이다. 타자가 없으면 불가능한 욕망, 관계 속에서의 욕망이다. 인간관계들 속에서 인간의 욕망은 만들어지고 조종된다. 그러나 욕망은 실현되는 것이 아니다. 성취하는 순간 새로운 욕망이 우리를 다시 찾아온다. 욕망의 완전한 충족은 없다. 인간은 욕망하는 존재이다. 욕망하지 않는 삶은 곧 죽음이다.

　　욕망이론은 우리에게 어떤 의미가 있는가?

---

42) 자크 라캉(Jacques Lacan, 1901~1981), 프랑스의 정신분석학자, 그는 정신분석학과 사회 문화학을 기반으로 인간 욕망의 실체를 파헤친 인물이다.

제 2 장

욕망이란 스스로에게 결여된 것을 추구한다: 플라톤

플라톤은 인간의 영혼을 세 부분으로 나누면서 욕망은 이성에 의해 지배받아야 한다고 주장한다. 플라톤은 그의 수많은 대화편에서 끊임없이 욕망의 문제를 이야기하고 있다.

> "욕망은 모든 인간의 영혼에서 가장 커다란 부분을 이루고 있는데, 욕망은 그 본성에 따라 가장 충족될 수 없다. 이 욕망은 마침내 육체적 쾌락으로 충만해지고, 커지고, 강해져서 자기 일을 하는 대신 오히려 자기 신분에 맞지 않는 다른 것들을 자신에게 예속시켜 지배하지 않도록 한다. 그렇게 함으로써 욕망이 이들 모두의 삶 전체를 혼란시키지 않도록 영혼의 다른 부분들은 욕망을 감시하게 된다."[43]

플라톤에 따르면 욕망은 각자의 영혼에서 대부분을 차지하며, 어떤 대상으로도 쉽게 충족시킬 수 없는 속성을 가지고 있다는 것이다. 욕망은 끝이 없으므로 끊임없이 새로운 욕망의 대상을 좇는다. 그래서 욕망은 인간의 영혼을 혼란에 빠뜨려서 현실을 제대로 직시하지 못하게 한다. 욕망은 우리가 쾌락을 추구하고 어떤 대상을 소유하기를 갈망하여 움직이게 하지만, 반면에 우리가 알 수도 없고 스스로 쉽게 통제할 수도 없는 강력한 힘이다.

플라톤은 욕망을 두 가지 방식으로 나눈다. 하나는 영혼과 육체의 이원화이고, 다른 하나는 결핍, 결여로서의 욕망이다. 그는 이성과 욕망을 각각 독립적인 것으로 설정하지만, 끝없는 인간의 욕망에 목적과 질서를 부여하기 위해서 육체적 욕망과 영혼의 욕망

---

43) Platon, Politeia/*Der Staat, 442a, Werke in acht Bänden, Griechisch und Deutsch,* Vierter Band(Darmstadt: Wissenschaftliche Buchgesellschaft, 1971), pp. 350~353. 한국 어판; 플라톤, 박종현 역, 『국가』, 서광사, 305쪽.

을 구별하고 있다. 그러나 결국 이성이 육체적 욕망과 영혼의 욕망을 매개한다는 것을 분명히 하고 있다. 플라톤의 욕망은 육체로부터 나오는 것이 아니다. 근본적으로 영혼의 표현이라고 할 수 있는 욕망이 육체에 의해 구속된 것이다. 이것은 욕망을 결핍, 결여로 파악하는 플라톤의 욕망이론이다. 그는 욕망이 근본적으로 결핍의 보충이라는 것을 다음과 같이 강조한다.

> "무엇인가에 대한 욕망을 가진 자는 필연적으로 그것을 결여하고 있다."[44]

에로스는 아름다움을 추구한다. 왜냐하면, 에로스에는 아름다움이 결여되어 있기 때문이다. 플라톤은 에로스를 이렇게 설명한다. 욕망이란 스스로에게 결여된 것을 추구하는 것이다. 플라톤의 욕망이론은 결여의 모델이다. 그러나 단순히 결여만 메우는 것이 아니다. 에로스도 굶주림을 채우고자 아름다움을 추구하는 것은 아니다. 아름다움에 대한 동경에서 아름다움을 추구한다. 플라톤에서 유래하는 서양의 로고스 중심주의는 욕망을 욕망 자체로써 탐구하기보다는 이성이 통제해야 할 대상으로 보고 있다고 할 수 있다.

『파이드로스』: 이성과 욕망을 논하다

욕망에 대해서 부정적인 경향을 보이는 대표적 사상가는 그리스 철학자 플라톤이다. 플라톤은 인간의 영혼이 순수한 관념의 세계로 돌아가기 위해서는 욕망으로부터 영혼이 정화되어야 한다고 생각했다. 플라톤의 이러한 사상은 『파이드로스』에

---

44) Platon, *Symposion*, 200a-d, *Sämtliche werke* 2, Hamburg, 1957, 230쪽.

잘 드러나 있다. 플라톤에 따르면 욕망이 진리와 아름다움을 방해하고 좌절시킨다.

> … 각 영혼을 세 부분으로 나누어 그 둘은 말의 모양이고 셋째 것은 마부의 형태인데, 두 마리 말 가운데 하나는 좋지만 다른 하나는 그렇지 않네. 둘 가운데 더 훌륭한 말은 생김새가 반듯하고 사지가 늘씬하며 목이 길고 콧날이 우뚝하며 보기에 희고 눈은 검으며, 분별과 수치심이 있고 명예를 사랑하며 참된 의견을 동무로 삼아, 매를 맞는 일 없이 명령과 이치에 따라 인도하지. 그러나 다른 하나는 몸이 구부정하고 무거우며 사지가 아무렇게나 붙어 있고 목덜미는 두껍고 짧으며, 안장코에 살갗은 검고 눈은 잿빛이며 피가 뜨겁고 무분별과 거짓을 동무로 삼으며, 귀 언저리에는 털이 많아 말귀를 못알아듣고 채찍과 가시 막대기를 들어야 겨우 말을 듣네. 두 마리의 말 가운데 한쪽은 마부의 말을 잘 듣고 자신을 억제하지만, 다른 쪽은 마부의 막대기와 채찍에도 개의치 않은 채 함부로 날뛰면서 앞으로 움직여 온갖 곤란을 안겨준다네.[45]

플라톤은 『파이드로스』에서 이성(마부)이 인간의 영혼을, 기개(흰 말)와 욕망(검은 말)을 이끌며 이 두 말을 조종하는 마차로 비유하고 있다. 기개의 상징인 흰 말은 준수하고 훌륭한 외모를 가진 유순하고 좋은 말로서 묘사하고, 검은 말은 험상궂고 더러운 용모를 가진 탐욕스럽고 오만한 못된 말로 그리고 있다. 이성을 상징하는 마부가 기개와 욕망을 상징하는 두 필의 말을 몰아서 진리와 아름다움의 세계로 가려고 한다. 그러나 욕망을 상징하는 말이 거칠게 날뛰며 난동을 부려서 앞으로 나아갈 수 없게 되자, 마부가 이 말을 가시 막대기와 채찍으로 때려 힘겹게 앞으로 나아간다. 여기에서 플라톤

---

45) 플라톤, 조대호 역, 『파이드로스』, 문예출판사, 81~82쪽 참조.

은 기개를 이성에 잘 협조하는 것으로 묘사하고 있지만, 욕망은 이성의 지시에 따라 움직이기보다는 이성이 통제할 수 없도록 함부로 제멋대로 날뛰는 것으로 표현하고 있다. 이 신화는 플라톤이 욕망에 대해서 얼마나 부정적으로 보았는지를 잘 드러내 주는 부분이다.

천상의 아름다움을 관조할 수 있는 곳에 마차가 갔을 때도 검은 말(욕망)의 난동으로 마부(이성)는 곤경에 처한다. 검은 말은 무분별한 탓에 마부와 흰 말에게 무섭게 화를 내면서 비난을 퍼붓고, 말을 듣지 않는다. 그래서 마부는 할 수 없이 무분별한 검은 말의 이빨에서 재갈을 더욱 힘껏 잡아당겨 그 흉측한 혀와 턱을 피로 물들이고, 다리와 엉덩이를 땅바닥에 내쳐서 겨우 못된 검은 말(욕망)을 길들여서 마부(이성)의 뜻에 따르게 했다.46)

플라톤은 『파이드로스』에서 욕망이 무분별하고 제멋대로이기 때문에 이성에 의해 길들기가 얼마나 어렵고 힘든 일인지 잘 묘사하고 있다. 그러나 한편 욕망은 이성에 의해 통제되는 것이 힘이 들고, 어렵지만 이성(마부)의 강력한 힘에 마침내 굴복하게 된다. 따라서 플라톤은 욕망을 이성으로 충분히 통제하고 지배할 수 있다고 주장했다.

『향연』: 에로스를 통한 욕망을 보다

'향연'은 헬라스어로 'Symposion'인데 "함께 마신다"라는 뜻

---

46) 같은 책, 83쪽 참조.

이다. B.C. 416년 아가톤은 연극 대회에서 자신의 비극으로 우승, 어느 날 저녁 친구들을 불러 축하연을 베풀었다. 이 대화편은 도오로스가 아리스토데모스에게서 들은 이야기를 그대로 자신의 친구에게 전하는 형식으로 되어 있다.[47]

고대 그리스 아테네 지식인들을 등장시켜 '사랑'(Eros)이라는 주제를 놓고 의견을 개진하게 한 『향연』에는 널리 알려진, 이야기 두 편이 등장한다. 하나는 플라톤이 아리스토파네스의 입으로 개진하는 '총체 인간(hermaphrodites)'의 서사이고, 다른 하나는 소크라테스의 이름으로 전개되는 '디오티마의 가르침'이다. 『향연』에 수록된 이 두 편의 이야기는 사실상 후대의 거의 모든 욕망이론에 토대를 제공한 최초의 조직적 욕망론이라고 할 수 있다.

『향연』에 실린 두 편의 이야기들이 중요한 구체적 이유는 그것들이 욕망의 성질, 구조, 대상에 관한 플라톤의 조직적 사유방식과 사유과정을 보여주고 있다. 우선, 총체 인간의 신화는 인간이 '자신의 잃어버린 반쪽을 되찾고자 하는' 욕망이 사랑이며, 따라서 그 반쪽의 회복을 통해 존재의 통일성과 전체성을 회복하려는 욕망이다. 곧 '전체성에 대한 그리움'을 사랑이라 규정한다. 사랑의 성질에 대한 이 통찰은 충분히 매혹적이다. 원래 인간은 남녀(男女), 남남(男男), 여여(女女)의 결합형식으로 묶인 세 종류의 총체 인간 형태로 존재했다. 그러나 이들의 힘을 두려워한 제우스가 도끼로 찍어 반으로 쪼개놓는다. 그 이후 인간은 모두 반쪽이며, 이 반쪽의 인간은 잃어버린 반쪽을 그리워한다. 남녀 결합체였다가 쪼개진 인간은 자기 반쪽인 남자나 여자를, 남남 형식이었다가 쪼개

---

47) 플라톤, 최명관 역, 『플라톤의 대화편』, 창, 222쪽.

진 인간은 자기 반쪽인 남자를, 여여 형식이었다가 분할된 인간은 자신의 잃어버린 반쪽 여자를 찾고자 한다.

　인간의 본성과 내력을 살펴보면, 예전에는 인간의 자연적 상태가 지금과 달랐습니다. 처음에는 성이 세 가지 있었지요. 지금은 남성과 여성 두 성이 있지만, 이 둘을 다 가지고 있는 제3의 성이 있었던 겁니다. 옛날에는 남녀 성, 즉, 남성과 여성을 둘 다 가지고 있는 것이 실제로도 있었고 명칭으로도 있었던 겁니다. 그다음엔 사람의 모양이 아주 둥글었는데, 등과 옆구리가 둥그렇게 삥 둘러 있었지요. 그리고 팔이 넷이고, 다리가 넷이 있고, 둥근 목 위에 똑같이 생긴 얼굴이 둘 있었어요. 머리는 하나인데, 얼굴이 반대 방향으로 둘 있었고, 귀가 넷이고, 음부가 둘이었지요. 그들은 지금처럼 똑바로 서서 어느 방향으로든지 가고 싶은 대로 걸어갈 수 있었습니다. 그리고 빨리 뛰고 싶을 때는, 마치 요새 공중제비 곡예사가 두 다리를 공중으로 쳐들었다가 저쪽으로 넘어가듯, 그 당시 그들이 가지고 있던 여덟 개의 손발로 연거푸 번갈아 땅을 짚어가면서 아주 빠른 속도로 굴러갈 수 있었지요. 그리고 성이 세 가지 있었는데, 사람의 모양이 이러했던 까닭은 남성은 맨 처음 태양에서 태어났고, 여성은 대지에서 태어났고, 남성과 여성을 다 가지고 있던 남녀성은 달에서 태어났기 때문이지요. 저들의 모양이 둥글었고 걸음걸이가 둥글었던 것은 저들이 그 부모를 닮았기 때문이지요. 저들은 무서운 힘과 기운을 가지고 있었고, 또 야심도 대단했습니다. 저들은 신들을 공격했던 것입니다. 호메로스[48])가 에피알테

---

48) 호메로스(Homeros)는 고대 그리스의 시인으로, 유럽 최고(最古)의 문학 작품이자 유럽 문학의 효시로 일컬어지는 ≪일리아스≫와 ≪오디세이아≫의 작가로 알려져 있다. 이 두 작

스와 오토스에 관해서 말하기를, 신들과 싸우려고 하늘에 올라가려 했다는 것은 실은 저들을 두고 한 말이지요.49) 그래서 제우스와 다른 신들은 어떻게 하면 좋을까 회의를 열었습니다마는, 좋은 방도가 생각나지 않았습니다. 거인들에게 한 것처럼 번갯불로 저들을 쳐서 인류를 전멸시킬 수도 없었고, 그렇다고 해서 저들이 난폭한 짓을 계속하도록 그대로 내버려 둘 수도 없었어요, 한참 만에 제우스는 좋은 생각을 얻어 이렇게 말했습니다. "이것 보세요. 나는 좋은 계교를 하나 발견했다고 생각하오. 우리는 인간을 그대로 생존하게 하면서도 지금보다 약하게 만들어 난폭한 짓을 그만두게 할 수 있소. 나는 모든 사람을 두 동강이로 쪼개려 하오. 이렇게 하면 그야말로 일거양득이오. 그들은 지금보다 약하게 될 것이고, 또 그 수가 늘 테니 우리에게 더 유리하게 될 것이란 말이오. 그들은 두 다리로 똑바로 서서 걷게 되겠소." 이렇게 말하고서 제우스는 마치 잘 삶은 달걀을 머리카락으로 자르듯, 사람들 한가운데서 두 조각으로 갈라 쪼개었던 것입니다. 한 사람 한 사람 이렇게 쪼개어 가면서 그는 아폴론에게 명령하기를, 얼굴과 반 조각의 목을 절단한 곳으로 회전시켜 자신의 상처를 보고 전보다 더 온순하게 되도록 하라고 했습니다. 그리고는 그 상처를 아물게 해주라고 일렀던 것입니다. 그래서 아폴론은 사람의 얼굴을 돌리고 지금 배라고 불리는 부분 위에서 살가죽을 모아 합쳤지요. 마치 끈을 쭉 잡아당겨 닫게 되어 있는 돈지갑처럼 말이에요. 그리고 조그마한 입을 하나 만들어 배 한가운데다가 붙였지요. 이걸 사람들은 배꼽이라고 부르

품은 서구에서 문자로 기록된 최초의 문학 작품이자, 그리스 문화의 원형이며 서양 정신의 출발점으로 여겨진다.

49) 에피알테스와 오토스는 거인족의 형제이며 포세이돈(Poseidon, 그리스어: $\Pi o \sigma \varepsilon \iota \delta \tilde{\omega} \nu$)은 그리스 신화에 나오는 바다·지진·돌풍의 신이다)의 아들이다.

는 거예요… 배꼽과 배 주변에 있는 주름살만은 그냥 몇 개 남겨 두어 과거에 있었던 일을 상기하도록 했지요. 그래서 본래의 몸이 갈라졌을 때, 그 반쪽은 각각 다른 반쪽을 그리워하고 다시 한 몸이 되려고 하였습니다. 그래서 그것들은 서로 목을 꼭 끌어안고 꼭 붙어 있으려 했으며, 또 서로 헤어져서는 아무 일도 하려 하지 않았기 때문에 결국 배가 고프고 아무 일도 하지 않은 탓으로 죽고 말았습니다. 두 반쪽의 하나가 죽고 다른 하나가 남게 되면, 남게 된 반쪽이 다른 또 하나의 반쪽을 찾아 헤매고, 찾으면 끌어안았던 것이에요. 이런 경우 그는 본래 전적으로 여자였던 사람의 반쪽을 만나는 수도 있었고, 혹은 본래 전적으로 남자였던 사람의 반쪽을 만나는 수도 있었어요… 한 남자가 한 여자를 만나면 서로 포용함으로써 자식을 낳아 자손을 잇게 했고, 또 남자와 남자가 만나면 서로 만나는 것만으로 만족하여 욕망을 진정시켜 일하는 데 정신을 쓰고 생업에 종사할 수 있게 한 거예요. 이렇듯 사람들이 서로 사랑하는 것은 먼 옛날부터 그들 속에 깃들어 있던 것입니다. 그건 본래의 몸뚱이 일부를 다시 한데 모아, 둘에서 하나가 되게 하여 인간 본연의 모습을 되찾게 하려는 거지요. 그러니 우리 각자는 한 인간의 할부(割賦)[50]입니다. 마치 넙치처럼 쪼개져서, 하나에서 둘이 생겨나온 거지요. 그래서 사람마다 자신의 다른 쪽 할부를 찾는 것입니다. 그런데 남녀성이라 불린 성을 가진 사람에게 쪼개져 생긴 남자는 모두 여자를 좋아합니다. 간부(姦夫)들은 대개 이 성에서 나오지요. 또 사내들을 좋아하는 모든 여자와 간부(姦婦)들도

---

50) 옛날에 나그네가 어떤 집에 머무르게 되면 작별할 때 기와 조각이나 골편이나 주화를 둘로 쪼개어 주인과 나그네가 한 조각씩 간직하는 일이 있었다. 후일 그들이나 그 자손들이 서로 만나게 되면, 그 두 조각을 맞추어 보아 과거에 주객의 인연이 있었음을 알았다. 이렇게 쪼갠 물건의 반 조각을 할부라고 한다.

여기서 나오고요. 옛날에 여자였던 사람에서 쪼개져 나온 여자들은 남자들에 관한 관심이 별로 없고, 오히려 여자들에게 마음이 끌립니다. 여자끼리 동성 연애하는 사람들은 여기서 나오는 겁니다. 남자에서 쪼개져 나온 사람들은 남자를 찾아 얻으려 합니다… 누구나 자기가 오래전부터 바라던 것, 즉 사랑하는 이와 하나가 되고, 용접되어 한 몸으로 되고 싶다는 것을 다시 한번 생각할 거예요. 그것이 우리의 옛날의 본래 모습이기 때문이죠. 그때에는 우리가 온전한 하나가 되어 있었기 때문이지요. 그래서 온전한 것에 대한 욕망과 그것에 대한 추구가 에로스라고 불리는 겁니다.[51]

　이 신화가 보여주는 것은 "욕망은 왜 발생하는가?"에 대한 관찰이다. 『향연』의 마지막 주제 발표자인 소크라테스를 통해 전개되는 또 하나의 욕망 담론은 이른바 '디오티마의 이야기'로 더 잘 알려진 플라톤의 대표적 욕망이론이다. 플라톤의 이 욕망이론은 플라톤이 총체적 인간의 신화에서 언급하지 않은 부분, 곧 욕망은 결핍(lack)의 산물이라는 주장을 드러내고 있다. 욕망과 관계하여 '결핍'이라는 어휘를 사용하고 있는 것은 이것이 처음이며, 디오티마의 이야기를 통해서 욕망에 대한 구조 분석을 한 것 또한 처음이다. 예를 들면 이 이야기에 포함된 '에로스의 탄생 비밀'에 관한 대목은 그리스 신화 첫머리에서부터 등장하는 에로스를 플라톤이 아주 다른 방식으로 재가공한 것이다. 이야기를 재가공한 목적은 결핍이 어째서 욕망의 구조적 속성인가를 쉽게 설명하기 위해서이다.
　풍요(plenitude)의 남성 신과 빈곤(poverty)의 여성 신 사이에

---

51) 플라톤, 『플라톤의 대화편』, 251~257쪽 참조.

태어난 것이 에로스이다. 욕망이 충족과 결핍의 두 순간을 부단히 왕래하는 이유는 충족과 결핍이 에로스가 풍요의 신 아버지와 빈곤의 신 어머니로부터 물려받은 성품이기 때문이다. 이 성품으로 말미암아 욕망은 충족의 순간 다시 결핍으로 빠지고, 결핍의 순간 다시 충족을 지향하게 되는 것이다. 만티네이아(Mantineia)의 디오티마(Diotima)[52]는 에로스를 신과 인간의 중간에 해당한다고 설명한다. 그 이유는 풍요의 신 포로스(Poros)는 빈곤의 신 페니아(penia) 사이에서 태어나서, 그의 부모의 특징들을 얼마간 가지고 있기 때문이라는 것이다. 에로스는 빈곤처럼 언제나 무엇인가를 바쁘게 찾아다니고, 또한 풍요로운 것을 얻는 방법을 알 수 있다.

"아프로디테가 출생했을 때 신들이 잔치를 베풀었는데, 그 자리에는 메티스[53]의 아들 포로스도 있었어요. 식사가 끝날 무렵 페니아가 구걸하러 와서, 거지들이 으레 그렇듯이 요란스럽게 떠들면서 문간에 서 있었습니다. 포로스는 벌써 신주를 많이 마시고 취하여 아주 고단해서 제우스의 정원에 들어가 깊이 잠들었습니다. 그러자 페니아는 너무 궁핍했던 끝에 포로스에게서 자식이나 하나 얻으려고 그 곁에 누워 결국 에로스를 잉태한 겁니다. 이렇게 해서 에로스는 아프로디테의 수종자이자 종이 되었습니다. 이 여신의 생일잔치 때에 출생하게 되었고 동시에 그가 본성상 아름다웠기 때문이었습니다. 에로스는 포로스와 페니아의 아들인 까닭에 그 운수도 이들에게서 얻게 된 것입니다. 그는 항상 가난합니다. 그리고

---

52) 만티네이아(Mantineia)의 부인 디오티마(Diotima)는 역사적으로 실재했었는지는 알 수 없다. 여기서 그녀가 한 것으로 소크라테스가 전하는 말은 플라톤의 사상을 나타낸 것이라 할 수 있다.
53) 메티스(Mētis)는 '교지(巧智)'를 신격화한 것.

많은 사람이 생각하는 것처럼 부드럽고 아름답기는커녕 딱딱하고 거칠고 신발도 없고 집도 없지요. 그래서 늘 이부자리도 없이 땅바닥에 누우며, 문간이나 길가 같은 한데서 잡니다. 그 어머니를 닮아 언제나 궁핍하기 때문이에요. 그러나 아버지를 닮은 데도 있어서 아름다운 것과 좋은 것을 찾으려고 획책합니다. 또 용감하고 저돌적이고 열렬하고, 힘센 사냥꾼이요, 늘 모략을 꾸미며, 실천 면에서 지혜를 찾기도 하고 여기에 성공도 하며, 온 생애를 통하여 애지자이며, 또 놀라운 마술사, 독약 조제사, 궤변가입니다. 그는 본래 가사자도 아니요, 불사자도 아닙니다. 오히려 하루에도 몇 번씩 때로는 풍요롭게 꽃피고 생기가 돌기도 하고, 때로는 죽어가는 듯싶지요. 그러다가는 아버지 본성을 따라 새로운 힘을 얻기도 합니다. 그러나 풍요한 가운데 얻은 것은 늘 어느 사이에 사라져버리고 맙니다. 그래서 에로스는 가난하지도 않고 부유하지도 않습니다. 그리고 그는 또한 지혜와 무지의 중간에 있습니다."54)

에로스는 아름다움이 결여되어 있어서 자신이 갖고 있지 않은 아름다움을 갈구하고 있다. 그런 면에서 인간도 자신이 갖고 있지 않은 것을 끊임없이 갈망한다. 무엇인가 부족하고 결핍된 것을 향한 욕망을 충족시키려는 경향이 많다. 그런데 이 욕망에는 여러 단계를 거친다. 지혜나 아름다움에 대한 사랑이 갑자기 생기지 않는다. 에로스 단계는 아름다운 육체로부터 시작해서 아름다운 영혼과 지식의 세계를 거쳐서 아름다움 자체에 대한 인식으로 올라간다.

플라톤은 에로스의 단계가 육체에 대한 사랑으로부터 영혼에

---

54) 플라톤, 『플라톤의 대화편』, 277~279쪽 참조.

대한 사랑을 거쳐서 이념에 대한 사랑으로 한 단계씩 고양되어 나가야 한다고 보고 있다. 플라톤의 이러한 사고는 하위의 욕망이 정화되고 승화되지 않으면 아름다움 그 자체에 도달할 수 없으므로, 자연스럽게 욕망의 억압으로 이어지게 된다. 소크라테스는 철학에 종사하는 사람들은, 사람이 죽어서 영혼이 몸과 욕망으로부터 완전히 결별하여 영혼이 가장 순수한 상태에서 지혜를 포착할 수 있다고 생각했다. 따라서 몸과 욕망은 지혜에 대한 사랑을 방해할 뿐이다. 육체는 영혼의 감옥이다. 몸을 떠나지 못해서 몸의 감옥에 갇혀 있는 영혼은 몸의 욕망과 쾌락 때문에 더럽혀지고 불순하게 된다. 몸은 우리를 욕정과 욕망, 두려움, 그리고 모든 환영과 어리석음으로 가득 채우며 전쟁과 불화 그리고 싸움을 일으키는 원인으로 인정한다. 지혜를 사랑하는 사람은 최대한 몸과 욕망의 영향을 벗어난 상태로 살아가야 하며, 좋은 음식을 먹고 좋은 옷을 입고 성적 쾌락을 누리고 싶어 하는 욕망 등을 멀리하고 살아가야 한다는 것을 강조한다.[55]

소크라테스는 "온전한 것에 대한 욕망과 그것에 대한 추구가 에로스"[56]라는 사실을 환기한다. 에로스가 언제나 그 무엇인가가 부족하고 결여되어 있어서 추하고 불완전한 존재이지만, 동시에 바로 그와 같은 결핍의식 때문에 그것을 성취하고 완성하려는 욕구를 가지고 살아가고 있는, 지혜를 사랑하는 인간들의 모습을 상징적으로 묘사해주고 있다. 에로스보다 인간의 본성을 더 잘 설명하는 것은 없다.

플라톤은 마치 심문이라도 하듯 아리스토파네스의 입을 통해

---

55) 교재편찬위원회, 『사고와 표현』, 대구 가톨릭대학교 출판부, 264쪽.
56) 플라톤, 『플라톤의 대화편』, 257쪽 참조.

총체 인간의 신화를 비판한다. "사랑하고 있는 사람들은 자신의 반쪽을 찾고 있다고 말하지만, 사랑은 자신의 반쪽을 찾는 것도 아니고 전체를 찾는 것도 아니다. 다만 반쪽이니 전체니 하는 것이 동시에 어떤 좋은 것이라면 모를까. 사실 인간은 그것이 해롭다고 생각되면 자신의 손과 발도 자진해서 잘라버린다. 그것이 해롭다고 생각된다면, 자기 것이라고 해서 덮어놓고 좋아하는 사람은 한 사람도 없다고 생각한다. 자신의 것은 좋은 것이고, 남의 것은 나쁜 것이라는 사람이 있으면 또 말이 달라지겠지만. 사실, 좋은 것 이외에 사람들이 사랑한 것이란 아무것도 없다."[57] 결국, 인간의 반쪽 찾기는 단순히 전체성을 회복하기 때문에 의미 있는 것이 아니라, '좋은 것'이기 때문에 중요하고 의미가 있다. 반쪽 혹은 전체성의 회복을 향한 욕망이라는 것은 그 자체가 선한 것을 회복하려는 욕망이 아닐 때는 무의미하다. 인간에게 근원적 결핍은 '좋음(The Good)'의 결핍이다. 따라서 욕망이 회복하려는 것은 그 근원적 결핍으로서의 좋음이다. 그러므로 욕망의 진정한 대상은 '좋음'이다. 에로스는 바로 '좋은 것'을 영원히 자기 것으로 가지기를 원하는 것, 곧 자기 것으로 영원히 소유하려는 욕망이다. 그런데 대상 그 자체가 영원하지 않다면 그것은 욕망의 대상이 될 수 없다. 욕망이 소유하고자 하는 '좋음'은 바로 영원한 불멸성(immortality)이다. 좋은 것을 영원히 소유하려는 에로스는 결국 불멸성을 획득하고자 하는 욕망이다. 이 경우 욕망은 불멸의 실재(reality)를 향해 있고 '좋음'은 바로 그 욕망의 대상이 되는 불멸의 실재이다. 결핍을 메우려는 욕망이야말로 인간을 가장 인간답게 하는 욕망이다.

---

57) 플라톤, 위의 책, 282쪽 참조.

『국가론』: 욕망을 탐하다 - 기게스의 반지

플라톤에 따르면 인간은 부정을 행하는 것이 선, 곧 이익이고, 부정을 당하는 것이 악, 곧 손해라고 말한다. 인간에게는 악이 선보다 크다는 것이다. 그래서 사람들은 서로 부정을 행하기도 하고, 당하기도 하면서 양쪽을 다 경험하게 된다는 것이다. 가령 정의로운 사람이든지 정의롭지 못한 사람이든지, 누구를 막론하고 그들에게 무한의 자유를 주고 어떻게 행동하는지를 지켜보면 알 수 있다는 것이다. 사람들은 누구나 자신의 욕심과 욕망에 따라, 자신의 이익에 따라 행동한다는 것이다.58) 이러한 점은 옛날 리디아 사람인 기게스에 관한 이야기를 보아도 알 수 있다고 설명한다.

기게스59)는 리디아의 왕을 섬기던 양치기였다고 합니다. 기게스가 양을 치고 있던 어느 날 천둥 번개와 함께 폭우가 내리고 지진이 일어났습니다. 폭우와 지진이 지나간 후 정신을 차린 양치기가 자신의 풀을 먹이던 곳을 보니 땅이 갈라져 있었고 깜짝 놀란 그는 그 구멍으로 들어갔다고 합니다. 거기서 그는 안이 텅 비어 있는 신비로운 청동 말을 보게 됩니다. 그 청동 말에 작은 문이 나 있어 기게스가 들어가 보니, 그 안에는 보통의 사람보다 큰 시신이 놓여 있었다고 합니다. 시신에는 금반지만 끼여져 있을 뿐 몸에는 아무것도 걸친 게 없었습니다. 그는 시신의 손가락에서 금반지를 빼 들고 밖으로 나왔습니다. 그 후 달마다 있는 양치기의 모임에 기게스도 참석했습니다. 물론 그의 손가락에는 그 반지가 끼워져

---

58) 플라톤, 이환 역, 『국가론』, 60쪽 참조.
59) 소아시아 서부에 있던 고대국가 리디아의 왕(680~648)으로 알려진 인물.

있었죠. 그런데 사람들과 함께 앉아 있던 기게스가 무심코 그 반지를 돌리자 놀라운 일이 벌어졌습니다. 기게스의 모습이 보이지 않게 된 것입니다. 사람들은 방금까지 있던 사람이 사라졌다면서 모두 웅성댔습니다. 이에 놀라 그가 반지를 원래의 방향대로 돌리자 그의 모습이 나타났습니다. 신기한 마음에 여러 번 시험해보았지만, 결과는 마찬가지였습니다. 이러한 사실을 확인한 그는 왕에게 가는 사자(使者)들의 틈에 끼어 왕궁으로 들어갔습니다. 그리고 거기서 왕비와 정을 통한 뒤에 왕을 죽이고 왕국을 차지했다고 합니다.[60]

만일 욕심이 없는 선량한 사람이 그 기게스의 반지를 끼었다고 가정했을 때, 과연 선량하고 욕심이 없는 사람이라고 해서 탐욕을 자제하고 이기심을 누를 수 있을까? 대부분 사람이 백화점에 가서 자신이 원하는 물건을 훔치기도 하고, 마음에 끌리는 사람과 동침하기를 주저하지 않을 것이다. 안전하게 부정을 행할 수 있다면, 인간은 누구나 악행을 저지를 것이다. 만일 그렇지 않은 사람이 있다면 그는 단지 남들의 이목이 두려워 주저하고 있을 뿐인지도 모른다. 우리 인간은 처음부터 본성적으로 탐욕스러운 모습인가? 아니면 어떤 상황에 처했을 때 탐욕에 눈이 멀어지게 되는가? 우리는 기게스의 반지를 통해서 한 번쯤 자신을 성찰할 필요가 있다. 플라톤은 국가론에서 기게스의 반지 전설을 통해서 완벽하게 탐욕이 없는 선량한 사람과 완벽하게 탐욕스러운 불량한 사람을 대비시켜 우리에게 질문을 던진다.

---

60) 플라톤, 『국가론』, 61쪽.

국가의 탄생과 인간의 욕망

플라톤은 이 같은 문제를 규명하기 위해 국가의 탄생에 관해 이야기한다. 플라톤은 국가의 기원을 신의 뜻이 아니라, 인간의 기본적인 욕구에 바탕을 두고 설명한다.

국가의 발생 단계를 살펴보면 국가는 사람들의 필요 때문에 생겨났다고 보네. 독립된 개인으로 세상을 살아가기에는 너무 어려웠을 테니까. 우리 인간은 다양한 욕망을 품고 있음에도 각자의 능력은 아주 제한돼 있어. 그래서 한 사람의 힘으로 어떤 목적을 달성하기란 어렵지. 결국, 사람들이 힘을 합치게 됐고, 이러한 집단이 모여 국가가 된 거지.[61)]

인간들이 집단을 이루고 살아간다고 할 때 가장 필요한 것은 의·식·주이다. 생존의 으뜸으로서 무엇보다도 먹는 문제를 해결해야 한다. 그다음은 집을 마련하는 것이고, 그다음이 옷과 그 밖의 필수품들을 마련하는 것이다. 국가가 이러한 문제를 어떻게 해결했을까 생각해보면, 플라톤 자신이 말하는 최초의 국가 구성원들은 그들 자신에게 필요한 것을 생산해내는 사람들로 이루어진다. 우선 식량을 생산해야 하는 농부와 집을 짓는 목수가 필요하고, 입을 옷을 짜야 하는 직공 그리고 신을 신발을 만드는 제화공, 그 밖에 일상생활에 필요한 상인을 포함한 최소한 4~5명은 필요하다. 그래서 플라톤은 이 사람들로 최소 국가가 이루어진다고 생각했다. 그렇다면 이들의 노동은 어떤 형태로 이루어져야 하는가? 플라톤

---

61) 같은 책, 67쪽.

은 우리 인간은 태어난 환경과 소질이 다르므로 일을 하는 데도 자신에게 적합한 분야가 있기 마련이다. 그래서 각자의 소질에 따라 잘할 수 있는 일을 맡아서 처리하는 분업의 형태가 훨씬 능률적이라고 생각한 것이다. 최초의 국가에서는 농부, 목수, 직공, 제화공이라는 최소한의 인원이 필요했지만, 노동이 분업화되면서 더 많은 인원이 필요하게 된다. 예를 들면, 농부의 경우에 농사에 필요한 도구를 만들 수 있는 그 분야의 전문가가 필요하다. 목수도 그렇고 옷을 만드는 직공도 마찬가지다. 그렇다면 대장장이나 재단사 이외에도 많은 기술자가 필요하다. 사람이 늘면 할 일도 많고 기술의 필요성도 증가하기 때문이다. 더 많은 일꾼과 기술자들이 필요하게 되고, 무역에 필요한 인원은 물론 항해에 필요한 기술자나 전문가도 있어야 한다. 이렇게 점점 수많은 직업이 생겨나면서 인간의 욕망도 좀 더 세분되고 다양해진다. 나아가 여러 가지 다양한 직업을 가진 사람들이 만들어 낸 물건들을 수출하고 수입하기 위해서는 각자에게 필요한 물건뿐만 아니라 다른 나라에 팔기 위한 물건도 만들어내야 한다. 그래서 각 부류의 사람들이 생산한 물품들을 나누고 교환하기 위해서 시장이 필요하고, 시장에서 물건을 교환하기 위해서는 화폐가 필요하다. 또한, 농부나 수공업자가 만든 자신의 물건을 팔기 위해 그 일을 맡아 하는 상인도 생기게 된다. 그러나 사람들은 단순한 생활 방식에서 벗어나 더 많은 것들을 요구하게 된다. 이제 최소한의 생활필수품에 만족하지 않고 훨씬 더 많은 물품과 기술을 필요로 하게 된다. 때로는 창부를, 때로는 화가의 예술품이나 금, 상아 같은 사치품도 필요로 한다. 늘어나는 사람들과 늘어나는 사람들의 욕망을 충족하기 위해서 국가는 더 커질 수밖에 없다. 그래서 시인, 음악가, 화가, 의사, 무용가, 이발사 같은 다양한 직업도 생겨난다. 그 모든 사람을 수용하기 위해 국가가 필요한 것이다.

인간의 욕망은 끝이 없다. 그러나 인간의 욕망을 충족시키는 데는 한계가 있다. 그래서 국가가 개개인의 기본적인 욕망을 충족시켜줄 의무는 있지만, 개인의 무분별한 욕망은 통제해야 한다는 것이 플라톤의 생각이다.

파에톤(Phaeton), 충동적 욕망에 눈이 멀다

태양신 헬리오스(Helios)에게는 아내가 많았다. 그중에 클리메네(Clymene)와의 사이에 딸 일곱과 아들 하나를 두었는데 그 아들이 파에톤이다. 태양신 헬리오스는 아침마다 눈부실 정도로 흰말들이 끄는 황금 마차를 타고 대양 오케아노스 동쪽 끝 에티오피아 땅의 늪에서 솟아 나온다. 헬리오스 신은 하늘로 치솟으면서 세상에 두루 빛을 뿌려 준다. 정오에는 하루 코스의 제일 꼭대기에 올랐다가, 차차 서쪽으로 내려가 낮이 끝날 무렵에는 대양 오케아노스 속으로 뛰어든다. 어느 날 파에톤은 제우스와 이오(io)와의 사이에서 태어난 아들 에파포스(Epaphus)와 싸웠다. 에파포스가 파에톤에게 너는 신의 아들이 아니라고 했기 때문이다. 파에톤은 어머니 클리메네에게 가서 하소연했다. 클리메네는 아버지 헬리오스에게 가서 직접 물어보라고 하였다. 파에톤은 자기가 헬리오스 신의 아들임을 증명해달라고 졸랐다. 헬리오스는 스틱스(Styx)강에 맹세코 증명해 주겠다고 약속했다. 그러자 파에톤이 헬리오스의 아들이라는 증거로 아버지의 불 마차(태양)를 한번 몰아 보게 해 달라고 졸랐다. 헬리오스는 그것만은 결코 안 된다고 타일렀다. 헬리오스는 막무가내로 조르는 파에톤에게 "이 세상에는 이보다 귀한 것이 얼마든지 있다. 하늘, 바다, 어디에 있어도 좋다. 네가 바라는 것이면 무엇이든 너에게 주겠다. 그러나 이것만은 어쩔 수가 없구나. 너는 태양 마차를 몰아보는 것을 명예롭게 여길 것이다만 이것은 명예가 아니라 파멸의 씨앗이다. 네가 소원하는 것이 은혜가 아니고 파멸이라는 것을 왜 모르느냐?" 태양신 아버지의 충고에도 아랑곳하지 않고 파에톤은 끝내 고집을 꺾지 않았다. 한사코 졸라대는 바람에 하는 수 없이 단 하루만 불 마차를 몰도록 허락하였다. 그러나 아버지는 오래지 않아 자식에게 닥칠 재앙과 이로 인한 자신의 슬픔을 예견하게 된다. 아버지 헬리오스는 아들 파에톤에게 이르기를 "아비의 말을 잘 듣고 마음에 새기도록 하여라. 되도록 채찍은 쓰지 않도록 하고, 고삐는 힘껏 틀어잡도록 해야 한다. 천마는 저희가 요량해서 잘 달릴 거다만 이들의 조급한 마음을 누그러뜨리기는 여간 어려운 일이 아니다. 하늘과 땅에 고루 따뜻한 빛을 나누어 주려면 너무 높게 몰아서도 안 되고 너무 낮게 몰아서도 안 된다, 너무 높게 몰면 하늘 덮개에 불이 옮겨붙을 것이고, 너무 낮게 몰면 대지가 그을리고 만다. 그 중간이 가장 안전하니 명심하여라. 오른쪽으로 너무 치우치지도 말고 왼쪽으로 너무 치우쳐서도 안 된다. 이 사이를 조심해서 지나가도록 하여라." 아버지 헬리오스로부터 고삐를 건네받는 순간, 태양 마차를 끄는 네 마리의 날개 달린 천마는 불을 뿜어 주위의 대기를 뜨겁게 달구면서 날아올랐다. 그런데 태양 마차를 끄는 말들이 평소 주인의 솜씨가 아닌 것을 알고 제멋대로 공중을 내달렸다. 불 마차가 땅에 가까우면 뜨거운 불길에 강이 말라붙고, 사방에 큰 화재가 연달아 일어나고, 땅에서 너무 멀리 떨어지면 강이 얼어붙는 것이다. 파에톤은 아버지의 천마 고삐를 잡은 것을 후회했다. 태양 마차를 몰겠다고 우긴 것을 후회했다. 온 세상이 불바다가 되거나 얼음덩이가 될 것 같았다. 이를 내려다보고 있던 제우스는 하는 수 없이 파에톤에게 벼락을 내려친다. 벼락을 맞은 파에톤은 에리다노스(Eridanus)강에 빠져 죽게 된다. (그리스 로마 신화)

말(馬)은 충동적인 욕망의 상징이다. 통제되지 않은 욕망의 상징, 도착된 상상의 표현이 되는 것이다. 한편 날개 달린 말은 욕망의 숭고화의 상징이다. 날개 달린 말이 끄는 태양 마차를 끌어보려고 시도하기 전에 파에톤은 말을 다루는 것, 즉 자신의 욕망을 승화시키는 것을 배워야 했다. 그러한 승화 작용을 통해서만 그의 지각 없고 위태로운 욕망으로 인해 초래되는 결과로부터 자신을 구원할 수 있기 때문이다.[62]

파에톤은 불 마차를 끌고 싶은 자신의 욕망을 억제하지 못하고 자기 젊음과 힘만 믿고는 태양 마차 위로 올라가, 아버지가 건네주는 고삐를 망설임 없이 건네받았다. 그 순간 파에톤은 태양신 아버지의 충고도 무시하게 되고, 무절제하게 우쭐대는 무모한 욕망을 제압하기에는 무기력해진다. 파에톤의 소망은 방종 상태에 이른 욕망, 자제력을 거의 잃고 완전히 침몰해버리는 허영을 내포한 욕망의 상징이다.

간곡한 아버지의 충고에도 아랑곳하지 않고 파에톤은 불 마차를 끌고 싶은 욕망의 대상에 굴복하고 만다. 여기서 불 마차는 파에톤 욕망의 대상이지 욕망의 원인은 아니다. 그 욕망의 원인은

---

62) 뽈 디엘, 안용철 역, 『그리스 신화의 상징성』, 현대미학사, 91쪽.

'너는 신의 아들이 아니다'라는 말에 스스로 신의 아들임을 증명하는 것이다. 그것은 신의 아들이 아니라는 결핍에서 오는 열등감이 욕망에 불을 지핀 것이다. 아버지의 불 마차(태양)를 한번 몰아 봄으로써 파에톤 자신이 바로 헬리오스 신의 아들이라는 것을 증명해 보이고 싶었던 것이다.

플라톤의 욕망론

플라톤은 그의 철학에서 결코 욕망을 제외하지 않았고, 이성의 이름으로 모든 욕망을 비난하지도 않는다. 그는 오히려 여러 가지 형태로 나타나는 욕망의 작용과 효과, 그리고 욕망에 대처하는 영혼 내의 세력 관계를 분석하고 있다. 플라톤이 수많은 대화편에서 끊임없이 욕망의 문제를 상기시키고 있다는 점을 고려하면, 철학은 욕망과의 대결을 통해 태어났다고 해도 과언이 아니다.[63]

플라톤의 인식론은 지금도 일부 문학 이론이나 텍스트 해석이론에서 강력한 영향력을 유지하고 있다. 그러나 실재계를 사유하지 못하는 신화는 진리 인식의 능력도, 지식의 지위도 갖고 있지 않다. 따라서 사실과 거짓에 대한 보편적 판별의 요구를 충족시키지 못한다. 이 인식론을 욕망론에 적용했을 때, 선을 지향하지 않는 모든 욕망은 오류이다. 그러나 신화는 뒤틀린 욕망, 혹은 욕망의 오류를 판별하지 못한다. 신화가 그려내는 것은 감관에 감지되는 지각의 세계이지, 사유가 감각을 넘어 이성의 힘으로 파악하는 세계는 아니다. 신화작가들이 제우스를 엉터리로 그려내고 신들의 세계에 허위, 사악함, 기만, 오류를 도입하는 것은 사실과 거짓에 대한 인식

---

63) 이진우, 「욕망의 계보학」, 『니체연구』, 제6집, 한국 니체학회, 2004, Vol, 6 NO, 119쪽.

론적 판별의 능력과 기준이 없기 때문이다. 도덕의 층위에서도 사정은 마찬가지이다. 보편 선에 대한 지식이 없으므로 신화의 세계에서 이를테면 정의(justice)는 시공간을 넘어 보편성에 기초한 정의가 아니라 변덕과 우연에 지배되는 불안한 스캔들로 등장한다. 제우스가 어떤 때는 정의의 신으로, 어떤 때는 불의의 신으로 변덕스럽게 그려지는 것은 그 때문이다. 이처럼, 플라톤이 전개하는 욕망은 그의 다른 대화편들에서와 마찬가지로 '선'(The Good)을 향해 있다. 플라톤의 욕망론은 철학적 사유와 신화적 상상력 사이의 긴장을 욕망론의 차원에서 다시 극화하고 철학이 문제 삼는 쟁점의 중요성을 부각한다.

제 3 장

욕망은 자기 존재 보존을 추구하는 인간의 본질이다: 스피노자

코나투스(conatus)란

스피노자는 모든 사물이 자신의 존재 안에서 지속하고자 하는 노력을 코나투스(conatus)라고 한다. 그는 코나투스를 모든 물체, 인간과 동물, 식물을 포함한 광물들에까지 광범위하게 그 원리를 적용한다.

> "각각의 사물은 자신 안에 존재하는 한에서 자신의 존재 안에 남아 있으려고 한다."[64]

스피노자는 모든 사물은 본성적으로 자기 자신의 존재를 보존하기 위해 애쓰고, 또한 각각의 사물은 자신의 존재를 보존하려는 자신만의 노력을 하는 경향이 있다는 것이다. 그는 모든 사물이 자신의 존재를 지속하려는 노력을 그 사물의 고유한 코나투스라고 한다. 그러한 노력은 그 사물의 고유한 코나투스로서 개별적인 사물들의 본질을 그대로 드러낸다.

스피노자에게 있어서 '노력'은 어떤 의식적인 지향성이나 목표, 추구를 뜻하는 것은 아니다. 자신 안에 존재하는 한에서 자기 존재를 보존하기 위한 것이다. 이것은 목적적인 의미가 아니라 자연법칙과 같은 것이다. 어떤 사물이 자신의 존재를 유지하기 위해 애쓴다는 것은 그 사물이 의지를 갖추고 의식적으로 노력한다는 것이 아니라 그 사물에 필연적으로 주어진 법칙에 따라 그렇게 하는 것일 뿐

---

64) 스피노자, 강영계 역, 『에티카』, 서광사, 1990, 162쪽(정리6).

이다. 다시 말해서 자기 존재를 보존하기 위해 애쓰는 것은 자연법칙처럼 존재 본성의 법칙이다. 그것은 의도적인 노력이 아니다.

> "각 사물이 자신의 존재 안에서 지속하고자 하는 성향(conatus)은 그 사물의 현실적인 본질이다."[65]

스피노자는 각각의 사물이 자기 자신의 존재를 보존하려는 내재적인 노력, 자기 보존의 힘은 동일한 것이 아니라는 것이다. 각각의 사물은 자기 보존의 힘이나 능력을 다르게 갖추고 있으며, 각각 자신의 존재를 지속하려는 활동이나 힘으로 나타난다. 그것은 그 사물의 본성에서 비롯하여 그 사물의 존재를 지속시키려는 방식으로 행동하는 것을 의미한다. 모든 사물은 자신의 코나투스에 따라 각각의 특징대로 그 일관성을 계속해서 유지하려고 한다. 예를 들면, 인간은 인간의 방식대로 자신의 존재를 보존하려고 하고, 개는 개의 방식으로 자신의 존재를 지속하려고 한다. 그것은 인간은 현실적으로 인간이 개나 고양이가 하는 방식으로 활동할 수 없는 것처럼 개와 고양이도, 개와 고양이가 아닌 인간이나 다른 사물이 살아가는 방식으로 활동할 수 없는 것과 같다. 그래서 코나투스는 어떤 사물의 각각의 구체적인 능력 혹은 힘을 나타내는 것이다. 사물 각각의 고유한 힘이나 능력을 갖추고 있으며, 그 각각의 코나투스는 다른 사물과 구별되는 특정한 능력이다.

각각의 사물은 외부의 사물과 접촉할 때, 외부 환경과의 상호작용 속에서 자기 존재를 유지하려고 하는 것이다. 자기 존재를 유지하는 데 도움이 되는 그런 방향으로 행동하려고 한다. 다른 사물

---

65) 『에티카』, 163쪽(정리7).

과 접촉하는 과정에서 각 사물은 자신에게 적합한 것, 자기 보존에 도움이 되는 것을 지향한다. 반면에 자기 보존에 방해가 되는 것에 대해서는 저항한다. 하나의 사물이 다른 사물과의 상호 작용 속에서 그 자신의 존재를 유지하려는 힘, 자기 보존에 방해가 되는 것에 대해서 거부하거나 저항하려는 힘은 곧, 힘을 증대하려는 노력으로 나타난다. 이러한 노력이나 힘은 바로 그 자신의 활동 능력을 증가시키고 완전성을 높이려는 코나투스의 능동적이고 적극적인 노력이다.66)

인간의 코나투스는 욕망이다

스피노자에게 있어서 "욕망은 인간 본질 자체이다."67) 인간은 본성적이고 필연적으로 자기 자신의 보존을 추구하는 것으로부터 출발한다. 인간은 자연의 일부분으로서 끊임없이 욕망하는 존재, 자기 보존을 추구하는 존재이다. 인간의 본질은 자신의 존재를 보존하려는 욕망이다. 존재를 보존하고 완전한 자기 자신이 되는 것이 유일한 규범이고, 목표이다. 원초적 힘과 욕망이 개체의 본질과 행위의 근본을 이룬다. 스피노자가 코나투스(conatus)라고 명명하는 인간의 본질은 근원적으로 자신의 존재를 보존하려는 노력이다.

코나투스가 인간 정신에 관련될 때는 '의지'라고 한다. 그리고 코나투스가 정신과 신체에 모두 관계될 때는 충동(appetitus)이라고 한다. 충동은 자신을 유지하려는 유용한 것에서 생겨난다. 그래서 인간이 자신에게 유용한 것을 행하도록 하는 인간의 본질 자체라고

---

66) 홍영미, 「스피노자의 코나투스 이론」, 『철학연구』, Vol. 73 No, 철학연구회, 2006, 31~32
    쪽 참조.
67) 『에티카』, 260쪽.

할 수 있다. 충동과 욕망의 차이는, 욕망은 자신의 충동을 의식하기 때문에 인간에게만 관계된다. 따라서 의식을 동반하는 충동으로 정의될 수 있다.[68] 의식을 동반하는 경우 욕망이라고 한다. 욕망은 코나투스의 인간적인 표현이다. '충동'은 배가 고파서 밥을 먹을 때, 자기 보존을 위해 밥을 먹기 위해 노력한다는 사실을 의식하지 못한다. 반면에 자기 보존을 위한 '욕망'에 의해서 밥을 먹는 경우는 밥을 먹으려는 노력을 의식하고 있다는 것이다. 다시 말해 욕망은 의식을 동반한 충동이고, 이 의식 때문에 인간은 자신의 자유의지에 의해서 밥을 먹었다고 생각하는 것이다. 따라서 욕망은 의식을 동반한 충동으로 정의될 수 있다. 스피노자는 "우리 인간이 선(善)이라고 판단하기 때문에 그것을 향하여 노력하고 의지하며 충동을 느끼고 욕구하는 것이 아니라, 반대로 노력하고 의지하며 충동을 느끼고 욕구하기 때문에 어떤 것을 선이라고 판단한다"[69]라는 것이다.

　스피노자는 인간의 기본 감정으로 욕망과 더불어 기쁨과 슬픔, 이 세 가지를 내세운다. 욕망은 각자의 본성이나 본질 자체이다. 그러므로 각 개인의 욕망은 마치 한 인간의 본성이나 본질과 다른 것만큼 다른 사람의 욕망과 다르다. 기쁨과 슬픔은 그것을 통하여 노력이 증대하거나 아니면 감소하며, 촉진되거나 저해되는 수동적이다. 욕망이나 충동은 각자의 본성 자체이다. 따라서 각자의 기쁨이나 슬픔은 마치 한 인간의 본성이나 본질이 다른 인간과 다른 것처럼 타인의 기쁨 또는 슬픔도 다르다. 그러므로 각 개인의 각각의 정서는 타인의 정서와는 다르다.[70]

---

68) 『에티카』, 164~165쪽.
69) 『에티카』, 165쪽.
70) 『에티카』, 215쪽.

어떤 사물이 신체의 활동 능력에 영향을 미칠 때, 그 사물에 대한 관념은 우리 정신의 활동 능력에도 영향을 미친다. 그래서 정신은 신체의 변화에 따라 때로는 더 완전한 상태로, 때로는 덜 완전한 상태로 옮겨가면서 많은 변화를 겪는다. 기쁨과 슬픔의 감정들은 정신의 이러한 변화 상태와 관계된다. 그래서 스피노자는 기본 감정인 기쁨과 슬픔을 다음과 같이 정의한다. "기쁨에서 생기는 욕망은 슬픔에서 생기는 욕망보다 강하다."71) 기쁨에서 생기는 욕망은 기쁨의 정서 자체에 의해 촉진되거나 증대한다. 그러나 반대로 슬픔에서 생기는 욕망은 슬픔의 정서 자체에 의해서 감소하거나 억제된다. 그러므로 기쁨에서 생기는 욕망의 힘은 인간의 능력과 동시에 외적 원인의 힘으로 움직인다. 그러나 슬픔에서 생기는 욕망의 힘은 오직 인간의 능력에 의해서만 움직인다. 따라서 기쁨에서 생기는 욕망은 슬픔에서 생기는 욕망보다 훨씬 강하다고 할 수 있다.

욕망은 우리 실존을 지키고 강화하려는 인간적 노력이다. 기쁨과 슬픔은 그것이 좋은 방향으로 이루어졌는지, 그 변화에 대해 느끼는 정동이다. 스피노자는 욕망을 인간의 본질이라고 생각하는데 충동이나 의지, 욕망은 명칭만 다를 뿐 사실상 인간에게 동일한 것을 의미한다. 우리는 우리의 능력이 확장될 때 기쁨을 얻고, 그것이 감소할 때 슬픔을 얻는다. 우리는 기쁨을 주는 것을 욕망하고 슬픔을 주는 것을 피하려고 한다.72)

인간에게 욕망은 자기 보존의 노력이다. 그래서 신체의 활동 능력을 증대시키거나 촉진하는 것을 가능한 한 받아들이려고 하고,

---

71) 『에티카』, 260쪽.
72) 고병권, 「스피노자의 코뮌주의: 자유를 향한 욕망의 아쌍블라주」, 『문학과 경계』, Vol. 1 No. 1, 2001, 285쪽.

신체의 활동 능력을 감소하거나 저해하는 것을 가능한 한 피하려고 노력한다.[73]

욕망은 자기 보존을 추구하는 인간의 본질이다

그렇다면 인간은 무엇을 욕망하며 무엇 때문에 욕망하는가? 무엇보다도 인간은 자기 자신의 존재를 보존하고자 노력할 때, 이것은 단지 단순하게 생명을 보존하기 위함만은 아니라는 것에 우리는 주목해야 한다. 스피노자의 코나투스 이론에 따르면 인간은 자신을 현재의 그 존재대로 연장하려고 한다. 그것은 단순히 지속을 시키기 위한 수동적인 존속을 의미하지는 않는다. 인간은 단지 물리적인 보존 이상의 그 무엇을 추구하는 존재로서 본질적으로 가치를 지향하는 존재이다. 인간은 누구나 자기 존재를 더 나은 존재, 더 완전하게 실현하려는 근본적인 욕구를 갖추고 있다. 그리고 인간은 자아실현의 욕망에 따라 끊임없이 노력해야 한다는 것을 안다. 스피노자는 인간 존재의 이러한 본성을 코나투스 이론으로 설명하고자 한다. 코나투스는 자기 자신을 실현하려는 본성적인 욕구이다. 그것은 의미 있는 삶을 추구하려는 인간의 욕망에 대한 또 다른 표현이라고 할 수 있다. 그래서 인간에게 있어서 자기 자신의 존재를 보존하려는 코나투스는 우리 존재에 의미를 부여하려는 노력 또는 추구로 이해해야 한다. 이러한 코나투스는 의미 있는 삶을 추구하려는 인간의 본질적인 욕망과 일치한다고 할 수 있다.[74]

---

73) 『에티카』, 261쪽
74) Y. Yovel, "Transcending Mere Survival: From Conatus to Conatus Intelligendi", in Y. Yovel ed., *Desire and Affect: Spinoza as Psychologist*, New York, Little Room Press, 1999, 44~50쪽.

플라톤은 인간의 욕망을 결핍으로 보았고, 쾌락주의자들은 인간 최대의 욕망을 쾌락의 달성으로 보았지만, 스피노자는 인간의 욕망을 좀 다르게 인식한다. 스피노자에 따르면, 모든 인간은 본성의 한 부분에 그들 자신의 존재를 계속 지속시키려는 충동이 있다. 대부분 인간은 자기를 지키려고 한다. 다시 말하면 자기 존재의 보존을 욕망하는 것이다. 그것은 자연법칙으로서, 유기적인 세계뿐만 아니라 정신적인 세계에서도 가치를 지닌다. 따라서 인간도 자연에 의해 우리에게 부여된 방식으로 자기 존재를 존속시키려고 한다. 마치 자기 동일성을 가지고 자기를 유지하려는 것과 같다. 스피노자는 자기 보존을 위한 이 맹목적 의지를 '욕구(conatus)'라고 불렀다.

그러나 맹목적 의지를 가진 단계의 인간은, 어린아나 동물과 마찬가지로 이러한 욕구에 관하여 아무것도 알지 못한다. 그저 맹목적 의지 그 자체로 무엇인가를 하고자 할 뿐이다. 만일 우리가 이러한 충동을 의식하게 되면, 의식을 가진 욕망이 무언가를 갈망하게 되는 것이다. 그것은 구체적인 의식, 자기를 보존하려는 의식으로써 욕망의 기본이 된다. 우리가 무언가를 의식할 때, 우리는 그것을 소유하거나 보존하려고 달려든다. 그리고 우리가 더 높은 정도의 자기 보존과 완성을 의식하게 되면 우리는 쾌락을 경험하게 되고, 이러한 완전성이 줄어들수록 우리는 고통을 맛보게 된다.

스피노자는, "나는 온갖 종류의 쾌락과 그것을 가져다주는 것은 그것이 무엇이든지, 그리고 특히 우리의 강렬한 욕망을 충족시켜주는 것이 무엇이든지, 선(善)으로 이해한다. 나는 온갖 종류의 고통과 특히 우리의 욕망을 좌절시키는 것은 그것이 무엇이든지 악(惡)으로 이해한다."75)라고 말했다. 이로 볼 때, 선과 악에 대한 관념은 쾌락 및 고통의 개념과 연관되어 있음을 알 수 있다. 그리고 우리가 무언가를 갈망할 때는 그것을 선이라 부르고, 그것을 싫어할 때는 악이라고 부르기 때문에 스피노자에게 본래의 선이나 악은 있을 수 없다. 다시 말해서, 선과 악은 주관적인 평가를 반영한다. 우리의 갈망은 이미 결정되어 있으므로, 우리의 판단도 결정된 것이다. 인간은 유한한 존재로서 자기의 존재를 유지하려고 할 뿐만 아니라, 또한 그 이상을 넘어서는 가치를 지향하는 존재이기 때문에 의미 있는 삶을 추구하려고 한다.

스피노자가 이성의 지도에 따라서 자기의 존재를 보존하는 것에 대해 말할 때, 각각의 인간 존재는 그가 자신 안에 존재하는 한, 진정으로 그가 보존하고자 하는 것은 이성적이고 영원한 자기의 보존이다. 스피노자는 단지 동물이나 식물과 같은 본능적이고 생물학적인 의미에서 자기 생명의 보존만을 염두에 두지 않는다. 진정으로 인간 존재가 보존하고자 하는 것은 바로 이성적인 측면의 자기 보존이다. 이런 의미에서 본다면 자기 보존의 진정한 활동은 이성의 활동에 있다고 할 수 있다.76)

스피노자에게 인간의 이성은 모든 사람이 자기 자신을 사랑하거나 자기에게 이익이 되는 것을 추구하는 것이다. 더 나아가 인간을 더 큰 완전성으로 이끌어 주는 모든 것을 욕구한다는 것이다. 각자가 자신 안에 있는 자기의 존재를 유지하도록 노력할 것을 요구한다. 인간이 자기 존재를 보존하기 위해 노력한다는 것은 이성의 인도에 따라 행동하면서 자기 존재를 보존한다는 것이다. 스피

---

75) 『에티카』, 165쪽.
76) 홍영미, 「스피노자의 코나투스 이론」, 『철학연구』, Vol. 73 No. 2006, 철학연구회, 37~38 쪽 참조.

노자에 따르면 이 자연 안에는 이성에 따라 생활하는 인간보다 더 유익한 어떤 개체도 존재하지 않는다. 왜냐하면, 인간은 이성에 따라 생활할 때, 그리고 진실로 자신 본성의 법칙에 따라 행동할 때 자연의 본성과도 언제나 일치하기 때문이다. 각 인간이 자기에게 유익한 것을 가장 많이 추구할 때 인간은 서로에게 가장 유익하다. 각자가 자기의 이익을 더 많이 추구하며, 또한 자기를 유지하기 위하여 더 많이 노력하면 할수록 더욱더 많은 덕을 갖게 된다. 그래서 자신의 본성에 따라서 행동하는 능력, 이성의 지도에 따라서 행동하는 능력이 그만큼 더 크다. 그런데 인간은 이성의 지도에 따라 생활할 때 그 본성상 가장 많이 일치한다. 그러므로 각자가 자기에게 유익한 것을 가장 많이 추구할 때 인간들은 서로 간에 가장 유익한 것이다.[77]

스피노자에 따르면 인간은 작은 현재의 선보다는 더 큰 미래의 선을 욕구할 것이다. 작은 현재의 선보다는 더 큰 미래의 선을 욕구하는 사람은 자기 이외의 어떤 사람도 따르지 않고 그가 인생에서 가장 중요하다고 생각하는 것, 자기가 가장 욕구하는 것만을 행한다. 스피노자에게 자기를 실현하려는 자아실현과 자기 완전성에 대한 욕구는 바로 인간의 본성이다. 우리 인간은 그런 욕구에 필연적으로 지배될 수밖에 없다는 것이다. 스피노자의 욕망은 욕망의 대상이 되는 사물의 가치에 종속되지 않는다. 오히려 욕망 스스로 가치를 생산해낸다. 욕망이 대상을 앞서면서 대상을 생산해내는 것이다. 예를 들면 어떤 사물이 좋아서 그것에 대해 욕망하는 것이 아니라, 우리가 욕망을 가지기 때문에 그 사물을 좋다고 판단한다

77) 『에티카』, 274~275쪽.

는 것이다. 다시 말해서 욕망은 지금 현재 상태와 다른 어떤 상태가 되고 싶어 하는 인간의 근원적인 성향이다. 이처럼, 욕망이란 인간의 본질이며 그러한 욕망이 있으므로 인간은 자기 보존이 가능하다. 스피노자가 주장하는 자기 보존 욕구는 자신의 존재를 보다 완전하게 만들어가기 위한 욕구이다.

코나투스는 내재적이고 선천적인 경향으로서 이성의 차원에서 자기 자신을 완성하는 것이다. 스피노자의 주장대로 자기 보존은 그 자체가 목적이며 선이다. 인간이 자기 자신을 잘 보존하지 않으면서 자유와 행복을 욕구한다는 것은 불가능한 일이다. 이성에 따라서 자기 존재를 보존할 때 그것은 그 자체로 덕이며, 행복이다. 스피노자는 인간이 본성적으로 자기 향상, 자기 완전성을 추구하는 존재라고 믿고 있다. 더 나아가 진정한 자기 보존을 적극적으로 추구하라고 요구한다. 인간은 자아실현을 욕구할 뿐만 아니라, 이에 도달할 수 있는 능력을 갖추고 있기 때문이다. 그것은 우리 인간의 이성적인 능력으로부터 오는 것이며, 인간의 이성은 반성적이고 체계적인 사유를 통해서 자기 보존에 유익한 것을 찾아내고 그것에 따라 행동하도록 욕구한다.[78] 스피노자에게 욕망은 결핍을 채우는 것과 같은 부정적인 의미가 아니라, 인간의 자기 보존을 위한 긍정적 의미이다. 이런 이해 속에서 우리는 현실을 생산해내면서 창조적인 역할을 하는 욕망을 생각할 수 있다. 욕망은 절대 부정적인 것만은 아니기 때문이다.

스피노자는 '박물관에 매장되어 있는 것처럼 살았다'라는 말이 있는 것처럼 외로운 사색의 고요 속에서 머물러 있었다. 그는 일상

---

[78] 홍영미, 「스피노자의 코나투스 이론」, 41쪽.

생활에서 이리저리 휩쓸리는 것을 피하고, 부와 명예와 쾌락을 추구하지 않았다. 그 시대의 편협한 사고방식을 가진 사람들의 적개심과 증오심 앞에서도 자기 자신과 자신이 발견한 진리에 충실하며 지냈다. 명예에 대한 유혹을 뿌리치고 고독 속에서 끝까지 견디며 자신을 지켜낸 사상가였다. 스피노자에 따르면 우리 인간의 신체는 우리 자신을 보존하기 위해 노력하는데 이것이 코나투스이다. 이것은 사물의 본질이다. 특히 우리 인간은 외부에 대항해서 자신의 존재 역량을 증대시키기 위해 노력한다. 이러한 노력이 바로 욕망이다. 정신을 더욱 높은 완전성에 이르게 하는 것을 기쁨으로 생각하고, 그 반대는 슬픔으로 본다. 우리 인간의 신체와 정신의 역량을 증대시키는 것으로서 유용한 것은 선한 것이며, 그 반대는 악한 것이 된다.

현대인들의 욕망은 마치 기성복처럼 획일화되어 간다. 헨리 데이비드 소로79)의 <월든>80)은 자연과 조화를 이루는 삶, 소박하

---

79) 1817년 매사추세츠주 콩코드에서 태어났다. 자신을 '신비주의자, 초절주의자, 자연철학자'로 묘사한 소로는 극단적인 개인주의와 단순하고 금욕적인 삶에 대한 선호, 사회와 정부에 대한 개인의 저항 정신으로 잘 알려져 있다. 소로는 하버드 대학을 졸업하고 형과 함께 사립학교를 열어 잠시 교사 생활을 한 뒤 목수, 석공, 조경, 토지측량, 강연에 이르기까지 시간제로 여러 가지 일을 하면서 대부분 시간을 산책하고 독서하고 글 쓰는 데 할애하며 보냈다. 그러다가 1845년 3월부터 월든 호숫가에 오두막집을 짓기 시작하여, 같은 해 7월부터 1847년 9월까지 그곳에서 홀로 지냈다. '숲속의 생활(Life in the Woods)'이라는 제목으로도 불리는 『월든(Walden)』은 바로 월든 호숫가에서 보낸 2년의 삶을 소로 자신이 기록한 책이다.

80) 1852년 미국에서 처음 출간된 이 책은 대자연의 예찬과 문명사회에 대한 통렬한 비판이 담긴 불멸의 고전으로서 자연주의와 참다운 인생의 길은 무엇인가를 제시하고 있다. 단순히 호숫가 오두막에서의 생활을 기록해 놓은 것이 아니라, 자연과 깊이 교감하면서 생각하고 느끼고 깨달은 것들을 솔직하게 적은 글이다. 소로가 주장한 단순한 생활, 절대적인 자유의 추구, 자연과 더불어 항상 깨어있기, 실천을 통한 교육 등은 세월이 바뀌어도 지성인들의 꾸준한 사랑을 받으며 현대인들에게 시사점을 주고 있다. '세계문학사상 그 유래를 찾아볼 수 없는 특이한 책'이라고 일컬어지며, 19세기에 쓰인 가장 중요한 책 중 하나로 평가받고 있으며, 전 세계의 많은 독자에게 읽히고 사랑받고 있다.

고 검소한 삶만이 인간에게 진정한 행복의 의미를 가져다줄 것이라는 소로의 사상을 아름다운 문장으로 담아낸 책이다. <월든>은 출세지상주의와 배금주의의 헛된 환상에 시달리는 현대인들에게 깊은 깨우침과 위안을 안겨준다. 소로는 하버드 대학을 졸업했으나 안정된 직업을 갖지 않고 측량 일이나 목수 일 같은 정직한 육체노동으로 생계를 유지하는 것을 선호했다. 이 책은 1845년 월든 호숫가의 숲속에 들어가 통나무집을 짓고 밭을 일구면서 소박하고 자급자족하는 생활을 2년간에 걸쳐 시도한 산물이다. 대자연의 예찬인 동시에 문명사회에 대한 통렬한 비판이며, 그 어떤 것에 의해서도 구속받지 않으려는 한 자주적 인간의 독립 선언문이기도 하다. 계절이 바뀌면서 변화하는 월든 호수 및 주위 숲의 모습, 또 그 속에 사는 온갖 동식물들이 생생한 필치로 그려져 있다. 더불어 자연과 조화를 이루는 삶, 소박하고 검소한 삶만이 인간에게 진정한 행복을 가져다줄 것이라는 저자의 사상을 아름다운 문장으로 담아냈다. 이 책은 독자 한 사람 한 사람에게 말을 건네면서 꾸짖고 충고하고, 격려하며 무한한 감동을 전해주고 있다. <월든>의 소로는 그 누구의 방해도 받지 않고 오로지 자신의 삶에 집중하기 위해서 월든 숲속으로 들어간다. 누구나 선망하는 하버드대를 졸업하고도 최소한의 농사를 지으며, 명상과 낚시 그리고 산책과 글쓰기를 통해 자신이 하고 싶은 일에 집중하며 소박한 삶을 실천했다. 타인의 시선에 자신을 가두지 않고, 자연과 함께 자신이 원하는 삶을 살며 삶의 본질에 다가가기 위해 노력한 것이다. 아마도 자신의 삶을 자신에게 맞춘 맞춤 인생이 아니라 자신의 삶이 다른 사람들의 삶처럼 획일화되는 것이 싫었는지도 모른다.

제 4 장

욕망은 '영혼의 흔들림'이다:
데카르트

보헤미아의 왕녀 엘리자베스와의 서신 교환

1643년부터 보헤미아의 왕녀인 엘리자베스와 서신을 교환하면서 데카르트는 윤리학과 심리학적인 문제에 몰두하게 되고, 엘리자베스 왕녀의 요청으로 『정념론』을 집필하기 시작하여 1649년에 출간한다. 데카르트의 마지막 저서 '정념론'(1649년)은 편지가 낳은 책이다. 데카르트는 만년에 보헤미아 왕 프리드리히의 맏딸 엘리자베스와 친하게 지냈다. 데카르트와 공주가 만난 것은 엘리자베스의 나이 스물네 살 때였다. 그때 이미 공주는 데카르트 철학을 깊이 알고 있었다.[81]

"근대 심리학의 싹"이라고 일컫는 '데카르트의 <정념론> (情念論) Traite des passions de l'ame (1649)'은, 데카르트가 1643년부터 1649년에 걸쳐, 네덜란드에 망명해 있던 엘리자베스에게 보낸 편지들을 보완한 것이다. 데카르트는 '30년 전쟁' 중 쫓겨나 네덜란드에 머물던 보헤미아 왕녀 엘리자베스와 1642년부터 편지를 주고받았다. "생각하는 실체인 인간의 정신이 의지에 따라 행동하기 위해 어떻게 신체의 정기(精氣)를 움직일 수 있습니까?" 엘리자베스가 써 보낸 이 질문을 계기로 데카르트는 심신 관계와 정념의 문제를 더욱 깊이 고찰했다.

데카르트가 일평생 학문의 과정에서 견지했던 이원론적 입장, 즉 몸과 영혼을 독립된 실체로 보는 관점이 정념론에 이르면 몸과

---

81) [네이버 지식백과] 르네 데카르트[Rene Descartes](서울대학교 철학사상연구소).

영혼의 화합이라는 관점으로 전환된다. 이렇게 데카르트의 학문적 전제가 바뀐 것은 데카르트를 사숙했던 보헤미아의 왕녀 엘리자베스가 던진 단 하나의 질문 때문이었다. 왕녀의 질문에 늙은 철학자는 몸과 영혼의 화합으로 발생하는 것, 몸을 원인으로 하지만 영혼 안에서 야기되는 情念(Passion)에 대한 고찰로 나아가게 된다. 이러한 고찰이 그가 죽기 전 최후로 남긴 저작인『정념론』에 담겨 있다. 이 책에는 영혼에 덮쳐오는 인간의 감정을 경험적이고 과학적인 관찰을 통해 밝혀내며, 그 주요 감정을 경이, 사랑, 미움, 욕망, 기쁨, 슬픔으로 요약한 뒤 질투, 존경, 수치, 경멸과 같은 특수하게 파생되는 감정들의 성격을 규정한다. 그리고 이러한 정념들에 수동적으로 지배당하지 않고 감정을 다스릴 수 있는 사람은 몸이 아닌 영혼에만 연관되는 자유의지를 완벽하게 사용할 수 있는 사람, 그로써 우리가 '덕'이라고 부르는 것을 따르는 사람이란 점이 강조된다. 데카르트는 이런 사람이 가지고 있는 정념을 관대함이라 지칭하며, 그런 사람은 스스로 존경해도 마땅한 사람이라고 판단한다.

　같은 해에 스웨덴의 크리스티나 여왕이 그를 초대하자, 데카르트는 여러 차례의 사양 끝에 스톡홀름으로 가서 여왕의 철학교사가 된다. 1626년 출생한 크리스티나는 스웨덴의 프로테스탄트 왕 구스타프 아돌프의 자녀 중 유일하게 살아남은 딸이었다. 군인다운 아버지의 명에 따라 크리스티나는 소년처럼 양육되었다. 그녀는 항상 남성 의복을 입었고 '여자답지 않은' 방식으로 행동하라고 교육받았다. 1632년 아버지가 뤼첸 전투에서 프로테스탄트 편에서 싸우다가 사망한 이후 왕위에 올랐을 때도 그녀는 이러한 남자다운 자세를 유지해야 했다. 아버지의 명에 따라, 그녀는 '왕'이라는 호칭으로 대관식을 올렸다. 처음에 크리스티나는 부왕의 현명한 대법관인 악셀 옥센셰르나의 조언을 따라 학문에 가장 큰 관심을 쏟았고, 철학자 데카르트를 초청해 개인 교사로 삼았다. 그러나 원래 몸이 약했던 데카르트는 새벽 5시에 일어나는 고된 일정을 소화하지 못하고 폐렴에 걸려, 스웨덴에 간 다음 해인 1650년에 그곳에서 사망하였다.[82]

데카르트는 여행을 좋아하였다. 네덜란드에서 오랜 세월 동안 살면서, 당시 유럽의 저명인사들과 폭넓게 교제하였다. 영국의 토머스 모어, 홉스와도 만났다. 스웨덴의 크리스티나 여왕은 데카르트를 스톡홀름에 초대하였다. 그 초대에 응한 데카르트는 결국 스톡홀름에서 추운 날씨 때문에 기관지염에 걸려 죽었다.

욕망은 '영혼의 흔들림'이다

데카르트에 따르면 욕망은 정기(精氣)가 영혼이 자기에게 알맞다고 생각한 것을 장차 갖고 싶게 만드는 것이다. 여기서 욕망은 일차적으로는 생리적인 것을 의미한다. 그러나 욕망이 단순히 생리적이라고 해서 의식이 전혀 개입하지 않은 어떤 동물적인 충동만을 뜻하는 것은 아니다. 그 생리적 자극이 무엇을 하고 싶다든가, 무엇을 갖고 싶다고 할 때, 그 욕망은 의식적인 지향성이다.

데카르트는 욕망에 대해 다음과 같이 정의한다.

> 모든 정념은 나쁜 것과 좋은 것에 대한 고려에서 생겨난다. 정념이 현재나 과거보다도 미래를 바라보게 한다는 것을 고려하여 욕망에서부터 시작할 것이다. 왜냐하면, 아직 소유하지 않은 좋은 것을 얻거

---

82) 피터 퍼타도, 마이클 우드 저, 김희진, 박누리 역, 『죽기 전에 꼭 알아야 할 세계 역사 1001 Days』, 마로니에북스, 2009.

나 우리에게 도래할 수도 있다고 판단되는 나쁜 것을 피하기를 열망할 때뿐만이 아니라, 이 정념이 모든 것을 미칠 수 있는 모든 것인 좋은 것의 보존 또는 나쁜 것의 부재를 원할 때이기도 하므로, 욕망이 항상 미래를 바라본다는 것은 분명하기 때문이다.[83]

욕망이라는 정념은 영혼에 적절한 것으로 표상되는 것을 미래를 위해서 우리 영혼이 원하도록 영혼을 배치하는 정기에 의해 야기된 영혼의 흔들림(agitation)이다. 우리는 부재하는 좋은 것의 현재를 단지 욕망할 뿐만 아니라, 현재하는 좋은 것의 보존, 나아가 우리가 이미 지닌 만큼 앞으로 다가올 시간에 받을 수도 있다고 믿는 나쁜 것의 부재도 욕망한다.[84]

데카르트가 말하는 좋음과 나쁨은 인간 육체의 적절한 자기 보존과 관계한다. 욕망의 원하는 대상이라고 할 수 있는 좋음은 일상적으로 생각하는 쾌락을 의미할 것이다. 그는 <정념론>에서 '정념'이란 영혼 안에 있는 것이지만, 그것은 우리 몸에 의해서 일어난다. 이러한 정념은 이성보다 더 우리에게 영향을 끼친다. 그에 따르면 중요한 정념으로는 경이, 사랑, 미움, 욕망, 기쁨, 슬픔 등 여섯 가지가 있다.

데카르트는 욕망에 대해서 '영혼의 흔들림'으로 정의했다. 그는 모든 욕망을 나쁘게 보지는 않는다. 좋은 것을 추구하는 욕망은 긍정적으로 보고 있다. 좋은 것을 추구하고, 나쁜 것에 대해서는 회피하는 것이 하나의 욕망으로 연결되는데 바로 정념이다. 데카르트에게 있어서 욕망은 정념의 일종으로서 정념 중에서 쾌락을 수반하는 가장 자극적인 정념이라고 할 수 있다.

데카르트에게 있어서 올바른 이성이 욕망을 규제하기만 한다

---

83) 르네 데카르트, 김선영 역, 『정념론』, 문예출판사, 2013, 71쪽 참조.
84) 같은 책, 89쪽 참조.

면 욕망은 전혀 과도하지 않고, 나쁜 욕망일 수 없다. 그리고 영혼에 비추어 보아 기쁨도 좋은 것이지만, 슬픔도 나쁘지 않을 수도 있다. 왜냐하면, 영혼이 나쁜 것에서 받는 모든 불편함이 슬픔 안에서 성립하고, 영혼에 속한 좋은 것의 향유가 기쁨에서 성립하기 때문이다. 정념들을 동반하는 우리의 신체적 움직임은 그 정념들이 너무 과격하면 모두 건강에 해로울 수도 있고, 반대로 그 정념들이 절제되었을 때만 건강에 유용할 수 있다.[85]

데카르트의 여인들

데카르트는 네덜란드 암스테르담에 정착하여 자신의 걸작 <방법서설>의 집필에 들어갔다. 데카르트는 집안일을 맡게 된 헬레네 얀스(Helene Jans)라는 예쁜 하녀와 연인이 되었다. 그녀는 어느 정도의 교육을 받았으며 교양을 갖춘 여자였다. 그들에게는 딸이 태어났고, 데카르트는 '작은 프랑스'라는 뜻의 프랑신(Francine)이라는 이름을 지어주었다. 데카르트는 한 친구에게 쓴 편지에서, 자신의 '조카딸'을 데려오고 싶다고 했다. 그는 프랑신이 자신의 딸임을 감추고 싶었던 것이다. 왜냐하면, 그 당시 데카르트의 결혼은 친척과 친구에게서 멀리 떨어져 프랑스 밖에서 살던 그의 비밀스러운 삶 가운데서도 1급 비밀에 해당하는 것이었다. 헬레네가 하녀였기 때문에 데카르트는 둘의 관계를 비밀에 부치고 싶어 했다. 그러나 데카르트는 헬레네와 딸 프랑신을 깊이 사랑했으며, 특히 그의 딸 프랑신을 애지중지했다. 그러나 딸은 성홍열에 걸려 앓다가 죽고 말았다. 프랑신이 죽은 후 데카르트는 헬레네와의 관계를 젊

---

85) 데카르트, 『정념론』, 130쪽 참조.

은 날의 실수라고 여겼고, 결국 둘의 관계도 끝나게 된다.86)

데카르트는 네덜란드에서 망명 생활을 하고 있던 보헤미아의 엘리자베스 공주와 서신을 교환하게 된다. 엘리자베스의 아버지 프리드리히 5세는 보헤미아 왕위에서 쫓겨나 전염병에 걸려 서른여섯의 나이로 세상을 떠났고, 그의 미망인과 아홉 아이를 남겼다. 미망인과 자녀들은 네덜란드로 피신을 왔고, 장녀인 엘리자베스는 망명지에서 죽을 때까지 보헤미아 여왕의 직함을 지녔다.

어린 엘리자베스는 언제나 지식에 목말라 했다. 그녀는 데카르트가 쓴 <방법서설>의 라틴어 번역판을 읽은 후 데카르트의 철학에 관심을 가졌고 그의 철학을 더 알고 싶어 했다. 르네 데카르트를 만날 당시 엘리자베스 공주의 나이는 스물넷이었고, 데카르트는 마흔여섯이었다. 데카르트는 공주와 친해지면서 그녀와 좀 더 가까이 지내기 위해 그 주변으로 이사를 했다. 그는 예리한 정신과 강한 영혼을 소유한 제자를 곁에 두는 것을 스승으로서 더없는 보람으로 여겼다. 엘리자베스는 독일어를 비롯하여 여러 나라 언어에 능숙했으며, 과학교육을 받았는데 수학과 물리학에 재능과 관심이 출중했다. 그녀는 아름다웠으며 편지 속에서 데카르트는 그녀를 천사로 묘사했고, 엘리자베스는 데카르트에게 보낸 모든 편지의 끝을 "당신을 받드는 친애하는 친구로부터"라는 말로 마무리했다. 두 사람은 서로의 생각을 주고받는 다정한 관계로 발전했다. 데카르트와 엘리자베스가 주고받은 편지 속에서 엘리자베스는 중년의 철학자 데카르트의 가르침에 커다란 흥미를 느끼는 매우 생기발랄하고 열정적인 여인으로 비친다. 데카르트가 크리스티나 여왕의 가정교사

---

86) 아미르 D. 악젤 저, 김명주 역, 『데카르트의 비밀 노트』, 한겨레출판, 2008, 179~180쪽 참조.

로 스웨덴에 가게 되자 엘리자베스가 데카르트의 새로운 관심 대상을 질투했다는 단서가 편지에 드러나 있는데, 이것은 둘 사이에 애정이 깊었다는 증거일 것이다. 엘리자베스는 홀아비가 된 폴란드 왕 울라슬로 4세에게 청혼을 받았지만 단호하게 거절한다. 그녀는 데카르트의 철학과 사랑에 빠졌고, 데카르트의 철학을 공부하는 데 평생을 바쳤다. 엘리자베스는 데카르트가 죽은 후 베스트팔렌에 있는 수녀원에 들어가서 생을 마감할 때까지도 데카르트와 그의 철학을 향한 마음은 변함이 없었다. 엘리자베스는 수녀원에서 데카르트 철학 모임을 만들었다.[87]

스웨덴 여왕 크리스티나는 스웨덴 왕 구스타프 아돌프 2세가 죽자 18세가 되던 해 왕위에 올랐다. 크리스티나는 미술, 음악, 문학, 과학에 관심이 많아서 각 분야의 유능한 인재들을 궁전으로 초청했다. 그녀는 미술가와 음악가를 후원했으며, 수백 편의 연극과 오페라를 지원했다. 여러 해 동안 학자들과 각 분야의 전문가들이 스톡홀름에 도착해 여왕의 "배움의 궁정"에 참여했다. 이런 이유로 스톡홀름은 "북구의 아테네"로 알려졌다. 크리스티나는 말을 타고 철광산을 다녀오는 길에 데카르트의 『철학의 원리』를 읽었는데, 그때 데카르트를 배움의 궁정으로 불러야겠다고 결심하고 데카르트를 향한 구애가 시작된다. 여왕은 스웨덴 주재 프랑스 대사 피에르 샤뉘에게 자신의 질문을 담은 편지를 데카르트에게 써달라고 부탁했고, 데카르트는 친히 답장을 써 보냈다. 어린 여왕은 데카르트라는 인물에 완전히 매료되었다. 그래서 그녀는 데카르트를 자신의 철학 개인 교사로 삼고 싶었다. 그런데 그러기 위해서는 데카르

---

87) 같은 책, 205~210쪽 참조.

트가 네덜란드를 떠나 스웨덴으로 와야 했다. 그러나 데카르트는 생활환경이 좋은 네덜란드를 떠나 추운 스웨덴으로 가는 것을 결정하기가 쉬운 일은 아니었지만, 그는 여왕의 편지를 받고 우쭐한 기분이 들었고, 데카르트를 향한 여왕의 관심과 경탄 어린 마음에 어쩔 수 없이 크리스티나 여왕의 초청을 받아들였다. 크리스티나 여왕은 데카르트에게 아낌없는 경의와 호의를 표했다. 그녀는 데카르트에게 스웨덴 시민권을 제안했고, 귀족의 작위와 베스트팔렌 조약으로 그녀의 것이 된 독일 땅을 주려고 했으나 데카르트는 여왕의 제안을 정중하게 거절했다. 데카르트는 53살에 새 삶을 시작한다. 1시간짜리 철학 수업을 위해 궁전의 싸늘한 서재로 새벽 5시까지 가야 했다. 그것은 밤늦게까지 깨어있고 아침 10시 전에는 절대 일어나지 않는 데다 일어나도 침대에 누워 책을 읽고 생각을 하는 데카르트의 평생 습관에 완전히 위배 되는 일이었다. 데카르트는 크리스티나 여왕을 몇 차례 만나지도 않았는데, 둘 사이에 오가는 강한 끌림 같은 것을 느꼈다. 그녀는 완벽한 학생이었다. 지구력이 뛰어나고, 배움에 목말라 하며, 매우 똑똑하고, 아주 매력적이었다. 그는 자신과 크리스티나, 그리고 엘리자베스의 삼각관계에서 육체적으로 불가능해도 정신적인 사랑은 가능하지 않을까 하는 '문제적 생각'을 하기 시작했다.[88]

데카르트는 엘리자베스 공주에게 편지를 썼다. 이것은 데카르트가 그녀에게 보내는 마지막 편지가 되었다.[89]

---

88) 아미르 D. 악젤, 『데카르트의 비밀 노트』.
89) 같은 책, 231쪽.

공주 전하께.

스톡홀름에 도착한 지 4~5일 된 지금, 제일 먼저 공주 전하께 저의 보잘것없는 소식을 알려드립니다. … 크리스티나 여왕께서 제게 가장 먼저 물어보신 것이 공주님 소식이었고, 저는 공주님에 대한 저의 생각을 주저함 없이 말씀드렸습니다. 여왕님은 고매한 정신의 소유자로서, 공주님을 질투할 거라는 두려움을 전혀 가질 필요가 없습니다. 마찬가지로 공주님 역시 제가 여왕님에 대한 제 감정을 솔직히 말해도 질투하시지 않으리라 확신합니다.

1649년 10월 9일 스톡홀름에서.

정념으로서 욕망

데카르트는 욕망을 플라톤과 마찬가지로 결핍으로 보았다. 욕망에 대한 그의 견해는 로고스 중심주의적인 금욕주의를 계승하고 발전시켰다고 할 수 있다. 그러나 그는 인간의 욕망이 무조건 나쁘다고 생각하고, 전면적으로 부정하지는 않았다. 욕망이 지나치지만 않으면 나쁠 것이 없다고 생각한다.

<정념론>의 서두에서 데카르트는 정념을 무시하거나 영혼의 병으로 규정하는 고대 철학자들의 태도를 거부했다. 그는 정념을 긍정적으로 보았으며 사랑과 미움, 용기와 비겁함, 기쁨과 슬픔, 질투와 욕망 등의 정념들을 이성과는 별도로 집중적으로 다루었다. 게다가 영혼은 정념을 통해 삶의 감미로움을 얻거나 쓴맛을 보기도 하므로 정념을 지혜롭게 사용하는 기술이 필요하다고 강조하였다.

데카르트가 이렇게 고대 철학자를 비판하고 정념을 상세하게 탐구하였음에도 불구하고, 욕망에 관한 그의 생각은 스토아 철학자 에픽테토스의 가르침으로부터 멀리 떨어져 있지는 않다. 그의 <방법서설>에 나오는 세 번째 격률은 에픽테토스의 영향을 잘 드러내고 있기 때문이다. 이 격률은 욕망에 맞서는 그의 생각의 핵심을 보여준다.

"내 세 번째 격률은 언제나 운명보다도 나를 아끼며, 세계의 질서보다는 오히려 내 욕망을 바꾸려고 노력하는 것이었다. 또 일반적으로 우리가 완전히 지배할 수 있는 것은 우리의 생각밖에 없으므로, 우리 외부의 것들에 관해서 최선을 다한 후에도 성공을 거두지 못한 모든 일은 우리에게 절대로 불가능하다고 믿는 습관을 붙이는 것이었다. 그리고 내가 얻을 수 없는 것을 조금도 바라지 않게 하고, 그리하여 스스로 만족할 수 있게 하는 데는 이 격률만으로 충분하다고 생각되었다. … 그러나 모든 사물을 이러한 각도에서 보는 버릇을 가지게 되는 데는 오랜 훈련과 명상을 되풀이하는 것이 필요함을 나는 인정한다. 그리고 옛날에 운명의 지배를 벗어나 여러 가지 고통과 가난에도 불구하고 신들과 더불어 행복을 겨룰 수 있었던 철학자들의 비밀도 주로 여기에 있었다고 나는 믿는다."[90]

욕망에 관한 데카르트의 생각도 에픽테토스로부터 멀리 떨어져 있지 않다. 그는 욕망이 다른 어떤 정념보다도 더 격렬하게 심장을 동요시키고, 감각을 예민하게 만들어 더 많은 정기를 뇌에 공급한다고 말했다. 더군다나 욕망은 쾌락을 수반하는 가장 자극적인 정념이므로 영혼을 가장 크게 혼란에 빠뜨린다. 이런 점에서 욕망은 여러 정념 중에 가장 강렬한 정념이라는 것이다.

또한, 데카르트는 욕망을 플라톤과 마찬가지로 결핍으로 해석했지만, 플라톤보다 좀 더 면밀하게 정의했다. 욕망은 우리가 현재 소유하지 않은 좋은 것과 현존하는 좋은 것의 보존을 바랄 뿐만 아니라, 이미 우리가 가진 나쁜 것과 미래에 닥칠 나쁜 것을 피하기를 바란다. 따라서 욕망이란 시간상으로 미래를 향하고 있는 셈이다.

데카르트는 인간 삶의 모든 좋은 것과 나쁜 것은 오직 정념에 의존한다고 주장한다. 우리의 영혼이 몸과 공통으로 지닌 즐거움은 완전히 정념에 달려있다는 것이다. 그래서 정념에 의해 크게 감동할

---

90) 데카르트, 최명관, 『방법서설』, 서광사, 1989, 25~26쪽.

수 있는 사람은 삶에서 가장 감미로움을 맛볼 수 있다. 또한, 정념을 제대로 사용할 줄 모른다거나 불행이 우리를 엄습하게 된다면 가장 쓴맛을 볼 수 있다. 그런 면에서 지혜는 아주 유용하다. 지혜는 우리가 정념의 주인이 되도록 하고, 정념을 여러 기술로 유용하게 사용하도록 가르침으로써 정념이 일으키는 나쁜 것에 잘 견딜 수 있게 하고 나아가 모든 정념에서 기쁨마저 끌어낸다는 것이다.[91]

우리가 욕망을 극복해야 마음의 평정을 얻을 수 있다는 충고는 수없이 들어온 이야기이다. 그러나 여전히 우리에게 남는 물음은 우리가 어떻게 욕망을 극복할 것인가 하는 문제이다. 스토아 철학자들은 선불교처럼 우리의 욕망을 극복하기 위해서 명상을 해야 한다거나, 기독교처럼 욕망을 극복할 힘을 달라고 기도해야 한다는 식의 주장을 하지는 않았다. 대신에 그들은 우리가 욕망에 정신을 집중하여 그것들에 대해서 깊이 생각하면 바람직하지 않은 욕망을 이길 수 있다고 주장했다. 욕망을 극복하는 방법에 관한 그들의 충고는 바로 이런 관찰에 바탕을 둔 것이다.[92]

정념과 인간의 본성

데카르트는 우리 인간의 모든 생리 현상도 순전히 기계론적으로 설명하였다. 그러나 정념(passioss)을 논하는 데는 정념과 인간의 신체적 변화의 관계를 주의 깊게 관찰하였다.

데카르트에 따르면 사랑이 강렬한 기쁨이나 혹은 욕망 혹은 슬픔을 수반하지 않을 때는 맥박이 고르고 보통 때보다 훨씬 더

---

91) 데카르트, 『정념론』, 186쪽 참조.
92) 윌리엄 B. 어빈 저, 윤희기 역, 『욕망의 발견』, 까치, 2008, 278쪽 참조.

크고 강하다. 또 가슴 속에서는 쾌적한 따뜻함을 느끼며 위의 소화 작용이 활발하며 소화가 촉진된다. 따라서 이 정념은 건강에 좋다. 반면에 증오의 정념을 가질 때는 맥박이 고르지 못하거나 작고 흔히 빠르다. 쑤시는 듯한 냉기를 흉부에 느낀다. 위는 그 기능을 정지하고, 구토가 난다.93)

기쁨의 상태에서도 맥박은 고르고 평소보다 더 빠르지만, 사랑할 때만큼 아주 강하거나 크지는 않다. 그리고 가슴에서뿐만 아니라 풍부하게 흘러들어온 피와 함께 몸의 외적인 모든 부분에도 퍼져 있는 기분 좋은 열기를 느낀다. 그러나 소화가 평소보다 덜 되기 때문에 때때로 식욕을 잃게 된다.94) 슬플 때는 맥박은 약하고 느리다. 심장 근처에 심장을 조이는 사슬 같은 것이 있는 것처럼 느끼게 되며, 심장을 얼리고 몸에는 차가움을 전달하는 얼음 조각이 있다고 느끼게 된다. 그러나 슬픔에 증오가 섞이지 않으면 식욕도 있고 위가 그 임무를 잘 실행하는 것을 느낄 수 있다.95)

데카르트는 욕망에는 다음과 같은 특성이 있다고 주장한다. 욕망은 다른 어떤 정념보다도 격렬하게 심장을 동요시키고 더 많은 정기를 뇌에 공급한다. 이렇게 되면 정기는 뇌로부터 근육으로 옮겨가서 모든 감각을 더 예민하게, 그리고 몸의 모든 부분을 더 활발하게 한다.96)

우리 인간의 지성은 종종 감정과 싸움에서 감정에 패배당한다. 서머싯 몸의 <인생의 베일>97)에서 월터와 그의 아내 키티는 그들

---

93) 데카르트, 『정념론』, 98~99쪽.
94) 데카르트, 『정념론』, 99쪽.
95) 데카르트, 『정념론』, 100쪽.
96) 데카르트, 『정념론』, 100쪽.
97) 서머싯 몸, 황소연 역, 『인생의 베일』, 민음사, 2007.

의 이성보다 정념으로부터 더 강렬하게 영향을 받는다.

1920년대 영국 식민 통치하의 홍콩. 영국인 세균학자 월터 페인의 아내 키티는 홍콩 총독부 차관보 찰스 타운센드와 부적절한 관계를 맺고 있다. 어머니의 강압적인 분위기에 못 이겨 도피하듯 결혼한 키티는 진실하며 유능하지만 수줍고 사랑에 서투른 남편 월터가 아닌 바람둥이 매력남 찰스에게 불같은 열정을 느끼며 불륜에 빠져든 것이다. 불안하고 어색한 며칠을 보낸 후, 월터는 키티에게 자신이 모든 걸 알고 있음을 선언하고 함께 콜레라가 창궐한 중국의 오지 마을 메이탄푸로 갈 것을 강요한다. 만약 그녀가 따라오지 않는다면 간통죄로 고소하겠다고 협박한다. 키티는 자신에 대한 찰스의 사랑을 확신하며 찰스에게로 달려가지만, 찰스는 비열한 속내를 보이며 발뺌을 하기에 바쁘고 은근히 그녀가 남편을 따라 사지로 가서 모든 것이 조용히 덮어지길 바란다. 비탄에 빠진 키티는 어쩔 수 없이 월터를 따라 전염병이 도는 중국 본토로 들어간다. 죽음이 사방에 깔린 동방의 메이탄푸는 상실감과 사랑의 상처에 괴로워하는 그녀에게 완전히 새로운 세상으로 다가온다. 코앞에 도사린 죽음과 광활한 자연은 키티가 상처에서 서서히 회복되고 인생을 새롭고 대범한 시선으로 바라볼 수 있도록 이끈다.

아내의 배신에 깊은 상처를 받은 월터는 키티를 협박하여 콜레라가 창궐한 중국 오지로 데려가는데, 월터의 영혼은 한편으로는 깊은 고통을 이기지 못하고 그녀가 죽기를 바라는 마음과 또 한편으로는 사랑하면서도 용서하지 못하는 자신과 그리고 그토록 경박한 여자를 여전히 사랑하는 자신을 용서하지 못하는 마음 사이에서 매일 사투를 벌인 것이다.

반면에 키티는 사방에 깔린 죽음의 공포와 싸우는 과정에서 다양한 인간의 삶과 가치관을 체험하고 편협했던 시각에서 벗어나 정신적으로 성장한다. 광활한 자연 앞에서, 키티는 과거의 욕망이 부질없음을 깨닫고 미래에 대해 더욱 관조하는 자세를 갖게 된다.

감정에 의해서 생기는 욕망은 동기가 분명하다. 감정이라는 뜻의 "emotion"과 '동기를 부여하다'라는 뜻의 "motivate"는 '움직이다'라는 뜻의 라틴어인 "movere"에서 파생된 단어이다. 우리가 이 욕망을 충족시키지 못하면 그 대가를 치르게 되는데, 기분이 나빠진다든지 기분이 좋아질 기회를 잃어버리는 것이 바로 그 대가이다. 따라서 우리는 감정에 의해서 형성된 욕망은 어떻게 해서든지 충족시키고 싶은 마음이 드는 것이다. 이렇게 보면 욕망의 고리는 감정과 지성이 한데 어우러져 형성된다고 할 수 있다. 감정은 종국적 욕망을 형성하는 데 전문이고, 지성은 도구적 욕망을 형성하는 데 전문이라는 점, 그리고 종국적 욕망을 형성하는 데 감정은 좋은 기분을 느끼고 나쁜 기분은 피하고자 하는 일과 관련되어 있다는 점을 고려하면 욕망 형성 과정은 감정과 지성에 의해서 분화되어 있다고 할 수 있다.[98]

데카르트는 사랑에 흔히 부여하는 이름인 욕망과 혼동하지 않기 위해서 매력이라는 이름을 부여한다. 거기에는 미움의 두 종류가 같은 방식으로 생기는데 하나는 나쁜 것과 다른 하나는 추한 것과 연관된다. 추한 것은 나쁜 것에 대한 미움과 구별하기 위해 혐오 또는 반감이라고 부른다. 그러나 여기서 더 주목할 만한 것은 매력과 혐오라는 이 정념들이 사랑이나 미움이라는 다른 종류보다

---

98) 윌리엄 B. 어빈 저, 『욕망의 발견』, 92~93쪽 참조.

더 난폭한 버릇을 지닌다는 것이다. 왜냐하면, 감각 때문에 오는 것이 이성에 의해 영혼에 표상되는 것보다 더 강하게 영혼과 접촉하고, 또한 매력과 혐오는 일반적으로 진실을 덜 지니기 때문이다. 그래서 모든 정념 가운데 매력과 혐오가 가장 기만적인 것이며 가장 조심스럽게 경계해야만 하는 것들이다.[99]

욕망, 그리고 인간의 이성과 의지

스토아학파는 개인이 이 험한 세상에서 마음의 평정에 도달하여 행복하고 충만한 삶을 살기 위해서 자연과 인생의 필연적 법칙을 인식하고 이성에 따른 삶을 살아야 한다고 주장했다. 철학자 에픽테토스[100] 역시 이를 따르면서, 그는 이성에 따른 삶의 좀 더 구체적인 방법을 제시하였다.

인간의 본성(nature)은 이성적이다. 그러나 인간은 욕망에 사로잡혀 잘못된 판단을 하기도 하고 때때로 좌절의 낭패를 보며 불행과 고통 속에서 살아간다. 그래서 에픽테토스는 우리에게 우리가 제어할 수 있는 일과 제어할 수 없는 일을 우선 구분하고, 우리가 제어할 수 없는 일은 아예 제쳐두고 우리가 제어할 수 있는 일에만 전념하라고 권고한다.

우리가 제어할 수 없는 일은 부와 명예, 권력, 사회적 지위, 출생 등이다. 이런 것에 대해 우리가 관심을 가지고 욕망한다면 우리는 좌절과 비탄의 쓴맛을 볼 수밖에 없다. 따라서 우리가 제어할 수 없는 일은 그대로 내버려 두어야 한다. 반면에 우리가 제어할

---

99) 데카르트, 『정념론』, 88~89쪽 참조.
100) 절름발이 철학자 에픽테토스. 소아시아에서 노예로 출생하였으며 나중에 자유민이 되어 철학을 가르쳤다.

수 있는 일은 욕망, 생각, 싫고 좋음 등이다. 이런 일들은 우리의 내적인 생활의 내용으로서 우리가 이성적으로 충분히 조절할 수 있는 일들이다. 따라서 이런 일에 관심을 기울이고 집중함으로써 오히려 마음의 평안과 유덕함, 행복을 얻을 수 있다는 것이다.

에픽테토스는 특히 욕망이 인간의 마음을 어지럽혀 평정을 깨뜨리고 우리를 불행에 빠뜨리는 주요 원인이라고 보았다. 욕망은 우리의 마음을 지배하는 변덕스러운 군주로서 힘이 아주 세다. 더군다나 우리는 원하는 것을 얻지 못할 때 실망하고 원하지 않는 것을 얻을 때 고통에 빠지므로 욕망은 우리의 행복과 불행을 좌지우지한다. 그러므로 불행과 비탄에 빠지지 않기 위해서는 욕망을 제어해야 한다. 그런데 욕망은 강력하기는 하지만 습관에 불과하다. 그리고 욕망을 제어할 수 있는 이성과 의지는 우리에게 달려있다는 것이다. 따라서 우리가 이성과 의지를 발휘한다면 습관을 고치고 욕망을 제어할 수 있다고 주장한다.

이성을 통해 욕망을 제어해야 하고, 또 제어할 수 있다는 에픽테토스의 이러한 생각은 소크라테스와 플라톤과 일치한다. 또한 <파이돈>에서 소크라테스는 몸을 돌보는 일에 신경을 쓰는 대신 혼을 돌보라고 권고하였다. 에픽테토스도 역시 몸을 돌보는 데 과도한 시간을 보내지 말고 이성을 계발하고 보살피라고 말한다. 에픽테토스에 따르면 우리는 옳은 일인 줄 알면서도 그 일을 종종 하지 않을 뿐만 아니라, 옳지 않은 일인 줄 알면서도 그 일을 하게 된다. 바로 우리 인간의 의지가 부족하기 때문이다.

<정념론>에서 데카르트는 정념을 무시하거나 영혼의 병으로 규정하는 고대 철학자들의 태도를 거부했다. 그는 정념을 긍정적으로 보아 사랑과 미움, 용기와 비겁함, 기쁨과 슬픔, 질투와 욕망 등

의 정념들을 이성과는 별도로 집중적으로 다루었다. 더군다나 영혼은 정념을 통해 삶의 감미로움을 얻거나 쓴맛을 보기도 하므로 정념을 지혜롭게 사용하는 기술이 필요하다고 강조하였다.

데카르트는 "욕망이 지나치지 않고 지식에 의해 제어되기만한다면 욕망은 나쁠 것이 없다."[101]라고 주장한다. 예를 들면 누구나 맛있는 음식을 보면 먹고 싶은 욕망이 있지만, 만일 그 음식을 먹고 난 뒤에 탈이 났을 경우 더 이상 그 음식을 먹지 않을 것이다. 따라서 데카르트는 습관을 통해서 인간의 뇌가 반응하는 방식도 바꿀 수 있다고 생각한다.[102] 데카르트는 우리 인간의 사유 혹은 의지가 정념을 제어할 수 있는 근거가 된다고 본다.

데카르트는 욕망을 정념의 한 종류로서, 우리 인간의 생존과 연관된 동력이며 적절한 자기 보존과 관계한다고 생각한다. 이러한 관점에서 본다면 욕망은 단순히 주관적인 쾌락추구는 아니다. 다시 말하면 욕망은 결핍으로부터 발생하고, 그것이 과잉으로 나타나서 무절제함으로 이어지는 인간의 아주 위험한 본성으로 간주하는 관점과는 다르다고 할 수 있다.

데카르트는 우리의 힘에 의존하는 것이라면 적극적으로 욕망해야 한다고 주장한다. 욕망을 키우기 위해서는 경험과 이성으로 행복과 불행을 판별할 수 있는 능력을 키우는 것이 중요하다. 왜냐하면, 데카르트의 욕망은 의식적으로 자각하고 반성할 수 있고, 또한 의식적 사고능력에 의해 충분히 제어될 수 있는 심적 상태이기 때문이다. 데카르트는 습관의 중요성을 강조하면서, 올바른 사고능력에 의

---

101) Descartes, The Passions of the Soul, *The philosophical Writings of Descartes Vol. I* (trans. and ed. by John Cottingham, Robert Stoothoff, Dugald Murdoch), Cambridge Univ. Press, 1985, 141쪽.
102) 같은 책, 50쪽 참조.

해서 형성된 습관으로 충분히 욕망을 제어할 수 있다는 것이다.103)

그는 욕망이 진정한 의식에서 생길 때 반드시 올바르다고 말했지만, 마찬가지로 욕망이 그릇된 생각에서 생긴 경우에는 반드시 나쁠 수밖에 없다는 것이다. 그리고 욕망에 대해서 우리가 자주 범하는 오류는 완전히 우리의 힘으로 좌지우지되는 것과 그렇지 못한 것을 구별하지 못하는 데 있다고 주장한다.104)

데카르트는 고대 철학자들과는 달리 욕망을 무조건 나쁘다고 생각하지는 않았다. 욕망이 이성의 참된 인식에서 유래하고, 지나치지 않은 선에서 그 욕망을 다스릴 수 있다면 그것은 결코 나쁜 것일 수 없다. 그러므로 우선 우리는 자유의지에 의존하는 욕망과 자유의지에 의존하지 않는 욕망을 구별해야 한다는 것이다. 그런 후에 자유의지에 의존하지 않는 욕망을 신의 섭리나 운에 맡겨야 한다. 그다음에 자유의지에 의존하는 욕망 중 선한 것을 인식하고 추구해야 한다는 것이다. 그러기 위해서는 이성과 의지를 통해 욕망을 제어하는 습관을 지닐 수밖에 없다. 그러나 욕망은 쉽사리 제어할 수 있는 정념도 아니고 육체의 정념에 의해 제어될 수도 없다. 그러므로 우리의 영혼이 이성과 의지로 욕망과 싸워나갈 수밖에 없다. 영혼의 힘이 강해서 이성과 의지로 욕망을 쉽게 제압할 수 있는 경우도 있으나, 그렇지 못할 경우가 더 많을 것이다. 그런 경우라 하더라도 이성과 의지로 욕망을 부단히 지도하고 훈련한다면 우리는 결국 욕망과 싸워 이길 수 있다. 이런 점에서 욕망에 관한 데카르트의 생각은 이성 중심적 금욕주의를 계승한다고 볼 수 있다.

---

103) 소병일, 「생리학적 욕망과 기하학적 이성 간의 갈등-정념론을 중심으로 본 데카르트의 욕망관」, 범한 철학회 논문집, 『범한 철학』, 제55집, 2009년 겨울, 484쪽 참조.
104) 같은 책, 144쪽.

제 5 장

이기적 주체로서 욕망:
홉스, 로크, 루소

인간 불평등의 기원

인간은 평등한가? 인간은 누구나 평등하게 태어났다. 그러나 사회라는 현실에서는 그렇지 않은 것이 사실이다. 부와 학벌, 권력 따위가 개인을 평가하는 잣대가 되고 있다. 프랑스 혁명의 아버지라 불리는 루소는 이미 200여 년 전에 이러한 문제의식을 느끼고 평등과 불평등이라는 문제를 원점에서부터 재검토했다. 그는 원시적 자연 상태의 인간 삶을 가장 이상적인 삶으로 제시한다.

프랑스의 계몽사상가이면서 철학자인 장 자크 루소(Rousseau, Jean Jacques 1712~1778)는 이성과 언어를 갖추지 못한 원시 사회를 자연 상태로 설정하고, 사회의 발달 과정에서 생긴 인간의 이기심과 인간의 욕망 때문에 형성된 불평등을 해소하기 위해 사회계약이 필요하다고 주장한다. 루소는 인간이 이기적이어서 사회체제가 발생한 것이 아니라, 사회체제가 발생했기 때문에 인간이 이기적인 존재가 되었다고 주장한다.

스위스 제네바에서 출생한 루소의 아버지는 가난한 시계제조업자였다. 어머니가 루소를 낳다가 죽자 아버지에 의해 양육되었다. 10세 때는 아버지마저 집을 나가 숙부에게 맡겨졌으며, 공작소 주인의 심부름 따위를 하면서 소년기를 보냈다.

상상력이 풍부했던 루소에게 도제 생활은 하나의 감옥이었고, 루소는 드디어 1728년 16세 때 제네바를 떠나 청년기를 방랑 생활로 보냈다. 그는 이 10여 년간의 독학을 통해 지식을 습득하고 축

적하는 데 매진한다.[105]

　루소는 열다섯 살 때 부잣집 하인으로 일하다가 리본을 훔쳤는데, 그때 그것을 다른 하녀가 훔쳐서 자기한테 준 것이라고 거짓말을 한다. 그리고 그 하녀와 루소는 함께 해고되었다. 시간이 지난 후 루소는 자신의 저서 <고백론>을 통해서 사실 그 리본은 자기가 훔쳤는데, 그 리본을 훔쳐서 그 하녀에게 주려고 그랬다고 자신의 미안한 마음을 고백한다.

　『인간 불평등기원론』에서 루소는 처음으로 정치적 악과 부정을 명확히 논했다. 루소는 인간의 역사를 진보가 아니라 타락과 퇴보의 과정으로 보았다. 원시적 자연 상태에서 평등하고 행복한 삶을 누렸던 인간이 어떻게 해서 불평등하게 되었는지를 가족, 사회, 국가, 계급의 형성 과정을 통해 면밀히 분석한다. 아울러 불평등의 근원이 무엇이며 그것을 해결하려는 방법이 무엇인지 성찰한다.

　루소는 국가가 존재하기 이전의 상태, 다시 말해 자연 상태에서는 모든 인간이 자유롭고 평등했다고 보았다. 그런데 사회가 형성되면서 불평등과 부자유가 생겨난 것이다. 루소는 이런 폐해를 없애기 위해선 인간이 사회 계약을 맺고 인간주권의 정치체계를 형성하면서, 자유롭고 평등한 사회를 실현해야 한다고 주장했다. 그러면 그 사회에서의 자유와 평등이란 무엇일까? 여기에서 말하는 자유란 무엇이든 마음대로 해도 된다는 뜻이 아니다. 사회구성원은 일반의지에 자신의 권력을 양도하고 있으므로 자유란 곧 계약된 자유다. 따라서 일반의지에는 개인 자신도 포함되어 있다. 그 자유의 본질은

---

105) 네이버 지식백과, 장 자크 루소(Jean-Jacques Rousseau), 서울대학교 철학사상연구소.

자발적으로 행동하는 도덕적인 자유라 볼 수 있다. 개인이 일반의지와 맺는 사회 계약은 사실 자기 계약이다. 일반의지에 양도한 것은 자기 자신이 공평하게 돌려받는다. 이것이 사회적 평등이다. 이처럼 사회 계약을 통해 우리는 자유와 평등을 얻을 수 있다.

자연인에서 사회 계약으로

루소의 『사회계약론』[106]은 그의 생존 중에는 널리 읽히지 않았지만, 그가 죽은 뒤 혁명가들의 복음서가 되어 민주주의 정신을 발달시키는 데 큰 역할을 하였다. 루소의 자유, 평등, 박애 사상은 프랑스 혁명 인권선언으로 계승되었다.

프랑스 대혁명은 억압으로부터 인간을 해방하려는 자유와 평등의 혁명이었다는 점에서, 세계사의 대전환을 가져온 혁명이었다.

"프랑스의 역사에서 대혁명은 부르주아 사회와 자본주의 사회의 도래를 알리는 전환점이었다. 이 혁명의 본질적인 특징은 귀족 중심 체제와 특권적인 봉건 질서를 파괴하여 국민을 하나로 통일시켰다는 데에 있다. 도처에 산재해 있는 중세 제도의 잔재를 제거하는 것이 대혁명의 고유한 목표였다. 대혁명이 갖는 더욱 명확한 역사적 의미는 이 혁명이 궁극적으로 자유민주주의의 확립으로 이어졌다는 사실이다."[107]

루소가 생각하는 불평등의 시작점은 '소유' 즉 일종의 사적 재산이다. 도구와 기술이 발전하면서 농업과 야금술이 인간의 생산

---

106) 민주주의 실현에 초석을 놓은 루소의 명저, 사회상태 또는 국가 구성과 관련해 인간이 맺는 계약을 집중적으로 조명한 사상서로, 루소는 이를 통해 사회 구성과 인간 교육의 기본 원칙을 제시하고 있다. 이 책의 자유 민권 사상은 프랑스 혁명 지도자들에게 지대한 영향을 미쳐 루소 사후 11년에 일어난 프랑스 혁명에 불을 지피기도 했다.
107) 알베르 소불 저, 양영란 역, 『프랑스 대혁명』, 두레, 2016, 7쪽.

수단이 되고 이로 인해 토지 분배 문제가 생기게 된다. 그리고 그 과정에서 더 많이 가진 사람과 덜 가진 사람의 불평등은 더욱더 심화된다. 그런 가운데 더 많이 가진 사람은 자신이 가진 것을 지키기 위해 '정의'의 개념을 만들어내고 그것을 외부적 압력으로 보장받기 위해 법을 만든다. 그리고 그 법을 만들고 집행하는 관료들을 만들어낸다. 그래서 불평등이 고착화되는 그 과정이 계속해서 진행되면 전제권력의 탄생으로 이어지게 되는 것이다. 다시 말해서 소유라는 개념이 시작되는 것을 출발로 하여 많이 가진 사람과 덜 가진 사람의 불평등이 시작되고, 가진 사람의 기득권 보호를 위해 법이 도입됨으로써 강자와 약자의 불평등이 고착되는 상황이 발생하게 되는 것이다.

루소에 따르면 인간은 애초에 이렇게 불평등하게 살지 않았다. 우리의 지능과 능력으로 인해 집단과 도구, 소유와 비교가 생겨나면서 그렇게 불평등이 시작되었으며 더 많이 가진 사람들의 욕망 때문에 불평등이 고착되었다. 그 불평등의 고리는 지금 현재 자본주의 사회에서도 끊어내지 못하고 있다. 부익부 빈익빈의 갭을 메우지 못하고, 갈수록 계층 간의 간격이 벌어지면서 덜 가진 사람들은 노예가 된 상태에서 이 굴레를 벗어나지 못하고 있다.

본래 자연 상태에 놓인 인간은 고립해서 생활을 영위하며 자기 보존의 본능밖에 없는 자연인이다. 자연인의 감정은 순수한 자연감정이며, 자기 보존의 욕망이라고 할 수 있는 자기애이다. 이러한 자연 상태에서 인간은 불평등이 존재하지 않았으며, 자연인은 완전히 자유롭고 평등했다. 그러나 오래지 않아 사람들은 집단생활에서 이익을 발견하게 되면서 점차 원시적 생활은 파괴되는 지경에 이른다.

유목 생활에서 농경 사회로 넘어가면서 사적 소유가 발생하여 사람들 사이에 불평등을 증대시켰다. 그로 인해 자신이 소유한 것을 지키기 위해서, 그리고 자신의 것보다 더 많은 이익을 가지기 위해서 다른 사람의 것을 빼앗기에 이른다. 그런 과정에서 다른 사람을 지배하기 위해 폭력을 행사하며, 복종을 확대했다. 그러자 사람들은 이 무질서한 상태에서 자신의 생명을 보존하고, 자신의 소유를 지키기 위해 사회 계약을 맺게 된다. 그리고 더 나아가 자신을 보호해주는 보호막으로써 국가의 설립을 인정하게 되고, 국가 권력이 승인된다. 그래서 사유(私有)를 지킬 수 있는 법이 확정된다. 그러나 그다음에 오는 것은 합법적으로 권력을 유지할 수 있는 법의 테두리 안에서 불평등을 초래하기 위한 자의적인 권력에의 이행이다. 이렇게 전제주의가 출현하게 된 것이다. 이를 바탕으로 하여 불평등은 최고 단계에 이른다. 루소가 현실에서 본 최후 전제주의 단계는 바로 프랑스 절대왕정제의 사회이다. 그래서 루소는 전제주의로부터 다시 자연 상태의 회복을 그의 저서 『사회계약론』에서 논의하였다.

루소의 『사회계약론』은 이렇게 시작된다.

> "인간은 본래 자유인으로 태어났다. 그런데 그는 어디서나 쇠사슬에 묶여 있다. 어떤 사람은 자기를 다른 사람들의 지배자로 믿기도 하는데, 실은 이 사람은 더 심한 노예가 되어 있다. 어떻게 이런 뒤바뀜이 생겨났는지 나는 모른다. 그렇다면 이것을 정당한 것으로 만드는 것은 무엇인가? 나는 이 물음에 답할 수 있다고 생각한다."[108]

그는 인간이 자유로웠던 자연의 상태를 전제하면서 이러한 원

---

108) 장 자크 루소, 이환 역, 『사회계약론』, 서울대학교출판문화원, 2011, 5쪽.

시적 자유가 더 이상 존재하지 않는 사회질서를 비난했다. 그리고 가능한 한 인간들은 사회적 속박을 제거해야 하며, 어떤 방식으로든 사회질서를 정당화해야 한다고 주장한다. 이러한 두 가지 대안 가운데『사회계약론』에서 그가 선택한 해결 방안은 원시적 자유가 더 이상 존재하지 않는 사회질서를 어떻게 정당화하느냐 하는 문제이다. 이러한 문제를 풀기 위해 루소는 홉스나 로크와는 다른 방식이긴 하지만 계약이론을 차용했다.

루소는『사회계약론』에서 인류는 자연 상태에서는 누구나 자유롭고 독립적이었다고 주장한다. 그 이후 여러 가지 관계와 정념이 발달하여, 각기 그 존재를 유지하기 위해 상호 간에 계약을 맺게 된 것이다. 그 계약을 기초로 하여 사회가 조직되었다. 따라서 그 계약에 입각한 사회는 본래의 인간 평등을 손상함이 없이 법률로써 더욱 그것을 안전하게 하고, 불평등이 조장되는 경향을 방지하는 것이 당연하다. 이처럼 계약에 따라 사회가 성립되고, 국가가 만들어졌으므로 국가의 주권은 국민에게 있으며, 또한 정부라는 것도 주권이 정하는 것을 실시하는 기관이다.

루소에 따르면 홉스의 계약설은 국가를 구성하는 조건으로 국민이 그들의 권리를 지배자에게 양도하는 복종의 계약이다. 그러나 루소는 이러한 조건은 정당한 이유를 가질 수 없다. 그것 자체가 이미 불평등의 기원이기 때문이다. 루소가 주장하는 참다운 사회, 참다운 정치체제는 자유와 평등을 간직한 사람들이 모여 전원일치의 계약을 맺어야 한다. 그리고 그 약속이 사회의 기초인 동시에 국가를 형성하는 유일한 방법이다. 여기서 루소의 '일반의지'는 사회 계약의 요체로서 모든 사람에게 공통되는 이익을 목표로 하는 한 공통의 의지이다. 일반의지를 통해서 자유와 평등이 보장되는 시민으로서 새로운 자기 존재를 얻게 된다. 이러한 사회 계약의 과정을 통해서 자연인은 시민이 되고, 자연 상태는 사회상태로 옮겨간다. 다시 말해서 국민의 자발적 의사에 의해서 국가가 성립되므로 국민이 곧 주권자가 되는 것이다. 다시 말해서 사회 계약을 통해 인간은 본래의 자유를 상실하는 대신 보다 고급의 자유를 얻게되는 것이다.

그는 인간의 자유와 평등을 가장 귀중한 가치로 보았으며, 평등 없이는 참된 자유가 존재할 수 없다고 주장했다. 이처럼 18세기 사상가 루소가 『사회계약론』에서 제기한 자유, 정의, 평등, 법, 인권의 문제는 세월을 뛰어넘어 오늘날의 우리에게도 이상적 민주주의에 관한 문제를 끊임없이 제기하고 있다.

인간은 본질적으로 이기적이다

영국의 정치철학자 토머스 홉스(Thomas Hobbes, 1588~1679)는 이 세상을 강한 자만이 살아남는 냉혹한 세계로 본다. 약육강식이 존재하는 세계이다. 그의 눈에 세상은 정글과 같은 곳이었다. 인간이 지켜야 할 도덕 윤리는 허울에 지나지 않는다. 마치 전쟁터와 같은 세계에서 사람들은 살아남기 위해 '만인의 만인에 대한 투쟁'을 계속하고 있다. 세상에서 확실한 사실은 사람들이 제각각 살아남으려는 절실한 욕구, 곧 자기를 지켜려는 욕망뿐이다. 개인이 모인 국가도 이 점은 마찬가지이다. 살아남으려는 욕심 외에 나머지는 모두 허구와 거짓이다. 이러한 자기를 보존하기 위한 욕망은 이후에도 홉스 사상 전체를 꿰뚫는 가장 중요한 키워드이다.

홉스에 따르면 인간은 본질적으로 이기적이다. 우리 인간의 삶 자체가 끊임없는 운동의 연속이기 때문에, 욕망 없는 삶은 가능하지 않다. 자연 상태의 본래의 우리 인간은 끊임없이 욕망을 향해서 달리는 이기적 존재자이다. 홉스는 '만인에 대한 만인의 투쟁'을 자연적 상태로 설정하고, 인간의 욕망을 종속적 사회 계약을 통해 확립한다. 홉스는 『리바이어던』109)에서 인간의 자연 상태는 서로에 대해서 늑대인 야만적인 상태이기 때문에, 인간들이 서로 대립적 관계에 있음을 설정하였다. 그에 따르면, 인간에게 있어서 생존의 유지가 가장 근본적인 욕구로서, 이는 모든 규범에 우선하는 최고의 선이다. 그래서 인간은 자신의 생명을 유지하기 위해 그 자신의 힘을 사용하는 자연권을 가질 수밖에 없다. 이를 제어하기 위해서 강력한 사회질서를 옹립하는 정치체제를 만들어내야 한다고 주장했다. 인간은 이성보다도 정념(passion)에 따라 움직이기 때문에 평화의 계율인 자연법을 준수하도록 강압적으로 제어하고 효과적으로 이행시킬 수 있는 국가를 확립할 필요성이 제기된다. 이 주장의 대전제는 인간은 이기적이라는 것이다. 그는 인간의 본성을 잔인할 정도로 냉철하게 꿰뚫어 보고 가장 현실적인 대안으로 잔인하고 절대적인 권력을 내세웠다.

홉스는 국가가 절대적인 권력을 행사해야 하는 이유를 설명하기 위해 국가가 생기기 이전의 자연 상태를 이야기한다. 자연 상태란 국가가 생기기 전의 인간 모습을 말한다. 자연 상태에서 사람들은 누구나 살아남기 위해 노력한다. 홉스는 이러한 자기 보존을 위한 욕망을 인간의 가장 기본적인 권리, 다시 말해서 '자연권(Natural right)'이라고 한다. 자연권이란 인간 개개인이 자신의 생

---

109) Thomas Hobbes, *Leviathan*, Oxford University Press, 2009, 186~188쪽 참조.

명을 보호하기 위해 원할 때는 언제나 자신의 힘을 사용할 수 있는 자유를 의미한다.[110] 법의 테두리가 없는 자연 상태에서는 자기 자신을 지키고, 살아남기 위해서는 경쟁자들을 누르고 이길 만한 힘이 있어야 한다. 그래서 자연 상태에서는 모든 사람이 상대방보다 더 큰 힘을 가졌다는 것을 증명해 보이기 위해 치열한 싸움에서 어쨌든 이겨야 한다. 결국 '만인의 만인에 대한 투쟁'이 계속된다. 이 상황에서는 그 누구도 자신의 생존과 안전을 보장받지 못한다. '만인의 만인에 대한 투쟁' 상태에서는 불의한 것은 아무것도 없다. 옳고 그름, 정의와 부정의 같은 개념들은 전쟁 상태에서는 설 자리가 없다. 공통의 권력이 없는 곳에는 법이 없으며, 법이 없는 곳에 부정의도 없다. 전쟁 상태에서는 소유권도, 지배권도 없으며, 내 것과 당신 것의 구분도 없다. 따라서 사람들은 제각각 안전하게 살기 위해 서로가 해치지 않겠다는 계약을 맺게 되기에 이른다. 이것이 생존을 위해 사람들 사이에서 자연적으로 맺어진 최초의 법, 곧 '자연법(Natural law)'이다. 자연법은 이성에 의해 지켜야 할 계율 또는 일반적인 규칙이다.[111]

그러나 최초에 서로를 해치지 않겠다고 한 계약이 반드시 지켜지리라는 보장은 어디에도 없다. 계약에 따라 안전을 보장받기 위해서는 이를 강제적으로 지키게 하는 또 다른 힘이 필요하다. 그래서 국가가 등장하게 된다. 서로가 계약을 어겼을 때 상대를 무자비하게 처벌하여 나의 안전과 사회의 평화를 지키도록 하는 힘, 그것이 바로 '국가'이다. 홉스에 따르면 국가에 대해서는 누구도 반항해서는 안 된다. 만약 국가가 무너진다면, 서로를 해치지 않겠다

---

110) *Leviathan*, 189~190쪽 참조.
111) *Leviathan*, 189~190쪽 참조.

는 계약을 지키게 하는 힘이 없어지고 만다. 그러면 사회는 다시 생존을 위해 서로 끝없이 싸우는 무시무시한 전쟁터와 같은 자연 상태로 돌아가고 만다. 그래서 사람들은 강력한 국가가 주는 평화보다 더 소중한 것은 없다고 생각하게 된다. 왜냐하면, 사람들은 강력한 통치자가 지배하는 국가 안에서만이 자신의 생존을 보장받을 수 있다고 생각하기 때문이다. 홉스는 결국 인간들이 자신의 이익을 위하여 이기적일 수밖에 없다고 보았다. 자연 상태에서 인간들은 제각각 자신의 생존과 이익만을 추구하며, 그 결과는 '만인의 만인에 대한 투쟁'이다. 그래서 사람들은 스스로의 생존과 이익을 지키기 위하여 계약을 맺어서 법과 규범을 만들고, 이것을 집행하기 위한 정부를 세우게 된다. 이때 법과 규범을 위반하는 사람을 제재하기 위해서는 강력한 군주주권을 부여해야 한다는 것이다. 따라서 국가는 리바이어던112) 같은 그 누구도 대적할 수 없는 괴물이 되고 만다.

　유럽 전체가 종교 전쟁 등으로 어수선하던 때, 홉스의 고향 영국도 정치적인 혼란으로 몸살을 앓고 있었다. 강력한 대영제국을 이룬 엘리자베스 1세가 죽자, 예전처럼 강력한 왕이 필요하다고 외치는 왕당파와 의회 중심의 시민 계급이 권력을 쥐어야 한다는 사람들 사이의 갈등이 심해졌다. 홉스는 자신이 봉사하는 귀족 계급 편에 섰다. 당연히 그는 절대적인 왕의 통치를 지지했다.

　현대에는 국가와 국가 간의 '무역 전쟁'을 치르고 있다. 전쟁을 치르게 되면 많은 것을 잃을 수 있는데도 불구하고 전쟁을 불사

---

112) 구약성서의 욥기에 나오는 바다에 사는 거대한 괴물을 말하는데, 홉스는 국가를 이 리바이어던에 비유하여 설명하였다.

하는 것은 자국을 지키기 위한 방어의 수단으로 어쩔 수 없는 경우도 있고, 자국의 이익을 위해 선제공격하는 경우도 있다. 무역에서도 중요한 것은 자국의 이익이다. 이를 위해 각 나라는 자국의 산업을 보호하기 위해서 '관세'라는 세금을 수입품에 부과한다. 관세는 서로 이익이 되는 적절한 수준에서 조정해야 한다. 그러나 무역전쟁에서는 자국의 이익에 반하는 것에 관세가 폭탄으로 작용한다.

1993년 11월 유럽공동체인 유럽연합(EU)이 탄생했다. 유럽을 하나의 단일 시장, 단일 화폐로 유럽 경제를 발전시키자는 합의였다. 곧이어 1994년 1월 미국, 캐나다, 멕시코는 관세와 같은 무역장벽을 폐지하고 자유무역을 목표로 북미자유협정을 출범했다. EU를 견제하고 중남미와의 관계를 강화하겠다는 목적으로 탄생한 것이다. 이듬해 1995년 세계화라는 취지로 여러 나라 간에 자유무역체계를 추진하는 세계무역기구(WTO)가 출범했다. 그 뒤 2002년부터 WTO 회원국 가운데 국가 간 무역을 자유롭게 하자는 자유무역협정(FTA)을 체결했다. 그런데 영국은 자국의 이해관계 때문에 EU를 탈퇴하였고, 미국은 자유무역의 경제체제에서 자국 보호무역으로 노선을 변경하고 있다. 무역협정을 고쳐 수입품에 관세를 부과해 자국의 산업을 보호하겠다며 미국 우선주의인 '아메리카 퍼스트' 정책을 내세우고 있다. 이에 반대하는 나라에는 보복관세를 부과해서라도 자국의 기업을 보호하고 일자리 창출을 늘리겠다는 것이다. 미국은 무역적자를 해소하고 일자리 창출과 자국의 정치적 위상과 안보에 온 힘을 쏟고 있다.[113] 막강한 경제력을 바탕으로 한 미국은 자국보다 힘이 강한 나라는 수입을 제어하는 정책으로

---

113) 동아일보, 2018. 4. 11. A24면.

제재를 가하고, 힘이 약한 나라들에 대해서는 자국의 이익을 우선 원칙으로 자국에 수출하는 제품들에 대해 관세를 높이는 방식으로 상대국들의 목줄을 죄면서 세계의 무역 전쟁을 주도해나가고 있다. 도널드 트럼프 미국 대통령은 2018년 무역정책에서 미국은 중국의 국가주도 경제모델이 국제 경쟁력을 침해하는 것을 막기 위해 모든 가능한 수단을 동원하겠다는 의지를 밝히며 보호무역 정책을 강화할 것임을 분명히 했다. 세계적인 무역 전쟁이 시작되었다고 해도 과언이 아니다. 무역 긴장이 고조되면서 세계의 내로라하는 기업들이 무역 전쟁의 한 가운데에 서게 됐다. 트럼프 행정부는 철강과 알루미늄 수입 제한에서부터 중국의 지식재산권 침해에 대한 단속 조치에 이르기까지 통상 정책에 관한 많은 결정을 내릴 것으로 예상함에 따라 미·중 관계는 더 악화할 것으로 보인다. 미국이 중국에 대한 통상 제재의 수위를 계속 높여간다면 중국도 그에 대한 보복 조치로 맞설 것이다. 무역 전쟁에서는 일반적인 통상 규칙이 적용되지 않는다는 점이다.

이러한 사태는 홉스가 설정한 개인과 개인을 넘어서 국가와 국가 간의 막강한 힘겨루기로 전쟁터를 방불케 하는 살벌한 자연 상태이다. 전쟁과 같은 상황을 종식하기 위해 계약을 체결하지만, 더 많은 힘을 가진 자가 약한 자에게 위협을 가하고, 더 막강한 자본을 가지고 있는 국가가 약소국에 선전포고하며 위협을 가하는 권력을 휘두르고 있다. 계약 체결 후에도 '만인에 대한 만인의 투쟁'은 계속되고 있다.

영화 <특별시민>은 인간의 욕망에 관한 이야기이다. 이 영화는 서울시장 3선에 도전하는 '변종구'의 치열한 '선거 운동기'를 그려냈다. 변종구 시장은 자신의 가족마저 '권력'을 잡기 위한 도구로 사용하는 비정한 면모를 보인다. 아내와 딸의 가슴에 비수를 꽂는 말을 내뱉고, 그가 한달음에 달려온 곳은 자신이 춥고 배고프던 시절 자주 찾던 단골 고깃집이다. 그곳은 예전에 그가 하루 노동일을 마치고 고단한 몸을 이끌고 오면, 어머니뻘 되는 여주인이 팔다 남은 밑고기를 슬쩍 싸주는 인심 좋은 식당이었다. 지금은 뼛속까지 나쁜 놈처럼 보이는 변종구도 한때는 소박한 꿈을 꾸던 보통 청년이었다. 그러나 어느새 '공공의 이익'을 위해서 일하는 사람이 아닌 오직 자신의 입신양명을 위해서, 배지 하나를 달기 위해서 일하는 권력욕에 찌든 부패한 인간상으로 변해 있었다. 권력욕에 매몰된 정치인, 아군과 적군이 모호한 정치권, 이기기 위해선 수단과 방법을 가리지 않는 선거운동꾼들의 세계를 그리면서 기성 정치권에 대한 환멸을 담고 있는 이 영화는 자신의 욕망을 향해 멈출 줄 모르고, 끝없이 질주하는 탐욕에 절은 한없이 이기적인 한 인간의 절망적인 모습을 보여준다. 욕망에 찌든 우리 인간들의 자화상을 보는 느낌이다.

　　자연 상태에서 인간은 신체적으로나 정신적인 기능에 있어서 평등하다. 이런 능력의 평등함에서 인간은 자신의 목적을 얻고자 하는 똑같은 희망을 품게 된다. 두 사람이 동일한 대상에 대해 소유하고 싶은 욕구를 가지지만, 주어진 양이 충분하지 못해서 서로 만족할 수 없을 때 두 사람은 서로 더 많이 차지하기 위해 싸우다가 이내 적이 되고 만다. 인간은 자신의 힘과 의지를 통해 더 이상 자신에게 위협이 되는 어떤 것도 없다는 사실을 알 때까지 가능한 한 모든 사람을 지배하려고 한다. 그것은 지극히 자연스럽고 당연한 일이다. 인간의 그러한 행위는 자기보호를 위해 요구되는 것으로 인정된다. 사람의 본성 가운데에는 분쟁의 세 가지 주요한 원인이 있다. 첫째, 경쟁심은 사람들을 무엇인가 얻기 위해 공격하게 만든다. 둘째, 자기 확신의 결핍은 안전을 확보하기 위해 공격하게 만든다. 셋째, 영광에 대한 욕구는 명성을 얻기 위해서 사람을 공격적으로 만든다. 따라서 모든 사람을 떨게 만드는 공통의 힘이 없는 동안 사람들은 '만인에 대한 만인의 투쟁' 같은 전쟁 상태에 놓이게 된다.114)

홉스는 인간의 이기적 욕구를 인정한다. 인간이 자연 상태에서 자기 자신을 보존하려는 것은 지극히 인간적인 욕구이다. 그는 인간들이 이기적 욕망을 갖고, 치명적인 공격으로 상대를 죽일 수 있는 최소한의 능력이 있다는 점에서 평등하다고 본다. 그리고 이러한 인간들 사이의 평등은 자원의 희소성과 맞물려 자연 상태에서 죽음의 공포를 유발한다고 생각한다. 만족을 모르는 인간의 욕구를 충족시키기에는 자원이 턱없이 부족하므로 인간들이 동일한 물자를 두고 서로 대립하는 경우가 종종 발생하게 된다. 결과적으로 자연 상태는 조화롭고 평화로운 상태가 아니라 각자가 스스로를 방어하기 위해 끝없이 싸우고, 힘을 추구하는 전쟁 상태라는 것이다. 그래서 사람들은 스스로 부정의 또는 악행의 피해자가 될 수밖에 없다는 것을 깨달을 때, 그들은 상대방에게 악행을 저지르지 않기 위해서, 그리고 누군가의 악행으로부터 고통을 당하지 않도록 계약을 체결하게 된다는 것이다.

그러나 만일 약자들 사이의 계약으로부터 완전히 자유로운 강자가 있다는 전제에서 그러한 강자가 부정의를 저지르거나 약자들

---

114) *Leviathan*, 183~185쪽 참조.

에게 고통을 가져다줌으로써 큰 이익을 향유할 수 있다면, 사회 계약 자체가 불가능하다. 또한, 사회 계약 자체가 무의미한 것이 되어버린다. 다시 이기적인 본성을 가진, 인간의 욕망이 넘실대는 '만인에 대한 만인의 투쟁' 그 자연 상태로 회귀하게 되는 셈이다.

인간은 끊임없이 욕망을 향해서 달리는 이기적 존재자

홉스는 "우리 인간의 삶 자체가 끊임없는 운동의 연속이기 때문에, 욕망 없는 삶은 가능하지 않다"라고 주장한다.[115] 자연 상태의 본래의 우리 인간은 끊임없이 욕망을 향해서 달리는 이기적 존재이다. 홉스는 자연 상태의 혼란과 무질서를 극복하고, 자신의 권리와 신체의 안전을 보호하는 것이 우선이라고 여기고, 이 권리를 자연권으로 이해하였다. 따라서 만약 자신의 안전에 해가 되는 행동이라고 생각되면 어떠한 개인도 그 법칙에 따라 행동할 필요가 없다.

자연 상태에서 인간은 누구나 힘을 추구하고 이것을 통해서 자신의 욕망을 실현하려고 한다. 그런 점에서 인간은 평등하다. 자연 상태에서 인간은 누구나 자신이 원하는 욕망을 추구하려고 하므로, 그 욕망이 적절하게 통제되지 않는다면 인간은 항상 전쟁 상태에 놓이게 된다.

홉스는 인간이 이러한 상황에서 벗어나서 평화의 상태로 나아갈 가능성은 한편으로는 정념에, 다른 한편으로는 이성에 놓여있다고 주장한다. '죽음에 대한 공포'와 '편리한 생활에 필요한 것들에

---

115) *Leviathan*, 51쪽.

대한 욕구'와 같은 정념들로부터 인간은 평화를 추구하고자 한다. 그리고 이성은 이러한 상황에서 인간들이 동의할 수 있는 '평화를 위한 적절한 조항'들을 제시한다.116)

여기서 자연권과 자연법이 등장한다. "자연권은 인간 자신의 본성으로서 자신의 생명을 보존하기 위해 자신이 원하는 대로 자신의 힘을 사용하는 자유이다. 자연권은 기본적으로 제한적이지 않다."117) 홉스의 자연권은 자기 보존이라는 명목으로 자신의 욕망을 무제한으로 사용하는 것이다.

반면에 자연법은 "인간의 생명에 파괴적인 행위를 하지 못하도록 하고, 인간의 생명을 보존하는 수단에서 벗어나는 행위를 못하게 하는 이성에 의해 마련된 지침이나 일반적 규칙이다. 또한, 자연법은 인간의 생명을 보존하는 데 있어서 최선의 것으로 생각되는 것을 간과하지 못하도록 하는 지침이나 일반적 규칙이다."118) 이 자연법은 이성에 의해서 마련된 지침이나 일반적 규칙이다. 자연법은 자연권이 무제한으로 사용될 경우 일어날 수 있는 파멸을 막기 위한 것으로서 자연권의 일정한 제한이나 양도를 내포하고 있다. 자연권을 마음껏 누리는 자연 상태에서는 우리 인간은 그 누구도 안전할 수 없다. 평화와 자기 보존을 위해서는 다른 사람에게 자유를 허용한 만큼만 다른 사람이 자신에게 자유를 허용하는 것에 만족해야 한다. 왜냐하면, 멈추지 않고 끊임없이 앞으로 나아가는 인간의 욕망을 조절하고 통제해서 평화를 유지하기 위해서는 권리의 상호 양도로서의 계약은 꼭 필요한 것이기 때문이다.

---

116) Hobbes, T., *Leviathan, in: The Collected Works of Thomas Hobbes Ⅲ*, (ed,) Molesworth, W. S., Routledge, 1992, 115~116쪽 참조.
117) *Leviathan*, 116쪽.
118) *Leviathan*, 117쪽.

홉스가 주장하는 욕망은 인간이 적정한 욕망에 만족할 수 없는 것도 아니고, 그렇다고 항상 현재의 욕망보다 더 강한 것을 원하는 욕망도 아니다. 인간은 현재의 욕망을 실현하는 것뿐만 아니라 미래의 욕망도 실현하기를 원한다. 그렇게 욕망을 실현하는 끊임없는 과정인 이유는 인간은 자신이 욕망하는 대상이 한순간 충족된다고 해서 그것에 만족하지 않고, 미래에도 끊임없이 자신의 욕망이 충족되기를 원하기 때문이다. 홉스의 욕망은 자연 상태의 인간에서 사회 산물로 나타나는 다양한 정념들(passions)을 충족시키려는 욕구를 의미한다.

홉스는 욕망을 어떤 좋음에 의해서 야기되는 것으로 보지 않는다. 도덕 철학자들의 주장처럼 선한 것이야말로 가장 욕망할 만한 것이라고 하지 않는다. 오히려 가장 욕망할 만한 것을 선이라고 정의한다. 선이 인간의 욕망 활동의 기능인 것이다. 인간에게 마음의 영원한 평정심 같은 것은 존재하지 않는다. 우리 인간의 삶 자체가 끊임없는 운동이기 때문에, 욕망이 없는 삶은 우리 인간에게 가능하지 않은 것이다.

모든 인간은 본래 욕망에 좌우된다. 그것은 끊임없이 쾌를 추구하며 앞으로 향해가는 이기적인 존재이다. 끝없이 무한한 욕망을 추구하는 것은 자기 보존이다. 홉스가 생각하기에 인간이란 본질적으로 이기적 존재이며, 자기 보존을 위해서 욕망을 끝없이 추구해가는 존재이다. 홉스에게 있어서 욕망을 갖지 않는, 특히 힘 혹은 권력에 대한 욕망을 갖지 않는 인간이란 곧 죽은 인간을 의미한다. 쉬지 않고 끊임없이 힘을 추구하려는 욕망은 모든 인간의 일반적 성향이며, 이것은 인간이 오직 죽었을 때만 멈춘다. 홉스가 말하는 욕망의 특징은 주어진 욕망을 끊임없이 넘어서서 나아가는 데 있다.[119]

홉스는 욕구와 욕망, 그리고 혐오를 정의한 후 사랑과 미움에 대해서도 정의한다. 그는 욕구와 사랑을, 그리고 혐오와 미움을 동일시한다. "노력을 야기하는 어떤 것을 향해 있을 때 노력은 욕구(appetite)나 욕망(desire)으로 불린다. 그리고 그 노력이 어떤 것에서 멀어질 때 일반적으로 혐오(aversion)라고 불린다."120)

홉스에게 인간이 가질 수 있는 최대의 선은 자기 보존이다. 다시 말하면 인간 개인에게 가장 선한 것은 자기 보존이다. 왜냐하면, 자연은 모든 것이 자기 자신에게 좋은 것을 욕망하도록 결정되어 있기 때문이다. 반면에 인간 개인에게 최대의 악은 자기 파괴이다.

인간은 무엇을 욕망하는가?

영국의 철학자이면서 정치사상가인 존 로크(John Locke 1632~1704)는 인간에게 가장 이상적인 삶의 가능성이 주어진 최초의 자연 상태를 설정한다. 로크는 홉스의 자기를 보존하기 위한 욕망을 거부한다. 대신 자기 보존을 위한 이기적 욕망을 넘어 적용될 도덕적 준칙은 우리 인간의 이성에 의해 가능하다고 주장한다. 로크는 홉스 이전의 자연법 전통에서 말하는 선과 악을 분별하는 '올바른 이성(recta ratio)'에 그 토대를 두고 있다. 그러나 로크에 따르면 이기적 개인들이 자유를 오용함으로써 인간의 욕망으로 자연 상태가 훼손되고 결국에는 파국적 갈등상황으로 가는 과정에서 사회 계약이 이루어진다.

로크는 인간에게 가장 이상적인 삶의 가능성이 주어진 최초의

---

119) Rapaczynski, A., *Nature and Politics*, Introduction, Cornell Univ. Press, 1989, 32쪽.
120) *Leviathan*, 119쪽.

자연 상태를 설정하고, 이기적 개인들이 자유를 오용함으로써 자연 상태가 훼손되고 결국에는 파국적 갈등상황으로 전개되는 과정에서 이루어지는 사회 계약이 시민국가를 가능하게 한다고 주장했다.

　자연 상태에서 인간은 완전히 자유로운 상태이다. 사람들이 일일이 다른 사람의 허가를 받아야 한다든가 또는 다른 사람의 의사에 전적으로 따라야 하는 일이 없이, 자연법의 범위 안에서 자신의 행동을 규율한다. 또한, 자기가 생산한 소유물과 자기의 신체에 관하여 완전히 자유로운 상태이다. 인간의 자연 상태는 평등한 상태이다. 일체의 권력과 지배권은 상호적이며, 어느 누구도 다른 사람들보다 더 많은 것을 소유하는 일은 없다. 자연 상태는 자유의 상태(a state of liberty)이기는 하지만, 결코 방종의 상태(a state of licence)는 아니다. 자연 상태에서는 그것을 지배하는 하나의 자연법(自然法)이 있는데, 누구나 그것을 따르지 않으면 안 된다. 곧 그것은 나를 포함해서 모든 사람을 구속하고 있다. 그리고 인간의 이성이야말로 다름 아닌 자연법에 해당하는 것인데, 그 이성에 근거해서 사람들은 누구나 다른 사람의 생명, 건강, 자유 또는 소유물을 손상해서는 안 된다. 사람마다 다른 사람의 권리를 침해하거나, 또는 서로 위해를 가하는 일이 없게 하려고, 그리고 평화와 모든 인류의 보전을 목적으로 하는 자연법이 수호되게 하려고, 자연 상태에서는 자연법의 집행이 각자의 손에 위임된다. 왜냐하면, 누구나 다른 사람에 대해서 우월성이나 지배권을 갖는 일이 없는 완전히 평등한 사회에서는, 어떤 사람이 능히 행할 수 있는 것이라면, 그 밖의 모든 사람도 역시 그것을 행할 수 있는 권리를 반드시 가질 수 있기 때문이다.

　자연 상태에서는 사람마다 다른 사람을 능히 제재할 수 있는 권력을 획득하게 된다. 그 이유는 범죄에 대한 손해의 배상과 범죄의 억제라는 이 두 가지 때문이다. 그것은 어떤 한 사람이 다른 사람에게 합법적으로 형벌을 가할 수 있는 유일한 이론적 근거이다. 이에 모든 사람은 자연법의 위반자를 능히 처벌할 수 있는 권리를 가지며, 또한 자연법의 집행자도 되는 것이다.

불법행위로 말미암아 어떤 사람이 손해를 입게 되는 때에는, 손해를 입은 사람은 다른 사람들과 마찬가지로 공통으로 가지고 있는 처벌 권리 이외에도 그 가해자에게 손해배상을 청구할 수 있는 특별한 권리를 갖는다. 처벌 권리는 누구나가 가진 권리이며, 또 다른 하나는 손해배상을 받을 수 있는 권리인데, 이것은 오직 피해를 본 당사자에게만 속하는 것이다.[121]

인간은 이 세상에 태어나면 자기를 보존해 갈 수 있는 권리, 생존의 권리를 갖게 된다. 아울러 자신이 생산한 노동 획득물에 대해서는 사적인, 개인적인 권리를 가지게 된다. 노동력에 의해 생산된 수확물에 대해서는 그 이외의 다른 어느 누구도 권리를 가질 수가 없다. 노동은, 만물의 공통적인 어머니 격인 자연이 이룩해 놓은 것 이상의 그 무엇을 첨가한 것이다.[122]

로크는 왕도 정부도 없는 자연 상태를 가정했다. 홉스가 상정했던 자연 상태와는 다르게 로크는 자연 상태에서 인간은 누구나 자연법에 따라 자유롭고 평화롭게 자연권을 누릴 수 있다. 자연권이란 자신의 생명을 보존할 권리이다. 인간은 자신의 육체뿐 아니라 자신의 생존을 위해 노동으로 만들어 낸 생산물에 대해서도 자연권을 행사할 수 있다. 자연법은 곧 우리의 이성이다. 이성적으로

---

121) 존 로크, 『시민 정부론』, 연세대학교출판문화원, 2011, 제2장, 자연에 관하여 참조.
122) 시민 정부론, 제5장 소유권에 관하여 참조,

생각해 보면, 누구라도 상대를 쓸데없이 공격하고 해치는 것이 결코 서로에게 이득이 되지 않는다는 것을 알 수 있다. 그래서 사람들은 자연법에 따라 평화롭게 살아간다.

그런데도 사람들 간의 충돌과 다툼은 언제나 일어나게 마련이다. 어떤 사람이 부당하게 다른 이의 자연권을 침해했을 때 이것을 막아 주고 정당하게 처벌하지 않는다면, 자연 상태는 곧 홉스가 주장했던 '만인에 대한 만인의 투쟁'으로 변하게 될 것이다. 사람들은 다시 하루도 평화로운 일상을 유지할 수가 없게 된다. 그래서 사람들은 자신의 생명과 자유, 그리고 재산을 보호하기 위해서 자연법에 따라 사회를 관리하는 통치자를 세우기로 계약을 맺게 된다. 그리고 이 통치자는 각각의 사람들을 대신하여 자연법을 어긴 사람을 처벌하고 자연권을 지켜 준다.

그런데 여기서 통치자는 홉스처럼 절대적 권력을 주지는 않는다. 만일 통치자가 사람들을 보호해주기는커녕, 오히려 주어진 절대 권력을 이용하여 사람들을 착취하고 괴롭히는 것을 대비해서 로크는 개인의 자연권을 보장해 주지 못하는 통치자는 폭력으로 쫓아내야 한다고 주장한다. 결국, 로크도 홉스와 마찬가지로 인간의 자기 보존이라는 욕망으로부터 '자연권'을 도출했다고 주장한다.

소피아 코폴라 감독의 영화 <매혹당한 사람들>에서는 로크가 상정한 평화로운 상태, 밖에서는 전쟁이지만 학교 기숙사 내에서는 그들만의 규율과 적절한 자유가 주어진 상태에서 나름 평화가 유지되는 상태였는데, 부상당한 군인 한 명이 찾아들면서 평화로운 상태가 훼손되고 결국에는 파국적 갈등상황으로 전개되는 과정을 그렸다. 1864년 전쟁으로 인해 모두가 떠난 인적 드문 마을에 심각한 다리 부상으로 죽음 직전 상태에 놓인 군인 '존'이 구조되면서, 7명의 여자만 사는 비밀스러운 대저택에 머물게 된다. 에이미는 숲속에 쓰러진 군인 존을 발견하고 그를 부축해서 학교로 데려온다. 교장 미스 마사의 치료로 조금씩 회복되자 그는 학교의 일을 돕는다. 미스 마사는 존의 몸이 회복되자 학교를 떠나 줄 것을 요청한다. 떠나기 전 미스 마사와 학생들은 만찬을 준비하고 행복한 시간을 보낸다. 존은 에드위나에게 사랑한다는 고백을 하고 밤에 만나기로 약속한다. 그러나 에드위나는 존이 다른 방에 여자와 함께 있는 것을 목격하게 되고, 그녀에게 해명하기 위해 다가온 존을 계단 밑으로 밀어버린다. 그 일로 존은 다리를 절단하게 되고, 정신을 차린 존은 자신의 다리가 잘린 것에 분노한다. 존이 학생들을 위협하자 교장 미스 마사는 그를 해치울 계획을 세우고, 에이미에게 밖에 나가 독버섯을 캐 오라고 얘기하고 다시 만찬을 준비한다. 크게 다친 군인이 점차 회복하면서 학교에 머무는 각기 다른 여성들과 묘한 관계를 유지하다가 결국 파국으로 치닫는다. 유혹하는 여인 '미스 마사'부터 존에게 사로잡힌 처녀 '에드위나', 도발적인 10대 소녀 '알리시아'까지 매혹적인 손님의 등장은 그녀들의 숨겨진 욕망을 뒤흔들게 된다. 그 가운데 살아남으려는 '존'의 위험한 선택은 모든 것을 어긋나게 만든다. '매혹당한 사람들'은 중반까지는 행복한 기류를 형성하지만, 한밤의 사건 이후로는 갈등이 극에 달한다. 부상에서 회복된 이후에 그를 둘러싼 여성들에게 자신의 감정을 표출하지만 그러한 행동으로 인해 다리를 절단하는 큰 사고를 당한다. 처음에는 여성들과 호의적인 관계를 유지했지만, 중반 이후 적대적인 관계로 돌변한 후로는 이전의 관계로 회복하지 못한다. 학교에 있던 여자들은 남자에 대한 욕망을 표출하고, 남자는 그러한 욕망을 제어하지 못한다. 결국, 여자들에 의해 남자는 이용을 당하고 죽음에 이르게 된다. 여자들만 생활하고 있던 인적 드문 마을의 학교 기숙사에서 그들만의 규칙을 지켜가며 나름 평화로웠던 일상에, 한 남자가 나타나면서 감추어져 있던 그들의 욕망이 조금씩 드러나기 시작한 것이다. 결국, 욕망으로 인해 남자는 돌이킬 수 없는 큰 위기에 봉착하고, 중반까지 행복했던 관계는 각각의 내밀한 욕망으로 인해 산산이 조각나 버린다.

로크가 상정한 자연 상태는 홉스가 상정한 것과는 정반대다. 최초의 자연 상태에서의 인간은 선의와 상호 협조에 따라 생명과 자유, 그리고 재산의 권리를 보존하여 행복한 생활을 영위했다고 가정한다. 그러나 인간이 자신의 권리에 지나치게 집착함으로써 자연 상태의 평화가 훼손되기 시작한 것이다. 따라서 인간은 다시 동물적으로 전락하게 되었다. 인간의 이기심과 폭력이 난무하는 전쟁 상태가 되었다. 인간은 비참한 상황에 놓이게 되고, 이를 극복하기 위하여 사회 계약을 요구하게 된다.

루소에 따르면 미개인과 문명인은 마음과 성향이 근본적으로 매우 다르다. 미개인은 안식과 자유만을 추구하고 한가로이 지내기를 바랄 뿐이다. 이와 반대로 문명인은 항상 활동하면서 땀을 흘리고 불안해하며 더욱더 힘든 일을 찾아 끊임없이 번민한다. 문명인은 죽을 때까지 일하고, 때때로 살아있는 상태에 놓여 있기 위해 죽음으로 내달리며, 불멸을 찾아 생을 포기하기도 한다. 문명인은 자신이 증오하는 세력가와 자신이 경멸하는 부자들에게 아부하며, 그들에게 봉사하는 영예를 얻기 위해서라면 아무것도 아끼지 않는다. 자신의 비굴함과 그들의 보호를 거만하게 자랑한다. 자신의 노예 상태에 자부심을 느끼는 문명인은 그 노예 상태를 공유하지 않는 사람들에 대해 경멸감을 가지고 얘기한다. 미개인은 자기 자신 속에서 살고 있는데, 사회인은 언제나 자기 밖에 존재하며 타인의 의견 속에서만 살아간다. 자기가 존재한다는 느낌을 타인의 판단에 의거하고 있는 것이다.[123]

이 세상에 생명을 가진 모든 것들은 스스로를 지키고 보존하려는 욕망이 내재되어 있다. 사람은 물론이고 동물들도 자기 영역을 지키기 위해 다투며 영역표시를 하고, 식물들도 자신들의 군락지를 필사적으로 지키기 위해 화학물질을 분비하기도 한다. 따라서이 세상에 존재하는 모든 생명체는 생존 본능을 넘어서 자신의 구역을 끊임없이 넓혀가려는 이기적인 욕망을 지니고 있다.

세계 관광객들에게 잘 알려진 필리핀 섬 가운데 하나인 보라카이는 예전에 스페인 원정대가 상륙하기 전, 아티(Ati)족으로 불리는 원주민들이 거주하고 있었다. 이들은 수 세기 동안 소수 부족 단위로 농업과 어업에 종사하거나 코코넛 열매에 의존해 왔다. 총 면적이 11㎢에 불과한 이 작은 섬은 1980년대까지만 해도 원주민 마을이 드문드문 있는 한적한 섬이었다. 보라카이 섬이 관광지로 개발되면서 지금은 세계적인 휴양지로 변모하였다. 보라카이 섬은 고운 모래와 야자수가 어우러진 해변 풍광이 주목받으면서 그 섬에는 한 해 200만 명이 넘는 관광객들이 찾는다고 한다.[124] 그런데 보라카이에 매년 수많은 관광객이 모여들면서, 이 섬은 개발이라는 미명하에 더욱더 많은 호텔, 리조트, 음식점 등 상업시설들이

---

123) 장 자크 루소, 138~139쪽 참조.
124) 서울경제, 2018, 4, 9, A39면, '만파식적'

들어서게 된 것이다. 보라카이는 그동안 오수와 폐기물 등으로 환경오염이 극심해져서 6개월간 보라카이 섬을 폐쇄한다고 한다. 그 후유증이 나타난 것이다. 본래 원주민 아티족들의 파라다이스가 외부인들에게 잠식되면서 그들의 자유와 평화가 바다의 부유물처럼 떠다니게 되었다. 자연 상태의 그 파라다이스는 인간들의 욕망으로 인하여 소리 없이 점차 훼손되고, 망가지고 있었다.

루소는 인간이 기만적이고 경박한 외관에 집착하면서, 그리고 미덕 없는 명예와 지혜 없는 이성, 행복 없는 쾌락만을 좇는 것은 결코 인간의 본원적인 상태가 아니라고 주장한다. 우리 인간의 자연적인 성향을 모두 변화시키고 변질시키는 것은 오로지 사회의 정신과 사회가 낳은 불평등이라는 것이다.

우리는 루소의 외침에 한 번쯤 귀 기울여야 하지 않을까? 요컨대 인간의 영혼과 정념이 조금씩 변질되어 자신들의 본성을 어떻게 바꾸는지, 왜 우리의 욕망과 쾌락은 시간이 지남에 따라 새로운 대상을 원하는지, 어째서 본원적 인간성이 점차 사라지고 인위적인 인간의 모습만 남아 있는지.

도대체 우리는 무엇을 욕망하는가?

제 6 장

욕망은 삶의 동력인가? 제어해야 할 대상인가?: 헤겔, 칸트

헤겔에게 있어서 욕망은 자기의식의 부정성이 원리를 통해 주체가 완성되고 실현되는 동력을 의미한다. 그는 『정신현상학』[125]에서 욕망하는 존재로서 불안한 자기의식을 통해 절대정신에 이르는 과정을 설명하고 있다. 헤겔은 근대 시민사회와 국가에서 상호인정의 욕망을 기초로 하여 욕망의 주체를 확립한다. 헤겔의 욕망 주체는 근대 국가 내에서 주체 만들기의 전형이라고 할 수 있다.

욕구는 자기 의식적 주체인 인간이 바라는 대상이 그에게 결핍되어 있을 때 느끼는 정념이다. 그러므로 욕구는 그와 이 대상이 분열되어 있을 때 그가 느끼는 정념에 불과하다. 그러나 욕망은 그가 바라는 대상에 결핍을 느끼고 이 대상이라는 타자를 자기화하여 그 대상과 하나가 되려고 하는 활동의 정념이다. 헤겔은 욕망(Begierde)과 욕구(Bedürfnis)를 자기의식의 차원에서 처음으로 확실하게 구분하였다. 욕구는 타재(他在)의 정념, 자기 자신에 대한 부정의 정념 또는 결핍의 정념에 불과하지만, 욕망은 대상의 타재, 이 타재의 존립 일반을 지양하고 대상을 주체와 합일시키는 활동이다.[126]

헤겔은 욕망을 우리 인간 삶의 동력이자 의식 발전의 핵심적인 계기로 보았는데, 그 욕망은 '자기 확신의 충동'과 '삶에 대한 욕망'의 형태로 나타난다. 그것은 '자기 확신에 대한 근원적 충동'과 '자신의 삶을 유지하기 위한 욕망'이다. '자기 확신의 충동'은

---

125) G. W. F 헤겔, 임석진 역, 한길사, 2005.
126) Hegel, *Nürnberger und Heidelberger Schriften*. Suhrkamp, 1970, S.117f.

자신을 중심으로 세계를 받아들이며, 자신의 관점이 옳다고 믿는 태도로써 그 본성상 자기중심적이다. 헤겔에 따르면 인간은 감각이라는 가장 낮은 단계의 의식상태에서도 자신의 느낌, 생각이 확실하며 옳다고 믿는 존재이다. 이것이 바로 인간의 본성이다. 왜냐하면, 인간은 선천적으로 자기 확신에 도달하려고 애쓰고 거기서 만족을 추구하는 존재이기 때문이다.

'삶에 대한 욕망'은 생존과 연관된 욕망이다. 이것 또한 인간의 본성이다. 헤겔은 홉스처럼 인간이 욕망을 충족하는 것을 행복의 기본 요소라고 생각한다. 이러한 '삶에 대한 욕망' 역시 기본적으로 이기적이고 적대적인 특성이 있다. 그러나 헤겔의 욕망은 욕망의 충족 구조에 있어서 개인들 상호 간의 '인정(die Anerkennung)'이 전제된다.

헤겔은 욕망을 기본적으로 자신을 위해 자신 이외의 것을 희생시키는 원초적 충동으로 설명한다. 예를 들어 자신의 식욕을 만족시키기 위해 자연을 피폐화시킨다든지, 타인을 소유하려는 사랑도 욕망의 과정이다. 인간은 욕망을 충족시키기 위해서는 대상을 인정할 수밖에 없는 구조에 놓여있는 모순적인 존재이다. 왜냐하면, 그 대상이 없다면 욕망할 수도 없고, 삶조차 유지해나갈 수 없기 때문이다. 그래서 헤겔은 인간이 노동과정에서 사회적 관계를 통해 자신의 욕망을 충족시켜나갈 수밖에 없다는 것이다. 이것은 우리 인간의 자기 확신에 대한 충동과 맞물리면서 홉스가 주장한 '만인의 만인에 대한 투쟁'이 발생하는 구조가 발생하게 되는 것이다. 그러나 헤겔은 인간의 이러한 욕망의 이기성에서 벗어나기 위해서는 각 개인이 서로 상호 인정하는 방향으로 나아가야 한다는 것이다. 근대 인간이 행복하지 못했던 이유가 이러한 상호 인정의 구조가 확립되지 못했기 때문이다. 헤겔이 제시하는 인륜적 삶은

우리 인간의 '삶의 욕망'에 내재해 있는 대립에서도 상호 인정을
실현하는 것이다.

삶의 동력으로서의 욕망

헤겔에 따르면 인간의 진정한 행복은 인륜적 삶에서만 가능하
다. 그 인륜적 삶이라는 것은 근본적으로 욕망의 충족과 여기서 오
는 쾌락을 향유하는 것을 전제한다는 점이다. 헤겔에게 있어서 욕
망은 삶의 동력이다. 그 욕망의 구체적인 형태는 자기 확신에 대한
근원적 충동으로서 '자기 확신의 충동'이고, 또 하나는 삶을 유지
하기 위한 '삶의 욕망'이다.

'자기 확신의 충동'은 자신을 중심으로 세계를 받아들이며, 자
신의 관점이 옳다고 믿는 태도이다. 이러한 충동은 그 본성상 자기
중심적일 수밖에 없다. 헤겔은 인간을 감각이라는 가장 낮은 단계
의 의식상태에서도 자신의 느낌이 확실하며 옳다고 믿는 존재로
규정한다. 인간은 선천적으로 자기 확신에 도달하려고 하고 거기서
만족을 추구하는 존재이다. 이러한 의미에서 '자기 확신의 충동'의
충족은 쾌락의 원천이자 행복의 기본 조건이다.

헤겔의 '자기 확신의 충동'은 자기 확신에 대한 근원적 충동으
로서 자신을 중심으로 세계를 받아들이며, 자신의 관점이 옳다고 믿
는 태도이다. 이러한 충동은 그 본성상 자기중심적일 수밖에 없다.

『달과 6펜스』[127)는 프랑스의 대표적인 후기 인상파 화가 폴
고갱의 삶을 바탕으로 쓴 소설이다. 주인공 찰스 스트릭랜드는 19

---

127) 윌리엄 서머셋 몸, 송무 역, 민음사, 2000.

세기 말에서 20세기 초 사이에 런던에서 증권 중개인 일을 하던 부유한 사십 대 남자다. 소설 초반에, 그는 아내와 아이들을 떠나 파리로 향한다. 그곳에서 그는 저렴한 낡은 호텔들을 전전하며 병과 굶주림 속에서 가난하지만, 자족적인 예술가의 삶을 산다. 악령에 사로잡힌 듯 비정상적인 예술 충동에 사로잡힌 스트릭랜드는 육체적인 안위를 돌보지 않으며, 자기 주변의 모든 것에 전적으로 무관심하다. 그가 파리에 머무는 동안, 스트릭랜드의 천재성을 한눈에 알아본 화자의 친구, 상업적으로는 성공했지만, 예술적인 고뇌가 없는 화가 더크 스트로브가 그를 아낌없이 지원한다. 그러나 스트릭랜드는 병과 굶주림으로 죽음의 위기에 처해 있던 자신을 구해 준 더크에게 고마움을 느끼지 않는다. 그뿐만 아니라, 자기 그림의 모델이 되어준 여인, 자신을 사랑해 남편까지 버린 더크의 아내 블란치를 냉대해 결국 그녀가 자살하게 만든다. 이후 스트릭랜드는 자신이 평생 찾아다닌 바로 그곳이라고 느낀 타히티섬에 정착해 그곳 원주민인 아타라는 여인과 함께 두 아이를 낳고 살면서 마침내 나병에 걸려 죽기 전까지 많은 그림을 남긴다. 그러나 그가 병으로 시력을 잃기 전에 자기 집 벽에 그린 최후의 역작은 그가 아타에게 남긴 유언대로 그가 죽은 후에 불태워진다. 스트릭랜드는 도덕률의 핵심인 '보편적인 법칙'이 아니라 이기적이고 주관적인 내면의 욕망에 따라 행동한다. 관습과 통념을 깡그리 무시할뿐더러 거의 '위악적이다' 싶을 만큼 타인의 배려와 희생에 냉소적인 태도를 보인다. 은인이나 다름없는 친구 더크 스트로브를 '배신'하고 그의 아내 블란치를 죽음으로 몰아갔음에도 죄책감은 전혀 느끼지 않는다. 심지어 그런 것을 느끼지 말아야 한다는 강박관념마저 엿보인다.

반면, '삶의 욕망'은 생존과 연관된 욕망으로서 자명한 인간의 본성으로 전제한다. 헤겔은 홉스와 마찬가지로 욕망의 충족 또한 행복의 기본 요소로 생각한다. 이러한 '삶의 욕망'은 기본적으로 이기적이고 적대적인 성격을 가진다. 헤겔에 따르면 욕망은 기본적으로 '자기를 위해 세계를 무화(無化)시키려는 원초적 충동이다.[128]

모든 문제의 시작은 인간의 욕망이다. 누구나 무언가를 욕망하고, 각자에게 있어 욕망의 대상은 더할 나위 없이 유혹적이다. 바라고 또 바랐던 것을 얻을 수만 있다면 어떤 대가를 치르고, 그 길이 자신을 파멸로 이끌지라도 마다하지 않는다. 욕망에 눈먼 인간군상이란, 그 무엇보다도 흥미롭고 한편으로는 공포스러운 최고의 이야깃거리인 셈이다. 동서고금을 막론하고 이제껏 만들어진 수많은 이야기가 인간의 욕망을 모티브로 삼은 것도 어쩌면 당연한 일이다.

영화 <테일 오브 테일즈>는 욕망하는 인물들을 전면에 배치해 서사를 끌어가는 작품이다. 아이를 갖고 싶어 하는 여왕, 미모와 젊음을 원하는 노파, 딸에 무관심한 왕과 성 밖으로 나가고 싶어 하는 공주 등 비밀의 숲을 둘러싼 세 왕국의 이야기를 다룬다. 이탈리아 작가 잠바티스타 바실레(1575~1632)가 나폴리 지역 설화 마흔아홉 개를 엮은 민화집 <펜타메론(Pentamerone)>을 원작으로 마테오 가로네 감독이 세 가지 이야기를 골라 영화화했다. 이 영화는 우리가 어린 시절 동화책으로 읽어온 이 같은 이야기의 틈새를 비집고 숨겨져 있던 인간의 실체를 끄집어낸다. 아기를 가질 수 있다는 말에 바다 괴물을 잡아 그 커다란 심장을 게걸스레 먹

---

128) 소병일, 「헤겔의 행복관: 욕망 충족으로서의 행복」, 『철학』 126, 한국철학회, 2016, 42~44쪽 참조.

는 여왕(셀마 헤이엑), 아름다운 목소리로 왕(뱅상 카셀)을 유혹한 뒤 늘어진 피부를 접어 붙여서라도 왕과 동침하려 하는 탐욕스러운 노파까지.

욕망의 실현은 노동으로부터

헤겔에 따르면 인간이 자의식을 갖고 있다는 것은 욕망이 있다는 의미이다. 이 욕망은 다른 사람으로부터 인정받고 싶은 욕망이다. 예를 들어 우리가 명예를 얻고 싶고, 돈을 많이 벌고 싶고, 권력을 갖고 싶은 것은 마치 자기 스스로 만족을 얻고 싶은 것처럼 보이지만, 그 이면을 자세히 들여다보면 다른 사람들로부터 인정을 받고 싶은 것이다. 왜냐하면, 다른 사람들과의 관계를 무시한 명예, 돈, 권력은 아무 의미가 없기 때문이다. 명예, 돈, 권력은 사회에서 인정하는 명예, 사회에서 유용한 돈, 사회적 관계에서 다른 사람을 지배하는 권력이다. 자기 스스로의 만족도 따지고 보면 다른 사람들로부터 인정을 받음으로써 얻는 만족이다.

인정받으려는 욕망 때문에 지배계급과 피지배계급이 생겼다. 인정을 받기 위해 투쟁하여 승리한 쪽은 군림하게 되고 패배한 쪽은 지배당하게 되었다. 노동은 피지배층이 생존하는 방식이다. 그리고 피지배층은 지배층에 끊임없이 착취당하는 악순환이 계속된다.

자본주의 사회에서는 노동을 상품화해야 하므로 노동자는 자유롭고 창조적인 노동을 통해 자기를 실현하기보다는 오히려 노동력의 대가를 위해 기계처럼 일해야 한다. 노동자는 자신이 만든 자동차를 살 수도 없고, 자신이 지은 아파트에서 살 수도 없다. 이것이 노동의 소외이다. 마르크스에 따르면 자본주의에서 노동소외의 근본 원인은 생산수단의 사적 소유이다.

헤겔에게 있어서 욕망하는 개인은 몸과 욕망, 노동과 소유, 그리고 가족이라는 이름으로 구체화된다. 인간은 욕망하기 때문에 다른 사람의 욕망과 충돌할 수밖에 없다. 욕망의 충돌은 본질적으로 욕망의 대상과 밀접한 관련이 있다. 사람들은 욕망의 대상을 서로 갖고자 하기 때문이다. 그러나 내가 어떤 것을 점유한다고 해서 저절로 나의 소유가 되는 것은 아니다. 헤겔은 내가 어떤 것을 점유하고, 그 점유물을 나의 것으로 주장하기 위해서는 법적인 인정이 있어야 하고, 그 인정의 근거는 바로 노동이라고 주장한다.129)

헤겔은 욕망을 노동의 과정을 거쳐야만 해소될 수 있는 인간의 고유한 욕구라고 규정한다. 인간은 노동을 통해서만 생존을 유지한다. 헤겔에 따르면 노동은 욕망의 발생 원인이자 충족과정이다. 이때 노동은 대상을 '없앰'으로써 향유하는 것이다. 그에 따르면 인간에게는 자신의 욕망을 실현하는 동물적인 자연 상태란 존재하지 않는다. 왜냐하면, 인간의 기본적인 생존 과정은 동물처럼 직접적인 것이 아니라 노동이라는 매개를 거칠 수밖에 없기 때문이다. 노동 과정은 필연적으로 관념을 수반하는데 이것이 동물과 다른 인간의 욕망이 가진 특성이다.130) 인간은 노동과 소유와 같은 매개를 통해서만 욕망을 충족시킬 수 있다. 노동은 욕망이 충족되는 과정을 넘어 인간의 의식과 역사를 삶 속에서 내재화시키는 과정을 함축한다. 헤겔은 노동을 '억제된 욕망'이라고 표현하기도 한다.

그 노동과정은 인간의 의식을 역사적으로 발전시키고 조직화하

---

129) 헤겔, 이동춘 역, 『법의 철학』, 박영사, 52쪽 참조.
130) Hegel, Phänomenologie des Geistes, *Gesammelte Werke*, Band 9, Hamburg/M, 1980, S. 149 참조.

는 과정을 포함하며, 개별적인 욕망의 실현과정이자 그 지양 과정이 된다. 나아가 노동은 한 사회의 윤리적 규범의 토대를 형성하는 사회적 관계이기도 하다. 그래서 헤겔은 노동을 단순히 욕망을 충족시키기 위한 수단이 아니라 '보편적 상호과정이며', '상호적 인정'이라고 규정한다.131)

욕망의 변증법

헤겔은 인간이 욕망을 충족시키기 위한 과정이면서 결과물인 노동과 소유가 상호의존적일 수밖에 없다는 것을 인륜성의 필수조건으로 파악한다. 헤겔은 홉스가 주장하는 것처럼 욕망이 인간들끼리 서로 대립하고 갈등하는 원인이 된다는 것을 부정하지는 않는다. 그러나 본질적으로 인간이 '인격체로서 존중받으려는 투쟁' 다시 말해서 '인정 투쟁'이라고 규정한다는 점에서는 홉스의 생각과는 차이가 있다. 홉스가 인간은 본성적으로 이기적이고, 권력을 탐하는 존재라고 전제하고 있다면, 헤겔은 타인으로부터 존중받으려는 욕구를 가장 궁극적인 인간의 본성으로 전제한다.132) 헤겔에게 있어서 욕망의 궁극적인 대상은 바로 타자의 인정이라고 할 수 있다.

헤겔의 자기의식은 타자를 통한 인정의 조건 속에서 비로소 자기 자신을 확신한다. 헤겔이 자기의식 추동력의 원리로 내세웠던 욕망의 일반 원리는 타자로부터 인정받는 인정의 욕망으로 구체화된다. 다시 말해서 인간의 욕망은 '인정의 욕망'이라는 점을 부각한다.133)

---

131) 소병일, 「인륜성의 실현으로서 욕망의 변증법」, 『철학연구』 제41집, 고려대학교 철학연구소, 2010, 172~173쪽 참조.
132) 같은 논문, 174쪽 참조.
133) 연효숙, 「헤겔, 스피노자, 들뢰즈의 욕망론에 대한 한 해석」, 『해석학 연구』 제17집, 250쪽 참조.

헤겔은 욕망을 이성의 자기 발전의 주요한 계기로, 그리고 삶의 원리로 생각한다. 더 나아가 욕망은 한 개인의 의식을 발전시키고, 고양하는 주요한 동력이 되기도 한다. 욕망을 통해 삶의 계기들이 현실의 삶에서 구체화되고 실현된다. 따라서 헤겔의 욕망 개념은 원초적 본능과 관련되어 있다. 인간에게 내재해 있는 동물적 본성으로서 욕망은 무조건 거부하고 극복해야 할 대상이 아니라, 우리 인간의 의식 발전에 필수적인 계기가 된다. 그래서 인간에게 노동은 단순히 생존을 위한 어쩔 수 없이 겪어야 하는 고통이 아니라, 노동을 통해서만 인간의 욕망을 충족할 수 있다고 본다.

칸트의 욕망이란

칸트는 정념(passion)을 정동(Affekt)과 욕정(Leidenschaft)으로 나눈다. 정동은 쾌, 불쾌의 감정과 연관되는 것으로 기쁨과 슬픔, 공포, 분노, 수치 등과 같은 감정의 상태다. 정동은 사고가 적극적으로 개입되지 않기 때문에 사람을 맹목적으로 만들지만, 그 자체로 억제하거나 제거해야 할 감정의 상태는 아니다. 정동은 자기를 보존하며, 생명을 유지하는 역할을 한다.

"정동은 도취적인 것이라면, 욕정은 병이다. 이 병은 모든 약제를 거부하고, 모든 일시적인 마음의 동요보다도 훨씬 나쁜 것이다. 일시적인 정동은 적어도 좀 더 나아지고자 하는 시도를 불러일으키지만, 욕정은 개선조차 거절하는 마법이다."[134]

칸트에 따르면 사람들은 욕정을 욕(欲)이라는 말로 명명하는데 명예욕, 복수욕, 지배욕 등이다. 욕정은 주관의 이성과 항상 연

---

134) 칸트, 이남원 역, 『실용적 관점에서 본 인간학』, 울산대학교 출판부, 1998, 226쪽.

결되어 있으며, 명예욕, 복수욕, 지배욕 등은 결코 완전히 충족되는 것이 아니므로 병으로서 욕정에 포함된다. 특히 명예욕을 가진 사람은 명예욕에 더 맹목적이다. 그것은 이성과 바로 모순되는 어리석음이다. 욕정은 많은 해악이 가득 차 있는 불행한 마음의 기분일 뿐만 아니라 나쁜 것이다. 욕정은 자유와 자제를 단념하고 쾌와 만족을 노예적인 근성 안에서 발견한다.[135]

칸트는 욕정을 자연적(생득적) 경향성의 욕정과 인간의 문화로부터 생겨나온(획득적) 경향성의 욕정으로 구분한다. 자연적 욕정은 자유의 경향성과 성의 경향성으로서 정동과 연결되어 있다. 문화적 욕정은 명예욕, 지배욕, 소유욕이며, 이것은 정동의 격렬함과 결합해 있는 것이 아니라, 어떤 목적을 겨냥하는 준칙의 완고함과 결합해 있다. 전자는 뜨거운 욕정(passiones ardentes)이라 부를 수 있으며, 후자는 탐욕처럼 차가운 욕정(passiones frigidae)이라 부를 수 있다.[136]

칸트에 따르면 동물의 경우에는 가장 강렬한 경향성(예를 들면 교미와 같은)도 욕정이라 하지 않는다. 왜냐하면, 동물은 이성을 가지고 있지 않기 때문이다. 이성만이 자유 개념의 기초를 이루고 있고, 이성은 욕정과 서로 충돌한다. 그러므로 욕정의 돌발은 인간에게만 귀속될 수 있다. 왜냐하면, 인간은 다른 사람을 자신의 목적의 수단으로 삼으므로, 인간이 그들의 인격이나 자유를 서로 사용하거나 악용하는 원리에 따라서 분류되어야 하기 때문이다. 따라서 욕정은 본래 인간에게만 관계하며, 또한 인간에 의해서만 충족될 수 있다. 이러한 욕정은 바로 명예욕, 지배욕, 소유욕이다. 명

---

135) 칸트, 226~228쪽 참조.
136) 칸트, 229쪽.

예욕은 명예에 대한 사랑으로서, 어떤 사람이 그의 도덕적 가치 때문에 다른 사람으로부터 받는 존경이 아니라, 외적으로 명예를 갖고자 하는 노력이다. 지배욕은 그 자체가 부정(不正)이며, 지배욕이 나타나게 되면 모든 것을 스스로 배척해버린다. 그것은 다른 사람에 의해서 지배된다는 공포로부터 출발해서, 곧바로 다른 사람의 위에서 권력을 휘두를 수 있다는 유리한 입장에 스스로를 두는 일에 마음을 쓰게 된다. 마지막으로 소유욕은 향락하는 것 없이 단순히 소유하는 것만으로, (심지어는 수전노가 돈을 쓰는 것을 단념하는 것) 다른 모든 것의 결핍을 충분히 보완할 수 있다고 믿는 힘을 가지고 있다. 이 기계적인 욕정은 항상 따라다닌다. 일단 그것에 한 번 사로잡히게 되면 어떤 변경도 허용하지 않는다. 결국, 명예욕은 증오의 대상이 되고, 지배욕은 자기 스스로 경멸하도록 만든다.137)

욕망은 이성의 명령에 따라서

칸트의 『도덕 형이상학 정초』138)에는 도덕적 의무와 경향의 대립이 구체적으로 잘 드러나 있다. 이 책에서 그는 서양의 고대 철학자들이 주장했던 이성을 통한 욕망의 제어와 냉정한 숙고도 선의지의 원칙이 결여되면 냉혈한의 사악함으로 이어질 수 있다고 비판했다. 그래서 그는 그 자체로 선하고 추상화된 도덕법칙인 이성의 명령(정언명령)에 따라 살아가야 한다고 주장했다. 이처럼 추상화되고 형식화된 정언명령이 최고의 도덕법칙이 된다면 이성 중

---

137) 칸트 저, 231~237쪽 참조.
138) 임마누엘 칸트 저, 이원봉 역, 『도덕 형이상학을 위한 기초 놓기』, 책세상, 2002.

심적 금욕주의는 칸트철학에서 정점에 도달한다고 할 수 있다.

　칸트에 따르면 욕망은 쾌를 추구하는 활력으로서 명예욕, 지배욕, 소유욕이나 성적 쾌락과 오락의 추구, 건강과 안락한 삶의 추구 등을 두루 포괄한다. 그런데 욕망은 성벽(性癖)이나 바람 등의 여러 형태로 나타날 수 있지만, 특히 경향(Neigung)의 형태로 나타날 때 도덕적 의무와 각을 세우게 된다. 경향이란 습관화된 감성적 욕망이지만 그 자체로 나쁜 것은 아니다.

　그러면 우리가 욕망이나 경향을 벗어나서 도덕적으로 선하게 행동하려면 어떻게 해야 하는가? 그는 절대적으로 필연적인 도덕법칙에 따라 살아가야 한다고 보았다. 이 도덕법칙은 상황과 조건에 따라 선하게 되는 가언명령이 아니라 그 자체로 선한 정언명령이다. 여러 가지 꼴로 표현되는 이 정언명령은 간명하게 표현해서 '동시에 보편적인 법칙이 될 수 있는 준칙에 따라 행위하라'라는 형식으로 주어질 수 있을 것이다.

　칸트의 이성은 정념에 대립하며, 인간에게 보편적인 이성만이 인간에게 자유롭고 자치적인 지위, 즉 도덕적인 주체의 지위를 부여할 뿐이다. 그래서 정념은 질서를 타락시키고, 영혼을 나쁘게 만들고 병들게 한다. 여기서 '나쁘다'라는 의미는 정념이 의지를 욕망의 특수한 부분에 맞게 습관적으로 처리하기 때문이다. '병들다'라는 의미는 인격체 일부분인 정념이 인격체라는 전체를 희생하면서까지 작용하기 때문이다.

　칸트에게 욕망으로부터 발생하는 인간 삶의 문제는 이성을 통해 극복해야 한다. 욕망과 충동은 이성과 대립하기 때문에 경험을 통해 이것을 확인할 수 있다는 것이다. 경험으로 확인할 수 있는 욕망은 먼저 오성과 대립하는 감성적인 것에 속한다. 감성은 수동적이고 수용적 특성을 가진다.

칸트는 욕망을 구분하고 판단하는 기준은 이성과의 관계에서 발생하는 것이라고 본다. 비록 욕망이 생존을 위해 인간에게 필수적인 것이지만 이는 단지 욕망의 소극적 의미만을 인정한 것일 뿐, 욕망이 인간 삶에 있어서 어떤 긍정적 측면을 가진다는 적극적 의미는 배제된 것이다. 왜냐하면, 욕망은 이성적 삶에 방해될 때는 이성에 의해 억눌려져야 하기 때문이다. 따라서 칸트는 도덕적 삶을 위해 이성이 감정적인 것을 완전히 뿌리째 뽑아 절멸시켜야 한다고 말한다. 왜냐하면, 욕망은 도덕적 삶을 방해하는 것이기 때문이다. 결국, 칸트에게 있어서 욕망은 비록 생존을 위한 최소한의 의미는 가질 수 있으나 본래의 안정되고 흔들리지 않는 삶은 이성의 명령에서만 가능한 것이다.[139]

칸트는 우리가 감성계와 예지계라는 두 세계에 걸쳐 살고 있지만 예지계에 속하는 이성의 도덕법칙을 이성적 존재자로서 존경하고, 이 법칙에 복종할 것을 권고하였다. 칸트의 이러한 권고는 우리가 도덕법칙에 완전히 합치해 살 수는 없지만 '욕망과 경향(감성계)'을 도덕법칙에 대한 의무로써 이겨내고, '이성의 명령(예지계)'에 따라 살아가도록 노력하라는 이야기다. 이런 점에서 칸트는 이성 중심적 금욕주의를 도덕법칙에 대한 존경과 복종을 통해 충실히 계승했다고 할 수 있다. 칸트는 인간의 감성과 이성을 분리했는데, 정념과 욕망은 이성에 의해 올바르게 사용해야 한다. 따라서 정념과 욕망을 통해 드러나는 인간의 삶의 문제는 부차적이고, 극복해야 할 대상이다.

---

139) 같은 책, 200~210쪽 참조.

칸트는 정념을 인간에 대한 고유한 욕망의 방식이며, 인간을 수단화시키는 비도덕적 행위라고 규정한다. 그가 바라본 정념의 본성은 사회적 관계와 분리될 수 없는 욕망이다. 반면에 헤겔은 욕망을 근본적으로 타자의 인정이라고 생각한다. 왜냐하면, 욕망은 개인의 생존과 쾌락에 연관된 것이지만, 그 욕망의 충족은 마침내 타자를 통해서만 실현되기 때문이다. 칸트가 정념은 이성이 아니라 망상이라고 주장할 때, 헤겔은 정념은 망상이 아니라 이성이 자신의 구체성을 담보하는 과정이라고 파악한다. 그래서 정념은 제거되어야 할 대상이 아니라, 한 개인이 타자와 맺는 구체적인 삶의 관계이며, 이성이 그 구체성을 획득하기 위한 필수적인 동력으로 승격된다. 왜냐하면, 칸트가 정념을 도덕의 영역을 확보하기 위해 제어해야 한다고 생각했다면, 헤겔은 정념에서 원초적 상호 인정의 역동성을 발견했기 때문이다.[140]

우리 인간들은 본질적으로 사회 속에서 타인들과 더불어 살면서 다양한 욕망을 가지고 살아간다. 욕망의 원인은 '무엇을 하고 싶다', '무엇을 갖고 싶다'라는 욕망을 인간의 마음속에 일으키는 이유이다. 그리고 욕망의 대상은 욕망의 어원에서 알 수 있듯이 우리가 원하고, 바라고, 기대하는 것을 더 이상 소유하지 못하는 것에 대한 애착이다. 그렇다면 칸트가 주장한 것처럼 우리는 욕망을 이성으로 제어할 수 있을까?

---

140) 소병일, 「욕망과 정념을 중심으로 본 칸트와 헤겔의 차이」, 『범한 철학』, 제59집, 2010, 겨울, 247~248쪽 참조.

제 7 장

욕망은 인간의 맹목적 의지인가? 삶의 긍정적 태도인가?:
쇼펜하우어, 니체

인생고(人生苦)의 원인으로서의 욕망

쇼펜하우어(1788~1860)[141]는 "의지와 표상으로서의 세계"에서 이성 중심 이전의 철학자들과 달리 실제로 인간은 '삶에의 의지'에 지배를 받는 존재라고 말한다. 이때 "삶에의 의지"란 살고자 하는 충동으로 이것이 식욕, 성욕, 수면욕 등 신체에 표현될 때 욕망으로 나타난다.

인간을 지배하는 것은 결국 차가운 오성이 아니라 의지의 충동이며 그것은 우주 속에서도 마찬가지로 작용한다. 표면에서 보면 세계는 우리의 오성이 파악할 수 있는 표상이며 이 표상 속에서 모든 현상은 인과 관계의 법칙 속에서 이루어지지만, 세계의 핵심에서 보면 오성이 더 이상 파악할 수 없는 거대한 의지가 움직이고 있다. 이 의지는 맹목적이다. 이러한 의지는 아무런 의미도 없고 괴로움일 뿐이다. 이것이 세계 의지이기 때문에 세계는 의미가 없고 비극이다. 이 의지에 추종하는 인간의 삶도 맹목적이기 때문에 결국 삶이란 살 만한 가치가 없는 것이 되고 만다.

쇼펜하우어에 따르면 인간이 욕구를 갖는다는 것은 번거로운 일이 아닐 수 없다. 그런데 우리가 세상을 살아간다는 것은 욕구를 갖게 되는 것을 의미한다. 그러므로 삶은 본질적으로 괴로운 일이다. 고귀한 생물일수록 더욱 불만을 느낀다. 인간의 생애는 삶을 위한 고달픈 투쟁이지만, 끝내 패망하고 만다는 것은 분명한 사실

---

141) 쇼펜하우어(Schopenhauer, Arthur 1788~1860): 독일의 철학자이며 염세주의 사상의 대표자.

이다. 인생은 끊임없는 사냥이며, 우리는 거기서 포수가 되기도 하고 쫓기는 짐승이 되기도 하면서 서로 고기를 빼앗는다. 세계는 펼쳐보면 동기가 없는 욕망과 끝없는 고뇌와 투쟁과 죽음이 들어 있다. 그것은 세기에서 세기로 이어져 내려가며, 지구가 금이 가서 가루가 될 때까지 계속되는 것이다.[142]

쇼펜하우어는 세계란 결코 합리적이지 않은 '비합리적이고 맹목적인 의지'일 뿐이라고 비판한다. 여기서 의지란 곧 충동과 욕망을 의미한다. 식물이 자라고 돌이 중력의 법칙에 따라 아래로 떨어지고, 동물이 살기 위해 투쟁하는 것, 이 모든 것은 합리적인 법칙에 따라 이루어지는 것이 아니라, '의지'에 따라 맹목적으로 이루어진다는 것이다. 세상의 모든 것들은 자신의 충동과 욕망을 채우기 위해 노력하지만, 이 충동과 욕망은 결코 충족될 수 없다. 의지(욕망)는 곧 우리와 세계의 본질이기에 이것은 채우고 또 채워도 욕망은 여전히 발생하기 때문이다. 그리고 우리는 영원히 충족되지 않을 욕망 때문에 고통을 받게 되는 것이다. 따라서 그는 '삶은 맹목적인 의지일 뿐이며 인생살이는 결국 고통일 뿐'이라고 결론 내린다.

그러나 다행히도, 세상 만물 중에 오직 인간만은 이 고통에서 벗어날 방법을 갖고 있다. 그것은 자신의 의지(욕망)에 무작정 따라가지 않고, 이를 억제해야 한다는 것이다. 따라서 우리가 삶의 고통에서 벗어나려면 우리의 욕망에 반하여 철저한 금욕 생활을 해야 한다. 이때에만 '바다와 같이 고요한' 영혼의 행복에 도달할 수 있다.

---

142) 쇼펜하우어, 최현 역, 『쇼펜하우어 인생론』, 범우사, 2008, 35~36쪽 참조.

쇼펜하우어에 따르면 인생은 충족되지 않는 욕망과 권태 사이에서 오락가락하는 시계추와 같다. 쇼펜하우어는 인간이 산다는 것은 고통이라고 보았다. 그 고통으로의 출구는 금욕주의, 즉 욕망의 부정에서 찾았다. 우리 인간은 자연의 산물이지만 이성을 가지고 있어서 이러한 이성에 의해서 욕망에 사로잡혀 있는 삶의 비참함을 깨닫고, 모든 종류의 욕망에서 벗어나려고 해야 한다는 것이다. 쇼펜하우어에게 있어서 욕망은 우리를 결핍에 시달리게 하고, 그러한 결핍을 제거하기 위해 우리가 끊임없이 노동하게 하고, 서로 투쟁과 갈등에 휩싸이게 하여 진을 빼게 한다.

그는 인간은 사려(思慮)와 심리작용으로 말미암아 행복과 불행이라는 승화된 감정이 나타난다. 그것이 더욱 증진되었을 경우, 때로는 미칠 듯 환희에 사로잡히기도 하고, 반대로 절망에 빠지기도 한다는 것이다. 본래 인간이 욕구를 충족시키기 위해 동물의 경우보다 쾌락의 정도를 높이려고 일부러 욕구를 증대시켜 사치와 겉치레와 여기 따르는 미식, 담배, 아편, 술 등 많은 것을 만들어낸다. 이런 것들로 말미암아 인간에게서만 찾아볼 수 있는 쾌락과 고통의 샘이 생기며, 이 때문에 인간은 필요 이상으로 이 샘에서 망상하는 모든 것을 퍼내려고 한다. 다시 말해서 야심, 명예, 또는 치욕에 사로잡히며, 남이 자기를 어떻게 보느냐에 치중해서 행동하게 된다. 그래서 대개는 기이한 형태로 행동의 목표가 세워지고, 육체적인 쾌락이나 고통을 도외시한 노력을 하게 마련이다.[143]

쇼펜하우어에게 있어서 욕망은 저주스러운 악이다. 인간은 통제하기 힘든 욕망의 굴레 아래에 있다. 모든 욕망은 필요와 결핍에

---

143) 같은 책, 37쪽 참조.

서 생기기도 하지만, 인간의 욕망이 끝이 없다 보니 인간은 항상 결핍감에 시달린다는 것이다.

셰익스피어 4대 비극 중의 하나인 <맥베스>144)의 주인공 맥베스는 왕이 되고 싶은 자신의 욕망을 성취하지만, 항상 결핍감에 시달리고 불안에 쫓기는 인물이다. 스코틀랜드의 무장 맥베스145)는 반란을 제압하고 돌아오는 도중에 세 명의 마녀들을 만난다. 마녀들은 그가 장차 코도어의 영주가 되는 것은 물론 스코틀랜드 국왕이 될 것이라고 암시한다. 마녀들의 암시대로 코도어의 영주로 임명된 맥베스는 이어 왕위에 오르려는 야망에 사로잡힌다. 그리고 심각한 내적 갈등 끝에 자기만큼이나 대단한 야심가인 아내의 질책으로 결국 그는 국왕을 살해한다. 왕위에 오른 맥베스. 그는 왕권 유지에 장애가 되는 이들을 가차 없이 제거하고 자신이 저지른 엄청난 혐의는 도망간 왕자들에게 덮어씌운다. 그리고 자신의 정적인 뱅쿠오를 살해한 후 그의 망령에 시달리다 자신의 운명을 알아보기 위해 다시 마녀들을 찾아간다. 맥베스와 맥베스 부인은 자신들이 그리도 좇던 최고 권력의 자리에 오른다. 그러나 욕망이 달성된 순간에 맥베스 부부가 실제로 느끼는 감정은 행복감과 만족감이 아니다. 그것은 허망함과 죄책감, 그리고 알 수 없는 불안감이었다. 맥베스를 무엇보다도 불안하게 만드는 것은 뱅쿠오의 존재였다. 뱅쿠오의 후손들이 장차 왕위를 계승할 것이라는 마녀들의 예언 때문이었다. 맥베스는 뱅쿠오와 그의 아들 플리언스를 살해하여

---

144) 윌리엄 셰익스피어, 최종철 역, 『맥베스』, 민음사, 2004.
145) 영국의 극작가 셰익스피어가 지은 4대 비극의 하나. 스코틀랜드의 무장(武將) 맥베스가 마녀의 예언에 현혹되어 던컨 왕을 살해하고 왕위에 오르지만, 결국 던컨 왕의 아들 맬컴 일파에게 살해당한다는 내용이다.

그런 불안으로부터 해방되고자 한다. 그러나 그 뒤에도 맥베스의 마음속 불안은 사라지지 않는다. 왕을 시해할 때 양심 때문에 갈등하고 도덕적 딜레마에 빠지곤 하던 맥베스는 점점 저돌적이고 몰인정한 살인마로 변모해 간다. '맥베스'에서 진실을 알지 못하도록 방해하는 요소는 '마녀의 예언과 권력에 대한 욕망'이다. 그리고 마녀의 예언을 의심하지 않고 무조건적으로 믿은 맥베스의 모습은 맹목적이다. 욕망이 달성된 순간에 그 기쁨도 잠시일 뿐, 그 뒤에도 맥베스의 마음속 불안은 사라지지 않는다. 그것은 멈출 줄 모르는 끊임없는 권력을 향한 질주, 권력에 대한 욕망 때문이다.

쇼펜하우어에 따르면 우리의 의식적 사고는 자신이 객관적이고 보편적인 것을 지향한다고 생각하지만, 사실은 우리 개인의 이익을 관철하려는 이기주의적인 의지나 종족보존에의 의지가 작용하고 있다. 이러한 의지는 인간에게 원초적으로 주어져 있는 것으로서 지성의 지배를 받지 않는다는 점에서 맹목적이다. 그는 우리의 경험적인 의지의 본질을 자기 보존과 종족보존을 향한 맹목적인 욕망으로 규정하고 있다. 생에의 맹목적인 의지(Wille zum Leben)이다. 쇼펜하우어는 의지와 욕망이라는 개념을 구별하지 않고 거의 동일한 개념으로 사용하고 있다. 그에게 있어서 욕망은 인간뿐 아니라 세계의 모든 현상을 설명하는 핵심적인 개념이다.[146]

---

146) 박찬국, 「쇼펜하우어의 형이상학적 욕망론에 대한 고찰」, 『철학사상』 36, 서울대학교 철학사상연구소, 2010, 86~87쪽 참조.

사랑은 종족보존에의 욕망

이 세상의 모든 남녀의 사랑은 아무리 별나라의 모습을 하고 있더라도 성욕이라는 본능을 근거로 하고 있다. 남녀 간의 사랑은 예외 없이 이 본능이 특수화되고 개체화된 것뿐이다. 소설이나 희곡 작품에도 남녀 간의 사랑은 자기 보존의 본능이 성욕 속에 강력하게 작용하고 있다고 말하고 있다.147)

쇼펜하우어에 따르면 인간의 사랑이란 절대적인 생존 의지 그 자체이다. 다시 말하면 살려고 하는 의지 그 자체이다. 그리고 살려고 하는 의지는 바로 성욕을 통해서 그 모습을 분명하게 드러내고 있다. 그것은 교묘하게 사랑이라는 이름으로 위장되어 있다. 많은 사람이 사랑에 목숨을 건 사람들의 위대성을 찬미하고 노래하고 기리는 이유는 그것이 바로 절대적인 생존 의지를 배경으로 하고 있으며, 바로 그 뒤에는 인류의 종족 유지라는 절대적인 사명감도 함께 들어있기 때문이다. 따라서 자신의 연인에 대한 절대적인 사랑과 찬미가 아무리 훌륭하고 아름다운 시라고 해도 그 최종 목적은 오직 인류의 종족 유지라는 사명감을 완수하는 데 있다는 것이다.148)

쇼펜하우어는 남녀 간의 사랑은 결국 서로의 육체에 대한 성적인 욕망의 표현이고, 이러한 성욕의 본질은 종족보존에의 욕망이라는 것이다. "사랑 자체가 이미 앞으로 탄생시키려는 새로운 개체의 살려는 의지이다. 그들이 서로 반하여 주고받는 눈짓 속에는 벌써 하나의 새로운 생명이 나타나, 미래의 개성으로서 꿈틀거리고 있다."149) 이처럼 남녀 두 사람이 다른 것을 돌아보지 않고 오직

---

147) 쇼펜하우어, 이동진 역, 『사랑은 없다』, 해누리, 2009, 24~25쪽 참조.
148) 같은 책, 28~29쪽 참조.
149) 쇼펜하우어, 『인생론』, 80쪽.

피차의 처지를 주시하게 하는 힘은 종족 사이에 나타나 있는 생존 의지로서, 이 의지는 두 사람 사이에 태어날 자식이 자신을 실현해 주기를 바라고 있다.

남녀가 서로 사랑할 때 의식적인 차원에서 이루어지는 상대방의 아름다움에 대한 찬탄, 상대방에 대한 배려 등 이 모든 것이 이성적인 주체의 의식적인 고려에 의한 것 같지만 사실은 그 근저에서는 종족 번식에 대한 본능적인 욕구가 작용하고 있다는 것이다. 따라서 사랑에 빠진 두 남녀는 미처 깨닫지 못하고 있을지 모르지만 사실 그러한 사랑은 자신들의 2세를 낳는다는 것을 유일한 목적으로 하고 있으며 그 모든 과정에서 일어나는 것들은 그러한 목적을 실현하기 위한 수단에 불과하다.[150)

사람은 개성에 따라 누구나 이성에 대한 선호도가 다르지만 아름다운 상대를 원한다는 점에서는 똑같다. 남자들이 예쁜 여자를 원하듯, 여자들도 강건한 남자를 원한다. 그 이유는 이성이 종족보존의 가장 순수한 형태를 간직하고 싶어 하는 본능 때문이다. 그다음으로 작용하는 것은 자기에게 결핍된 부분을 채우려는 본능이다. 여자는 남자에게서, 남자는 여자에게서 자신이 갖지 못한 약점을 보완하고 싶어 한다. 따라서 이성은 자기와는 정반대되는 결함을 찾아내어 기꺼이 매혹되어 버린다. 예를 들면 키 작은 남자는 키 큰 여자를 좋아하고, 흰 살갗을 가진 사람은 검은 살갗을 좋아하는 것이 가장 쉬운 비유 중의 하나이다. 남자는 자기가 좋아하는 여자를 발견하면 강렬한 애정의 욕구에 사로잡혀 결혼을 통해 그 여자와 누릴 수 있는 행복의 환상에 빠진다. 그처럼 놀라운 열정이야말

---

150) 박찬국, 「쇼펜하우어의 형이상학적 욕망론에 대한 고찰」, 철학사상 36, 서울대학교 철학사상연구소, 2010, 88쪽 참조.

로 인류 종족 유지에 가장 필요한 조건 중의 하나이다.151)

쇼펜하우어는 인간의 사랑과 욕망은 인류 종족 유지를 위한 정신이라고 주장한다. 인간은 사랑과 열정을 대행하는 순간 초인간적인 고귀한 사랑을 완성하려는 거대한 욕망의 파도에 휩쓸리게 된다는 것이다.152)

정작 자살 예찬론자이자 니힐리스트(nihilist)인 쇼펜하우어 자신은 알뜰하게 장식된 책장 앞에서 진수성찬을 들며 진지하게 자살을 찬미했지만, 실은 평생토록 죽음의 공포에서 벗어나지 못했다. 그는 두창(痘瘡)을 겁내어 나폴리에서 달아나고 냄새 맡는 담배에 의해 독살되리란 공포 때문에 베로나를 떠나고 콜레라가 무서워서 베를린을 떠났다. 게다가 그는 징병을 기피했는가 하면 이발사를 무서워해서 이발소에도 가지 않았으며 병이 옮을까 봐 자기 잔이 아니면 술도 안 마셨다. 그런데도 그는 장장 72세까지 살다가 결국 폐렴에 걸려 죽었다.

니체, 힘에의 의지로서의 지향성

서양철학과 그리스도교의 역사에 나타나는 금욕주의적 인간을 가장 철저하게 비판한 철학자는 니체라고 할 수 있을 것이다. 니체가 보기에는 금욕주의 자체가 만물의 본질이라고 할 수 있는 힘에의 의지가 구현되는 병적인 방식일 뿐이라고 비판한다.

니체는 이러한 금욕주의를 일종의 정신병으로 보았다. 니체의 권력 의지는 의지가 권력을 추구할 때에만 생명을 유지하고, 권력

---

151) 쇼펜하우어, 『사랑은 없다』, 34~36쪽 참조.
152) 같은 책, 53쪽.

은 이러한 권력 의지를 통해서만 표현된다고 할 수 있다. 니체에게 있어서, 권력의 문제를 배제하고서는 욕망의 구조를 파헤칠 수 없으며, 욕망을 고려하지 않고서는 권력을 제대로 이해할 수 없다. 플라톤의 의지가 욕망을 지배하기 위한 이성적 의지라면, 니체의 권력 의지는 근본적으로 욕망의 의지이다. 이러한 점에서 니체의 권력 의지 개념은 욕망이 무엇인지, 욕망이 어떻게 작용하고, 우리 삶에 어떤 영향을 미치는지를 잘 말해준다.

니체에게 있어서 의지는 목적 지향적이다. 그리고 이 목적은 초월적 목적이 아니라 더 많은 힘이다. 의지는 무엇보다도 복합적인 것이며, '무엇에 대한 의지(Wille von etwas)'이다. '무엇에 대한 의지'라는 것은 의지가 욕망하는 대상을 갖는다는 것이고, 욕망의 대상은 아직 성취되지 않은 어떤 것이다. 그러므로 의지는 완전한 것이 아니라 무엇인가 결핍된 상태라고 할 수 있다. 그래서 의지는 우선 욕망하는 대상을 열망하며 그것을 쟁취하려는 투쟁의 원인일 수 있고, 이 투쟁이 의지의 작용일 수 있다. 그래서 권력에 대한 의지다.

니체에게 있어서 의지는 결핍된 상태로 대상을 욕망하고, 그것을 자기 소유로 함으로써 자신을 보강하려는 것이다. 그러므로 '무엇에 대한 의지'는 단순히 아직 이루어지지 않은 자기 외부의 대상을 욕망하고 성취하려는 노력이 아니라, 자기를 목적으로 욕망하고 넘어서려는 자기 자신에 대한 의지라고 말할 수 있다.

니체에 따르면 "의지는 원인도 결과도 아닌, 이미 작용"이며153), 자기 자신에 대한 작용이다. 의지가 자기 자신에 대한 작용

---

153) F. Nietzsche, *Nachlass* Ⅱ, p.14.

으로써 지배하기 위하여 부단히 명령하는 것은 앞으로 성장하고 동시에 더 강해지려는 의지이다. 스스로 성장하려는 의지는 자기 자신에 대해 명령하면서 극기하고, 자신을 모험 속으로 이끌고 시험함으로써 스스로에게 복종하는 것이다. 그렇게 해서 의지는 항상 자신을 떠남으로써 스스로를 발견하고, 또한 자신의 결여된 상태를 넘어서서 자기의 다른 상태로 이행해 가는 압박 속에서 자신을 보존해 가는 것이다. 의지는 작용하고 성장하면서 더 강해지려는 목적 지향성(Intentionalität)이다. 이 목적은 초월적 목적이 아니라 더 많은 힘이다. 그래서 힘에의 의지다.

니체에게 의지는 지속해서 자신의 힘을 증가시키며, 다른 의지들의 존재를 전제하는 것이다. 이것들은 힘의 증대를 추구한다. 의지의 이런 내용과 목적이 사라지고 나면 의지의 성격 역시 사라지게 될 것이며, 내용과 목적이 사라진 의지는 한갓 공허한 개념에 불과하게 된다.154)

의지는 명백하게 목표 지향적 성격을 가진다. 의지의 활동은 의지의 지향성에 대한 표현이다. 목표 없는 의지는 공허한 개념에 불과하다. 니체의 사유 속에서 의지는 자기 자신을 욕망하는 의지이고, 자신에게 작용하면서 극기하며 성장하려고 하는 의지와 명령하는 의지는 바로 힘에의 의지이다.

힘에의 의지는 지배를 원하고, 더 강해지기를 원하는 의지작용이다. 의지들은 외적 원인에 의해 촉발되어 작용하지 않는다. 힘에 대한 지향성이 의지의 유일한 운동이다. 힘을 지향하는 의지는 힘의 긴장 관계와 싸움의 형태는 끝이 없는 진행 과정에 있다. 왜

---

154) 백승영, 『니체 디오니소스적 긍정의 철학』, 책세상, 2005, p.348.

냐하면, 의지의 진행 과정은 그때그때 새로운 의지의 힘들 간의 싸움에서 이김과 복종이라는 관계가 새롭게 설정되어 명령하고 저항하는 복종의 형식을 갖기 때문이다. 이러한 관계가 가능한 것은 의지들이 부단히 더 많은 힘을 얻고자 하기 때문이다. 따라서 힘에의 의지는 이미 도달한 상태에 만족하고 그 상태를 유지하려는 의지의 힘이 아니다. 현재 상태에 머무름이나 보존이 아니라 자기 극복과 상승이 힘에의 의지의 본성이다.

　니체의 사유 속에는 '힘 자체'도 '의지 자체'도 없다. 오직 힘에의 의지가 있을 뿐이다. 다시 말하면 힘은 의지가 힘의 본질 속에서 힘을 욕망한다는 점에서 의지의 목적일 수 있고, 의지는 힘이 자기를 넘어선다는 점에서 힘의 작용이라 할 수 있다.

　니체에게 있어서 행위는 구체적으로 욕구하며, 구체적으로 의지하는 것이다. 행위의 진정한 준거를 제시하는 개체적이고 주체적인 인간으로서의 자기 극복이다. 그에게 있어서 지향성은 인간이 구체적으로 욕구하고 의지하면서 더 강해지고 더 많은 힘에의 의지로 향하는 자기 극복이다.

욕망의 긍정은 삶의 긍정으로부터

　니체에게 있어서 욕망의 긍정은 다름 아닌 삶의 긍정에서 따라 나오는 필연적이고도 자연스러운 귀결이다. 니체의 '삶의 긍정'은 그의 '세계의 긍정' 곧 '힘에의 의지의 긍정'에서 따라 나오는 논리적 결과이다. 곧 삶이 있는 곳에는 또한 의지가 있지만, 삶에의 의지(Wille zum Leben)가 아니라 힘에의 의지가 있다. 힘에의 의지는 무엇인가가 무엇인가를 욕망하는 행위이다. 모든 존재는 그

것이 살아있다는 그 사실 자체로부터 무엇인가를 욕망할 수밖에 없다. 그리고 모든 욕망하는 행위 자체 안에는 어떠한 관점으로부터 그것을 욕망한다는 의미가 함축되어 있다.[155]

니체의 철학은 도덕에 반대되는 투쟁을 한다. 그 이유는 도덕이 인간의 삶을 죽이기 때문이다. 철학의 역사, 특히 그리스도교의 역사 전체는 인간 삶의 풍부한 가치에 드러나지 않은 폭행이다. 세계는 공간과 시간 안에 있다. 이 세계의 실재는 비도덕적이다. 인간의 삶은 도덕에 반대되는 전제들에 바탕을 두고 있다. 그러므로 도덕은 삶을 부정하는 것이다. 그러나 삶은 하나밖에 없는 현실이다. 도덕은 허구이고, 참되지 않은 것이며, 비방 받아야 할 것이다.

그러나 니체는 실제로 도덕을 부정하기만 한 것은 아니다. 오히려 그는 하나의 새로운 도덕, 다시 말해서 삶의 도덕을 정립하기 위해서 기존의 도덕이라고 할 수 있는 관념론적, 그리스도교적 도덕을 부정할 뿐이다. 그의 목적은 기존의 가치를 뒤집어엎는 것이다. 그런 의미에서 니체의 철학은 도덕 철학이라고 할 수 있다.

니체의 힘에의 의지는 모든 살아있는 것, 다시 말해서 존재 일반의 근본 성격으로서 그의 중심 사상의 하나이다. 그것은 정치적 권력에 한정되지 않고 외부로 발현되는 가능성을 의미하는 것으로 바로 내적인 힘이다. 니체는 이것을 근본으로 하여 기독교적 세계관의 의지 부정을 반대한다. 오히려 의지를 강화하고 증대하는 것을 강조하면서 이것을 새로운 가치 정립의 원리로 삼았다.

니체에 따르면 인간은 욕망하지 않을 수 없으며, 욕망이란 다름 아닌 그 존재가 살아있다는 사실 자체에서 생겨나는 필연적 현

---

155) 허경, 「프로이트와 니체, 욕망의 '억압'과 '긍정'」, 『철학연구』 제41집, 고려대학교 철학연구소, 2010, 216쪽.

상이다. 또한, 관점주의의 논리에 의해 욕망에 관한 단 하나의 '올바른' 관점 혹은 해석이란 존재하지 않는다. 마찬가지로 도덕적 혹은 비도덕적 욕망이란 존재하지 않으며, 오직 욕망에 대한 도덕적 해석만이 존재할 뿐이다.156)

니체에게 일반 대중은 권력과 쾌락을 원한다는 것이다. 그들이 원하는 것은 그릇된 종류의 권력과 쾌락이다. 그러나 초인은 더욱 고상한 권력과 쾌락을 추구해야 한다. 그는 주위의 천민들에게서 구토증을 느낀다.157) 이러한 구토증은 러시아의 대문호 도스토옙스키의 소설 <지하생활자의 수기>158)와 장 폴 사르트르의 <구토>159)의 작품에서 찾아볼 수 있다.

도스토옙스키의 <지하생활자의 수기>나 사르트르의 <구토>, 그리고 카뮈의 <이방인>은 존재의 무의미함이 그 원인이 되고 있다. 니체의 경우 이 소설에 등장하는 인물들은 의지하고, 욕망하고 사랑하는 자유로운 정신이 결여된 것이다. 이러한 정신은 힘에의 의지의 한 양상이다. 노예근성은 자신을 정복할 수 없고 스스로 주체가 될 수 없다. 왜냐하면, 노예에게는 적극적 행위의 능력이 없기 때문이다. 니체의 초인은 천민에게서 구토증을 느낀다.

니체에 따르면 인간 욕망에 대한 도덕적 단죄 자체가 이 무의미한 세계에 의미를 주고자 하는 전도된 욕망, 곧 이 세계의 무의미에 대하여 '허무 자체를 욕망하고자 하는' 금욕주의의 결과이다. 니체는 금욕주의를 '무의미한 세계를 견디느니 차라리 허무 자체를 욕망함으로써 이 세계에 의미를 주고자 하는' 전도된 욕망으로 바라본다.160)

---

156) 같은 논문, 217~218쪽 참조.
157) 프리드리히 니체, 강대석 역, 차라투스트라는 이렇게 말했다, 2부, 이문출판사, 1994.
158) 도스토옙스키, 이동현 역, 『지하생활자의 수기』, 문예출판사, 2014.
159) 장 폴 사르트르, 방곤 역, 『구토』, 문예출판사, 1999.
160) 허경, 「프로이트와 니체, 욕망의 '억압'과 '긍정'」, 219~220쪽 참조.

니체에 따르면 자신의 욕망을 부정하는 인간은 자신의 존재를 부정하는 것이다. 그것은 곧 삶을 부정하는 것이다. 따라서 니체에게 있어서 욕망의 긍정은 곧 삶을 긍정하는 것이다.

제 8 장

실존으로서 욕망 그리고 자유: 사르트르

우연히 세계 안에 툭 던져진 인간 - 실존

실존주의는 제2차 세계대전 이후 전쟁의 비참함을 경험한 사람들에게 인간 존재에 대해 새롭게 고찰할 수 있는 계기를 만들었다. 그래서 프랑스뿐 아니라 세계에 많은 반향을 일으켰다.

사르트르에 따르면 실존주의는 신이 존재하지 않는다는 의미로서의 무신론이 아니라, 신의 존재를 인정한다 하더라도 달라질 것이 없다고 선언한다. 그에게 있어서 신의 존재 여부는 전혀 문제되지 않는다. 신이 존재한다는 유효한 증명이 있다 하더라도 인간 자신 이외에는 어떠한 것도 인간을 구원하지 못한다는 사실을 받아들이는 것이다.

세계 안에 던져진 인간은 그 자체로서 존재하고, 그의 실존에 대해 홀로 책임을 지고, 자기 자신을 선택하고, 선악을 결정하고, 헌신한다. 실존주의를 휴머니즘이라고 부르는 것도 사람에게 그 자신 이외에는 다른 입법자가 없다는 것을 깨우쳐주기 때문이다. 인간은 늘 자기 자신밖에 없다. 인간은 자신을 외부로 투기하면서, 실존하게 한다. 인간은 그 자신 안에 갇혀 있는 것이 아니라 항상 우주 속에 현존하고 있다.

하이데거에게서 부분적인 착상을 얻은 사르트르의 무신론 실존주의는 철학사상이라기보다는 삶의 태도, 즉 문학적인 증명 방법을 빌려 자기 사상을 더 이해시키기 위한 노력이었다. 그래서 이 실존주의 철학은 사르트르의 작품 『구토』에서 작중인물의 삶에 대한 태도로 자리 잡고 있다. 삶의 태도란 인간 존재는 인간의 본질에 앞서며, 인간은 그저 우연히 세상에 내던져진 존재라는 관점이다. 그런데 이 존재는 무엇인가로 채워져야 하고, 지각이나 사고가 끊임없이 개입되지 않으면 '비어 있음'으로 나타난다. 이로부터 '나'의 존재를 스스로 만들기 위한 선택의 자유가 개입된다. 선택은 삶이고, 자유는 순간에 자발적으로 대응하는 것이다. 자발적 대응에 관한 인식은 상황에 따라 매 순간 새로운 선택을 강요하지만, 그곳에서 무엇이 도출될지는 예측할 수 없다.161)

존재의 두 가지 양태

사르트르의 『존재와 무』162)는 근본적으로 존재의 결핍을 넘어서고자 하는 인간 욕망에 관한 연구서이다. 사르트르에 따르면 인간이 의식을 갖는 것은 나의 외부, 나의 타자를 갖기 때문이라는 것이다. 이 책이 사르트르의 물음의 출발점으로 강조하는 것은 바로 이 의식의 존재 조건 자체를 문제 삼는 지점이다.

사르트르는 『존재와 무』에서 존재를 즉자(卽自)와 대자(對自)로 구분했다. 즉자는 그 자체 안에 존재하는 존재로서 그 자신의 의식을 지니고 있지 않아서 다른 의식의 대상이 되는 존재이다. 마치 돌멩이가 존재하는 방식과 다름이 없는 존재이다. 이에 반해 대자는 자기 자신을 의식하며, 자기의식을 떠나서는 그 자체로서 존재할 수 없는 존재이다. 그의 본질적인 관심이 인간의 자유 문제라고 한다면 그의 자유 이론이 근거하고 있는 것이 바로 대자에 대

---

161) 유재명, 「사르트르의 구토에 나타난 '구토'의 구조화 양태」, 『한국프랑스학논집』 제45집, 프랑스학회, 2004, 229~230쪽.
162) 장 폴 사르트르, 정소성 역, 동서문화사, 2016.

한 분석이기 때문이다.

　사르트르에 따르면 모든 의식은 어떤 것에 '대한' 의식이다. 그것은 현상으로서의 존재에 대한 의식이다. 이 경우에 그것은 존재와는 다른 것이어야 한다. 그것은 존재의 부정을 통해 생겨나야만 한다. 즉자는 자기 자신과 일치하며, 따라서 사적, 폐쇄적, 과거적이며 완결된 존재이다. 이에 반해 대자, 즉 의식은 일종의 활동과정이다. 의식은 무로 인해 존재와 거리를 두고 있거나 분리되어 있다. 예를 들면, 내가 이 종이 한 장을 인지한다고 할 때, 나는 나자신을 그것으로부터 거리를 두거나 분리하는 것이다. '나는 그 종이이다'라는 사실을 부인하는 것이다. 또한, 나는 그것 이외의 어떤 것도 부정하고, 다른 현상들을 무화(無化) 함으로써 그 종이를 출현시킨다. 그것의 배경에 관여하지 않는다. 의식은 다른 것들을 무화시키고 있는 것이다. 이것은 미술전시관 안에서 내가 어떤 특정한 그림에 관심을 고정함으로써 다른 것들을 배제하는 것과 같은 활동이다.

　의식이 결여된 채 응결된 즉자는 자유롭지 않다. 그러나 존재와 분리된 대자(즉 의식)는 즉자에 의해 결정될 수 없으며, 본질적으로 자유로운 존재이다. 사르트르에게 있어서 자유는 인간의 본질적인 속성이다. 그것은 의식적 존재의 구조에 속하는 것이다. 그러므로 자유는 인간 실재의 존재와 구별될 수 없다. 다른 사물들과 달리 인간은 먼저 실존하고, 그 뒤에 본질을 구성한다. 따라서 인간의 자유도 인간의 본질을 설명한다. 인간은 기성품이 아니다. 인간이 스스로를 만든다.

　사르트르에 따르면, 인간 존재는 근본적으로 즉자적인 상태에서 대자가 생겨나면서 자기 분열을 겪게 된다. '나 혼자만이 완결하다'라는 만족감이 무너지면서 타인의 세계를 마주하게 되는 이 충격으로부터 비로소 의식을 갖게 된다. 따라서 인간의 모든 존재론적 문제들은 바로 이러한 조건 속에서 나타나게 된다. 인간 존재는 결핍이다. 결핍을 메우기 위해 결핍된 것을 향해 초월하는 것이 인간 존재이고, 거기에서 욕망이 성립한다. 나의 자기 완결적인 존재가 떨어져 나가면서 생겨난 결핍은 인간에게 그 결핍을 메우고자 하는 영원한 존재론적 욕망을 부과한다.

20세기에 들어서서 라캉과 사르트르도 서양철학의 주요한 흐름이라고 할 수 있는, 욕망을 결핍으로 이해하는 견해를 이어받았다. 정신분석학자 라캉에 따르면, 인간의 욕망은 타자(Autre)의 욕망이다. 헤겔의 욕망 담론으로부터 영향을 받은 이 정의에서 타자의 욕망이란 타자를 욕망함을 뜻하면서 타자가 욕망하는 것을 욕망함도 뜻한다. 어느 쪽이든 타자의 욕망은 결핍과 관련되어 있다. 사르트르에 따르면, 인간의 욕망은 불가능한 욕망이다. 인간은 의식적 존재(대자)이면서 사물적 존재(즉자)이기를 욕망한다. 그러나 인간은 살아있을 동안에는 결코 의식적 존재이면서 동시에 사물적 존재일 수는 없다. 인간은 의식적 존재일 뿐이므로 즉자가 결핍되어 있기 때문이다. 따라서 인간은 자신에게 결핍된 것을 헛되게 욕망할 뿐이다.

인간은 존재에 대한 욕망을 추구한다

사르트르에 따르면 인간은 근본적으로 존재에 대한 욕망이다. 이 욕망 존재는 경험적인 귀납으로는 확립될 수가 없다. 이 욕망 존재는 대자 존재 때문에 선험적으로 기술한 내용에서 확립된다.

왜냐하면, 욕망은 결핍이고 대자는 그 자신에 있어서 그 자신의 존재 결핍인 존재이기 때문이다.

동물도 기계도 사물도 아닌 인간은 자기 존재 안에 존재 결핍을 가진 존재이다. 이 존재 결핍 '무'를 지닌 의식은 끊임없이 결핍을 채우기 위해 앞으로 나갈 수밖에 없고 이것이 인간 자체 속성이다. 사르트르는 성적 충동, 욕망 역시 자기 안에 있는 결핍에 대응하여 충만한 존재를 이루려는 '존재 욕망'이라는 의식 활동의 한 양태로 설명한다.[163]

사르트르의 『구토』[164]에 나오는 존재 이유를 모르는 한 지식인 로캉탱은 욕망도 희망도 없는 인물이다. 이 소설은 앙투안 로캉탱이라는 존재 이유를 모르는 한 지식인이 적어온 일종의 형이상학적 일기로 이루어져 있다. 로캉탱은 직업도, 가정도 없는 자유인이다. 그는 다만 18세기의 방탕아며 음모가였던 르 롤르봉에 관한 연구를 하기 위해 부빌에 머물고 있다. 그는 일반적인 철학자처럼 관념적으로 사색하는 것이 아니라 사물을 대하고 있는 인간의 시각, 촉각, 후각, 청각 등을 통하여 존재 이유를 찾고자 한다. 그러면서 그는 인간 존재의 본래 모습은 아무런 이유도 없이 내던져져 있는 상태라는 존재의 우연성을 깨닫게 된다. 그는 다만 자기의 생존을 정당화하기 위해서, 18세기의 모험가였던 롤르봉(Rollebon) 후작의 전기를 쓰려고 힘쓴다. 그러나 이 일에 진력이 나서 그는 곧 그것을 포기해 버린다. 그리고 시립 도서관의 책을 알파벳순으로 차례차례 읽고 있다. 우연히 이 세상에 내던져진 존재인 인간은

---

163) 오은하, 「사르트르 실존적 정신분석: 그 미완의 존재 윤리」, 『프랑스학 연구』 78, 프랑스학회, 173쪽.
164) 장 폴 사르트르, 방곤 역, 문예출판사, 1999.

특별한 존재 이유도 없이 그저 살아가는 것이다. 반복되는 일상생활의 구토. 여기서 '구토'는 바로 이렇게 추악하게 널려져 있는 모든 이유 없는 존재들 앞에서 본능적으로 느끼게 되는 메스꺼움이다. 사물과 만남 속에서 존재의 의미가 흔들릴 때 로캉탱이 느끼는 관념적인 증세이다. 이 나무가, 저 돌이 왜 여기에 있어야 하는지 설명할 수 없다. 일체의 설명은 존재의 본체를 드러내는 것이 아니라 오히려 그것을 위장하고 자기 생각으로 사물을 은폐하려는 기만에 불과하다. 이것을 깨달았을 때 로캉탱은 18세기의 기인 드 롤르봉에 대한 연구를 포기한다. 과거의 인물을 연구하고 그것을 합리적으로 해석하려는 노력은 그 인물 자신과는 상관없는 '내 생각'에 불과하기 때문이다. 그의 신비로운 존재는 영원히 밝혀질 수 없다. 마치 나무가 우리와 상관없이 설명을 거부하면서 그대로 서 있는 것처럼 말이다. 이것은 현재를 살아가는 인간도 마찬가지다. '그저 우연히 이 세상에 내던져진 존재'인 인간은 특별한 존재 이유도 없이 그저 살아가는 것이다.

나와 세계가 이유 없이 존재한다는 사실, 이미 나의 의지와 상관없이 존재한다는 실존과 바로 마주 서는 순간 우리는 스스로의 존재에 대해서 공포를 느끼는 한편, 이 사실로 말미암아 나에게 부과된 책임을 벗어날 수 없게 된다.

연속되는 모순의 감정, 욕망과 행위 사이의 갈등, 내적 자아와 사회적 자아의 불일치 등은 일상생활 속으로 스며드는 권태는 병의 시작이다. 즉 내면과 행동 사이에서 발생하는 설명할 수 없는 불일치는 욕망과 그것에 반하는 행위로 나타나는 변화의 순간들로서, '나'를 둘러싸고 있는 환경에서 구토의 원인이 된다.165)

사르트르는 존재 이유가 없음을 깨닫지 못한 부빌의 인간들을 통해서 역설적으로 답하고 있다. 그들은 자기들의 생존이 태어났을 때부터 정당화되고 있고, 생존을 위한 권리가 보장되어 있고, 인생에 확고한 목적이 있는 듯이 행동한다. 그런 행동들은 존재의 근본적 진실을 가리기 위한 허위를 바탕에 두고 있는 것이며, '인간이란 무엇인가'라는 근원적인 질문을 회피하기 위한 위선이다. 그들은 스스로 존재의 의미를 발견하지 못하는 데서 오는 불안을 회피하기 위해서 과거의 인습, 기존의 모든 가치관에 의존하여 주체성을 잃고 그 속에 비겁하게 안주하고 있다. 로캉탱은 일요일의 거리에 쏟아져 나오는 사람들의 만족스러운 듯한 표정 속에서, 도서관 앞 광장에 세워진 아카데미 장학관 앵페트라즈의 동상에서, 그리고 도시의 박물관에 걸려 있는 명사들의 근엄한 초상화 속에서 존재의 진상을 감추려는 속한들의 가련한 자기기만을 꿰뚫어 본다. 이자기기만은 로캉탱이 매일 도서관에서 만나는 독학자들의 특징이기도 하다. 그는 어떤 의미에서는 부빌의 시민들보다 더 가련하고 불행한 인간이다. 그들이 세속적인 명예와의 관계 속에서 자기 위안을 찾는다면, 독학자는 지식의 화신(化身)이 되기 위한 금욕적 생활을 한다. 학문에 대단한 신앙을 가진 그는 도서관에 비치된 모든 책을 A로부터 Z까지 샅샅이 읽고 나면 세계와 인간에 대해 알 수 있으리라는 신념을 갖고 산다. 지식의 무체계적인 습득이 곧 삶의 전부라고 믿고 있는 이 철없는 환상가는 한 번도 지식과 삶의 관계를, 자아의 실존적 의미를 생각해 본 적이 없는 반성 이전의 인간이다.

마지막으로 로캉탱은 진실로 구원의 길은 없느냐는 질문에 마

---

165) 유재명, 「사르트르의 구토에 나타난 '구토'의 구조화 양태」, 231쪽.

주치게 된다. 그는 우연적이고 정당화될 수 없는 자신의 존재가 필연성을 가질 수 없을까 하는 질문에 긍정적인 대답을 준비한다. 그는 소설의 첫 부분에서부터 음악이 가진 세계의 견고한 구조에 반하고 그 속에서 어떤 필연적인 세계의 존재를 느껴 왔는데, 이제 예술 창조야말로 자신을 절대적 경지로 들어서게 하는, 존재한다는 죄악에서 벗어나게 해줄 수 있는 유일한 길이라고 생각하게 된다. 예술의 세계, 그것은 소리나 말이 필연적으로 이어지고 어떠한 우연도 끼어들 여지가 없는 세계인 것이다. 그래서 로캉탱은 음악과 같이 순수한, 강철처럼 아름답고 견고한 소설을 쓰기로 결심을 하게 된다.

실존은 언제나 본질에 우선한다

사르트르는 인간의 본성을 제조 과정에 있는 한 상품에 대한 묘사와 같은 방식으로 설명될 수 없다고 생각한다. 그에 따르면 종이 자르는 칼의 제조 과정은 종이 자르는 칼에 대한 개념에 따른 것이며, 역시 그 개념의 일부분을 이루는 선행적인 제작 기술에 따른 것이다. 이처럼 종이 자르는 칼은 일정한 방법으로 제조되는 것이며 동시에 한정된 효용을 가진 물건이 된다. 그러므로 종이 자르는 칼에서는 본질이 실존에 앞선다고 말할 수 있다.

사르트르에 따르면, 우리 대부분은 신을 최고의 기술자로 생각하고, 그는 자신이 창조하고 있는 것을 정확하게 인식한다는 가정을 항상 염두에 두고 있다. 신의 정신 속에서 인간의 개념은 기술자의 정신 속에서의 종이 자르는 칼의 개념과 같은 것으로 생각하는 것이다.

그에 따르면, 만일 신이 존재하지 않는다면 인간 본성에 대한 개념을 먼저 지닌 존재도 없을 것이므로 인간 본성에 대한 주어진 개념도 존재하지 않을 것이다. 인간의 본성은 미리 정의될 수 없다. 왜냐하면, 그것이 미리 완전하게 전제될 수 없기 때문이다. 인간은 단지 실존하고 그 후에야 그의 본질적 자아로 된다. 인간은 실존한 뒤에야 비로소 무엇이 되고 스스로가 만들어내는 것이 될 것이다. 이처럼 인간 본성이란 본래 없는 것이다. 그것을 착상해낼 신이 없기 때문이다. 인간은 존재 이후에 스스로를 원하는 것이기 때문에 인간은 스스로가 만들어 가는 것 이외에는 아무것도 아니다. 이것이 바로 주체성이다. 그 주체성을 실현하기 위해 몸부림친 두 여성이 있다.

나혜석(1896～1948)은 한국 최초의 서양화가이면서 소설가였고 시인이다. 그리고 수많은 계몽적인 평론들을 통해 당시의 여성해방과 여권을 주장한 계몽사상가이다. 또한, 유럽 여행기와 시론(時論) 등을 통해서 한국 사회와 외국을 비교하며, 한국 여성의 자각과 교육의 필요성을 줄기차게 주장한 선각자였다. 그녀는 한국 근대 시기에 한국 미술사뿐만 아니라 문학사, 신문화운동을 포함하여 여권운동에 이르기까지 누구보다도 다채로운 발자취를 남기며 여성의 지위 향상에 앞장선 선구적 여성이기도 했다. 일본 유학 시절부터 여성이 각성하여 사람답게 살아야 한다는 주장과 그렇게 살기 위해서 여성들이 살림살이를 개량하는 구체적 방법까지 담은 여러 논설과 신여성이 주변의 낡은 생각을 하는 사람들을 설득해 가는 과정을 담은 소설을 쓴 근대 최초의 여성 작가였다. 나혜석은 여성도 인간이라는 주장을 글로 썼을 뿐만 아니라 그런 주장을 생활 속에서 온몸으로 실천해 나간 진보적인 여성이었다. 일본 유학 시절 좋은 혼처가 나섰으니 공부를 그만두라는 아버지에게 맞서 학비를 벌어가며 공부를 했으며, 결혼할 때에는 결혼 후에도 예술 활동을 보장한다는 약속을 남편에게서 받아냈었다. 나혜석은 봉건 적인 인습, 남성 중심적 가치관에 맞서 자신이 펼친 여성해방론, 자신이 그려낸 이상적인 여성상을 스스로 실현하려고 노력한 여성 이었다.

『인형의 집』은 여성해방운동의 불씨가 된 세계 근대희곡의 대 표작으로서 여성의 참다운 삶에 대해 고민하는 헨리크 입센의 문 제작이다. 남성 중심의 사회에서 아내이자 어머니로 살아가던 노라 가 자신의 자아를 발견해 가는 과정을 그리고 있다. 어머니이기 이 전에 한 사람의 인간으로서 살고자 했던 노라의 삶을 통해 여성은 아이를 낳고 키우는 맹목적인 사명 아래 그 육체와 영혼을 무조건 남성에게 바쳐야 한다는 기존의 남성 사회에 커다란 경종을 울린 작품이다. 『인형의 집』의 주인공인 노라가 등장하기 전까지 여자 들은 엄마와 아내의 역할에만 충실했다. 정작 나 자신이 누군지, 무엇 때문에 살아가는지 자각하는 사람은 없다고 해도 과언이 아 니었다. 하지만 작품이 세상 밖으로 나오면서 '노라'는 신여성을 대표하는 인물로 자리 잡았고, 여성해방 운동의 도화선이 되었다. 또한 '노라이즘'이라는 말이 생겨남으로써, 당시 이 작품이 사회의 끼친 영향력이 상당했다.

노라는 헬메르의 아내이자 세 아이의 엄마이다. 과거에 그가 병으로 요양 생활을 할 때, 그녀는 헬메르 몰래 아버지 서명을 위 조하여 고리대금업자 크로그스타로부터 돈을 빌린다. 그로 인해 헬메르는 건강을 되찾고 일도 잘 풀려 은행장으로 취임한다. 행장 취임을 계기로 한 사람을 해고하려고 하는데, 그 사람은 바로 그의 은행에 근무하는 크로그스타이다. 위기를 느낀 크로그스타는 위서 사건을 언급하며 노라를 협박한다. 끝내 사실이 발각되자 헬메르는 노라에게 커다란 배신감을 느낀다. 하지만 진정으로 배신감을 느낀 사람은 노라이다. 일평생 가족을 위하여 아낌없는 헌신과 희생을 했으나, 자신은 단순히 인형으로 취급받고 있었다는 사실을 깨달았기 때문이다. 결국, 그녀는 진정한 나를 찾기 위하여 인형의 집을 박차고 나온다.

"당신은 지금까지 내게 잘해 주셨습니다. 그러나 우리들의 집은 한낱 놀이방에 지나지 않았던 것입니다. 나는 우리 본가에서는 아버지의 인형이었고, 여기에 와서는 당신의 인형에 불과했던 것입니다. 나는 당신이 나와 놀아 주시면 기쁘곤 했습니다. 이것이 바로 우리들의 결혼이었던 것입니다." 노라는 결국 집을 나가겠다고 남편에게 말한다. "아내와 어머니로서의 신성한 의무를 저버려도 좋단 말인가?"라는 남편의 물음에 대하여, 노라는 다음과 같이 대답한다. "내게는 그만큼이나 신성한 의무가 있습니다." "그런 것이 있을 수 있겠어? 그게 도대체 어떤 의무란 말인가?" "나 자신에 관한 의무입니다." "너는 무엇보다 첫째로 아내요, 어머니란 말이다." "그런 것은 이제 믿지 않습니다. 무엇보다 우선 저는 하나의 인간이란 사실이 중요합니다." 집에 남아있어 달라고 애원하는 남편을 뒤로하고, 노라는 문을 열고 나가 버린다.

인간의 본질은 자유다

실존이 본질에 앞선다면, 인간은 절대로 일정한 인간성에 의해 설명될 수 없을 것이다. 다시 말해서 인간은 자유로우며, 자유 그 자체이다. 인간은 운명적으로 자유로운 존재이다. 운명적이라고 하는 이유는 인간이 이미 세계 속에 던져진 자기 자신을 발견하기 때문이다.

인간이 자유인 까닭은 그가 곧 자신을 의식하게 되며, 자신의 모든 행위에 책임을 지기 때문이다. 사르트르는 인간의 행동이 격정에 의해 움직여진다는 사고방식을 거부해 왔다. 그러한 격정이란 어떤 행위에 대한 하나의 구실에 불과하다. 그러나 인간은 자신의 격정들에 대해서조차 책임이 있다. 왜냐하면, 그의 감정들도 그의 행위로 형성되었기 때문이다. 자유는 또한 전율이다. 자유는 배후에서 나를 어떤 주어진 방식으로 행동하게 해주는 힘이 존재하지 않음을 의미하며, 나를 미래로 유혹하는 어떤 형식도 존재하지 않기 때문이다.

사르트르는 원래 계약, 서약, 구속 등의 의미가 있는 앙가주망(engagement)이란 용어에 정치참여, 사회참여라는 의미를 부여하고, 실존주의를 철학의 영역을 넘어 인간의 자유와 책임에 관한 사상으로 확장했다. 인간은 사전에 본질이 규정되지 않은 자유로운 존재다. 따라서 어떤 상황에 처해서도 인간은 그 한계 내에서 자유롭게 행동을 선택할 수 있고, 숙고한 행동은 물론 상황을 무시한, 혹은 자유를 방기한 선택까지도 책임을 져야 한다. 자유 속에 던져진 인간은 항상 선택하고 자기를 새롭게 구속하지 않으면 안 된다. '상황(사회)을 변화시킴으로써 자기를 해방해라' 이것이 사회참여라는 새로운 의미로서의 앙가주망이다. 우리가 선택하는 행동은 항상 상황에 구속되는 동시에 상황에 영향을 끼친다.

'인간은 무엇인가?' 인간은 '살아있는' 존재이다. '나'로 살아있는 인간 '실존'(實存), '인간은 실존적 존재이다.' 그렇다면 '실존적 인간의 본질은 무엇인가?' 바로 '자유이다.'

> 자유는 인간에게 존재하는 무이고, 이 무가 인간 존재에게 '존재하는' 대신 자기를 만들도록 강요하는 것이다. 인간에게 있어서 존재한다는 것은 '자기를 선택하는' 일이다. 인간 존재가 '받아 넣거나' '받아들이고' 할 수 있는 것은, 어떤 것도 외부나 내부로부터 찾아오는 것은 아니다. 인간 존재는 가장 세부에 이르기까지 존재하게 해야 한다. 자유는 '하나의' 존재가 아니다. 자유는 인간의 존재이다. 다시 말해 자유는 인간의 '존재의 무(無)'이다. 인간은 어떤 때는 자유롭거나 아니면 전면적으로 자유롭지 않거나 어느 한쪽이다.166)

사르트르에 따르면 자유를 침해하는 것은 인간의 본질을 침해하는 것이고, 그것은 인간을 죽이는 행위이다. 자유를 억압하는 것은 곧 살인이다. 종교의 교리로 개인을 지배하는 것과 신앙에 의해 신의 지배를 받는 것도 자유에 대한 침탈이다. 어느 누구도 타인의 자유를 침해할 권리는 없다. 자유만이 유일무이한 인간의 본질이고, 따라서 자유가 상실된 인간은 참된 인간이 아니다. 사르트르에게 있어서 전체와 보편과 일반은 중시되지 않는다. 중요한 것은 개인이지 전체가 아니다. 실존은 언제나 본질에 앞선다. 인간 존재는 자기의 목적을 밖에서 받을 수도 없고, 내적인 본성으로부터 받을 수도 없다. 인간 존재 스스로 그런 목적을 선택하는 것이며, 그 선택 자체에 의해서 목적을 향해서 자신을 세상 밖으로 내던진다. 그

---

166) 장 폴 사르트르, 『존재와 무』, 726∼727쪽 참조.

래서 스스로 자신에게 존재를 부여하는 것이다. 그래서 실존은 본질에 앞서고, 그 본질보다 우위를 차지한다. 인간은 자기 자신의 존재를 자기의 목적에 맞게 규정하도록 결정한다.

인간은 살아 숨 쉬면서 끊임없이 행동하는 실존적 존재다. 실존적인 인간은 자유로운 행동을 할 수 있는 자유 인간이다. 사르트르 철학의 핵심은 '인간의 자유' 즉 '개인의 자유'이다. 인간의 자유는 평등을 추구한다. 따라서 사르트르의 실존주의는 휴머니즘이다.

프랑스가 20세기 최고의 지성으로 자랑하던 실존주의 철학자 사르트르와 여성해방론자이면서 자유연애 주의자 시몬느 보부아르의 계약 결혼은 세상의 이목을 집중시켰고, 20세기 가장 멋진 커플로 오래 기억되고 있다. 사르트르와 보부아르의 삶의 형태, 특히 둘의 계약 결혼은 지금까지 그 양상에 대한 지식의 부족으로 많은 오해를 자아냈다. 그 증거들 가운데 하나가 계약 결혼이라는 이름으로 이루어지는 혼전 동거이다. 겉으로 보면 사르트르와 보부아르의 계약 결혼은 현대 청춘 남녀들이 하는 계약 결혼과 별 차이가 없다. 그러나 사르트르와 보부아르의 계약 결혼은 상식으로 이해할 수 있는 계약 결혼, 즉 청춘 남녀가 결혼하기 전에 하는 단순한 실험 결혼과는 근본이 다르다. 그들은 계약 결혼을 통해 자신들의 철학 사유를 바탕으로 인간관계를 다시 세우고자 했다. 다시 말해 자신들의 계약 결혼이 의사소통의 이상으로 승화하길 바란 것이다.[167]

보부아르가 사르트르와 맺은 계약 결혼은 당시 사람들의 눈으로 볼 때 폭풍과도 같은 파격이었다. 더군다나 사르트르와 보부아르가 맺은 계약 결혼의 파격성은 계약 내용을 보면 더욱 두드러진다.[168]

---

167) 변광배 저, 『사르트르와 보부아르의 계약 결혼』, 살림출판사, 2007, 5쪽.
168) 『사르트르와 보부아르의 계약 결혼』, 18~19쪽.

첫째, 그들은 서로 사랑하고 관계를 지키는 동시에 다른 사람과 사랑에 빠지는 것을 서로 허락한다는 데 동의한다. 그러니까 각자 다른 사람과 우연히 만나 사랑을 할 권리를 인정한 것이다. 아마도 그들은 당시에 이 조건으로 자신들이 남녀관계 속에서 어떤 종류의 홍역을 치를 것인가를 전혀 예측하지 못한 것 같다. 그들은 이 조건 때문에 계약 결혼 생활 가운데 수많은 위기를 겪으며, 뭇사람들에게서 신랄한 비판을 받게 된다.

둘째, 상대방에게 거짓말을 하지 않으며, 어떤 것도 숨기지 않는다는 조건이다. 사르트르는 이 조건을 가장 중요한 조건으로 삼았다. 그러나 이 조건을 지키기도 쉽지 않았다.

셋째, 경제적으로 서로 독립한다는 것이다. 그들의 작품이 독자들의 호평을 받아 생활에 지장이 없을 때도 있었다. 그러나 그들에게는 부양할 식구들이 많았다. 그 결과 경제 상황이 악화하였을 때는 이 세 번째 조건 역시 제대로 지키지 못한다. 그러나 위의 세 조건 가운데 가장 문제가 덜 되는 조건이다.

사르트르와 보부아르는 각각 서로 숱한 애인들과의 염문을 퍼트리면서도 51년간의 연인관계를 지속했다. 그들은 모든 위기를 견뎌내어 계약 결혼으로 맺은 자신들의 관계에 끝까지 충실하며 사랑했다. 사랑하면서도 서로를 구속하지 않고 최대한 자유를 부여한 것이다. 또한, 사르트르와 보부아르는 평생에 걸쳐 신뢰와 사랑과 철학적 사유(思惟)를 통한 사상의 동반자로서 한 시대를 함께했다. 사르트르에게 있어서 타인을 대상화시키고 타인의 자유로운 주관성을 빼앗으려고 하는 근원적인 시도는 '성적 욕망'일 뿐이다.

제 9 장

욕망은 존재의 결여,
열망의 환유인가?
억압된 무의식의 욕망인가?:
라캉, 프로이트

욕망은 존재의 결핍인가?

라캉169)에 따르면 욕망은 존재의 결핍이다. 이 결핍은 그 어떤 것으로도 채울 수가 없다. 라캉은 언어가 욕망의 전제 조건이면서 욕망을 지속시키는 근본 원인이라는 것을 강조한다. 욕망은 본능이나 유기체의 자연적 욕구로 환원되지 않는 주체의 역동성을 보여주는데 이것은 상징계에 완전히 포섭되지 않는 존재의 발현이기도 하다. "주체는 끊임없이 뻗어 있는 욕망의 철길 속에 광적으로 사로잡혀 있으며, 욕망은 늘 어떤 다른 것을 끊임없이 추구하고 있다."170)

라캉은 욕망이 대상을 향하지만 궁극적으로 대상에 대한 욕망이 아니라 존재에 대한 열망이라고 말한다. 존재는 언어에 의해 표현되면서도 사라지는 것이기 때문에 욕망은 그 틈을 대상을 통해 채우려고 하고 여기에서 욕망은 사랑에 대한 요구처럼 표현된다.171) 라캉은 욕망과 언어의 관계를 설명하기 위해 욕구, 요구, 욕망을 구분한다. 욕구가 생리적인 유기체의 필요에서 비롯된다면, 요구는 이것을 언어로 표현해서 전달하는 것이다. 그런데 욕구와

---

169) 쟈크 라캉(Jacques Lacan, 1901~1981), 파리에서 출생, 파리 출생으로, 전통적인 프랑스 정신의학에서 출발하여 프로이트(Sigmund Freud) 사상의 해석과 그 이론의 실천에 새로운 면을 개척한 철학자이자 정신과 의사, 정신분석학자이다. 주요 저서로는 '에크리' '욕망이론'이 있다. 라캉의 가장 큰 업적은 프로이트의 정신분석학을 이어받아 정신분석학을 통해서 욕망에 대해 이론화했다는 점이다. 그래서 혹자들은 쟈크 라캉을 가리켜 '프로이트의 계승자'라고 말하기도 한다. 쟈크 라캉은 인간의 욕망이란 주제에 대해서 가장 깊게 사유한 철학자 중 한 명이다.
170) 쟈크 라캉, 권택영 역, 『욕망이론』, 문예출판사, 1994, 81쪽.
171) 쟈크 라캉, 김석, 『에크리』, 살림, 2015, 184쪽 참조.

요구는 불일치할 수밖에 없는데 욕구를 완전하게 요구로 변화시키는 것이 불가능하기 때문이다. 여기에서 욕망은 욕구와 요구 사이의 차이로 나타난다. 예를 들면 욕구 중 소외되는 부분이 요구로 전달되지 못하고 남는 원억압을 구성한다. 그러나 이 억압된 것은 하나의 파생물 속에서 나타나는데 그것이 인간에게 욕망의 모습으로 드러내는 것이다.[172] 욕구 중 소외된다는 것은 욕구가 언어로 표현되면서 왜곡되거나 포기되는 부분이다. 예를 들면 언어로써 무언가를 말할 때 우리의 감정을 다 드러내지 못하거나 표현하고 싶은 것을 종종 놓치게 되는 경우 아쉬움이 남게 된다. 사랑하는 사람에게 자신이 얼마나 사랑하는지 그 간절한 마음을 전달하고 싶지만, 그 절실함을 언어로 온전하게 표현하지 못했을 때 안타까움은 여전히 남아있게 마련이다. 언어가 없으면 욕망도 발생하지 않는다. 신체에 기원을 둔 욕구가 언어적 법칙에 맞게 표현되는 요구로 전환될 때 배제되거나 어긋나는 부분이 발생하게 되는데, 욕망은 여기에서 욕구와 요구의 불일치 혹은 차이처럼 나타나게 된다. 이 차이는 구조적인 것으로 라캉은 이것을 욕구와 요구의 분열(spaltung)이라는 말로 지칭한다. 욕구와 요구의 분열은 사물의 살해 위에서 구축되는 상징계의 본성에서 비롯되며 주체는 이것을 결여의 형태로 체험한다. 라캉은 이것을 특정 대상의 결여가 아니라 존재 결여라고 말한다.[173]

　　라캉은 "인간의 욕망은 대타자의 욕망이다."라고 말한다. 이것은 두 가지 의미로 해석되는데, 하나는 대타자의 위치에서 어떤 것을 욕망한다는 의미로써 문자 그대로 '대타자의 욕망'이라는 말이

---

172) 같은 책, 185쪽 참조.
173) 같은 책, 166~167쪽 참조.

다. 주체는 대타자가 욕망하는 것을 자신의 욕망처럼 생각하면서 욕망한다. 또 하나는 대타자를 대상으로 삼는 욕망이라는 의미로서 '대타자에 대한 욕망'이다. 욕망은 언제나 대상 자체를 향하는 것이 아니라 타자가 욕망하는 것을 욕망하기 때문에 주체는 대타자의 욕망을 자신의 목표로 삼는다.[174]

예를 들면 세르반테스의 소설 <돈키호테>에서, 기사가 되고 싶은 돈키호테는 기사 소설을 읽고 전설적인 기사 아마디스의 삶을 욕망한다. 어떤 대상에 대한 주체의 욕망(돈키호테)이 같은 대상(이상적인 방랑의 기사)에 대한 대타자의 욕망(아마디스라는 전설의 기사)에 의해서 결정된다. 돈키호테가 스스로 되고자 했던 것은 '이상적인 방랑의 기사'이다. 그런데 돈키호테의 '이상적인 기사'가 되고자 하는 욕망은 이상적인 기사라는 대상 자체를 향하는 것이 아니라, 대타자 즉 아마디스라는 전설적인 기사가 욕망하는 것을 욕망하기 때문에 주체(돈키호테)는 대타자(아미디스)의 욕망을 자신의 목표로 삼는다. 르네 지라르에 따르면 그것은 그의 욕망이 자신의 부족함을 채우기 위한 자연 발생적인 수직적 초월의 욕망이 아니라 아마디스라는 중개자(mediateur)를 모방함으로써 이상적인 기사가 되고자 하는 간접화된 욕망이다.

소설 <위험한 관계>[175]에서는 혁명 전 프랑스의 귀족 사회를 무대로, 무자비하고 매력적인 난봉꾼 발몽과 그의 라이벌이자 한때의 연인, 그리고 공범이기도 한 메르퇴유 후작 부인이 그 주인공이다. 부유하고, 지적이고, 재치 있는 발몽은 순진한 상류사회 여인들

---

174) 같은 책, 189쪽.
175) 쇼데를로 드 라클로, 윤진 역, 문학과 지성사, 2007.

을 유혹하는 것을 유일한 낙으로 삼고 빈둥빈둥 살아가고 있다. 메르퇴유 후작 부인은 성적으로 방종한 젊은 미망인이지만 발몽과는 달리 사회가 요구하는 역할을 충실히 이행하고 있다. 두 사람은 배신, 거짓말, 간통을 동원해 복잡한 관계의 거미줄을 짠다. 그러나 다른 이들을 함정에 빠뜨리려던 이들의 시도는, 질투와 자만으로 인해 그들 자신을 갉아먹으면서 재앙을 불러오게 된다는 내용이다. 메르퇴유 부인은 발몽을 사랑한다고 말하면서 그를 밀어내고, 오히려 다른 여자들과 관계를 맺도록 종용한다. 발몽은 메르퇴유 부인의 제안을 받아들이고 다른 여성들을 탐한다. 여기서 주체는 대타자가 욕망하는 것을 자신의 욕망처럼 생각하면서 욕망한다. 주체(발몽)는 대타자(메르퇴유 부인)의 욕망을 자신의 목표로 삼는다.

라캉에 따르면 욕망은 주체와 대타자의 변증법적 관계에서 구성되는데, 욕망의 두 가지 양태는 주제와 대타자의 관계가 대등한 관계가 아니라 대타자에 대한 수직적 복종을 전제로 한다. 주체는 자신의 욕망을 인정받을 때 비로소 주체가 될 수 있다. 그러므로 주체의 욕망이 기준으로 삼는 것은 언제나 대타자의 욕망이다.[176] 라캉은 언어와 욕망의 관계를 '욕망의 인정'과 '인정의 욕망'으로 설명한다.

'욕망의 인정'은 '인정의 욕망'과 동전의 양면처럼 짝을 이룬다. 욕망의 인정은 말을 통해 주체의 욕망을 구성하는 것으로 인정에 대한 욕망을 이끄는 선행 조건이 된다.[177]

욕망의 인정은 대타자로부터 욕망을 인정받고자 하는 것으로 주체가 말을 통해 대타자에게 자신의 욕망을 알게 하려는 언어적

---

176) 자크 라캉, 『에크리』, 189~190쪽 참조.
177) 같은 책, 192쪽.

필요성이다. 인간은 타자를 욕망하는데, 여기에서 욕망의 대상은 자연적 대상으로서의 타자가 아니라 타자의 욕망이다. 달리 말하면 나에 대한 타자의 인정을 욕망한다는 것이다. 이를 통해 라캉은 욕망이 인정 혹은 승인과 같은 상징적 차원에서 작동하고 있음을 보여준다. 그리고 주체는 타자가 욕망하는 방식으로 욕망한다. 나는 타자가 욕망하는 대상을 역시 욕망하며, 타자가 욕망하는 방식으로 욕망한다. 그러므로 라캉에 따르면 욕망의 세계, 상징계로의 진입은 타자에 의한 소외의 과정을 의미하기도 한다.

라캉의 욕망 형성 단계는 거울 단계와 오이디푸스 단계로 나눌 수 있다. 라캉에 따르면 주체 형성이 두 단계를 거친다. 첫 번째는 상상적 동일시로 거울 속에 비친 타자적인 이미지를 아이가 자신의 것으로 받아들임으로써 자아가 형성되는 단계이다. 상상계는 자아를 중심으로 자아의식에 수용되는 이미지들의 세계를 말한다. 다음 단계는 상상계 질서를 대표하는 아버지의 기표에 동일시함으로써 주체가 형성되는 단계이다. 이것을 이차 동일시라고 하며 주체는 비로소 상징계에 자리를 잡는다.[178]

거울 단계이론

라캉은 생후 6개월에서 18개월 사이의 어린아이가 거울 속에 비친 자신의 모습을 자신과 동일시하는 것을 거울 단계(mirror stage)라고 하고, 이를 주체의 형성에 원천이 되는 모형으로 제시한다.[179] 이 단계는 아이가 언어를 획득하기 이전으로, 주체로 형

---

178) 같은 책, 129쪽 참조.
179) 자크 라캉, 권택영 역, 『욕망이론』, 15쪽.

성되기 이전이며 어머니와의 상상적 동일시 관계에 있는 시기이다. 자신의 힘으로는 제대로 설 수도 없는 아기는 거울에 비친 자신의 모습이 다른 사람의 실제 모습이라 생각하고 거울 속의 이미지를 손으로 잡으려 하거나 거울 뒤에 누가 있는지 살펴보기도 한다. 그리고 거울 속에 비친 자신의 모습과 자신과 같이 서 있는 다른 사람의 모습을 잘 구분하지도 못한다.

그러다가 거울에 비친 자신의 모습이 실제 존재가 아니라는 사실을 깨닫게 된다. 거울 속의 이미지가 바로 자신의 것이며 다른 사람의 것과는 다르다는 것을 알게 된다. 지금까지 파편적인 형태로 여겨졌던 자신의 신체가 거울 속에서는 완전한 이미지로 보이는 것이다. 그래서 어린아이는 거울 속에 비친 자신의 모습을 보고 자신이 완벽한 형태를 갖추고 있다고 단정한다. 그러나 사실 아이가 '나'라고 규정한 것은 자기 자신이 아니라 자신의 외부에 존재하는 이미지이며 그 이미지는 자신을 실제 모습보다 작게, 그리고 거꾸로 보여주고 있을 뿐이다. 이때 아이는 타인과 자신을 구별하지 못하기 때문에 거울에 비친 상은 자신의 완벽한 모습이면서 동시에 자신을 돌봐주는 어머니의 모습이기도 하다. 이는 정신분석 용어로 이상적 자아로 불리며 타자에 의해 보임을 인식하지 못하는 객관화되기 전의 나에게 해당한다. 보임을 모르고 바라봄만 있는 이 단계는 이미지를 이상화하기에 상상계라고도 불린다.

거울 단계는 상상계(the Imaginary)라고 하는데 이 단계는 상징계(the symbolic)로 진입하면서 사회적 자아로 굴절된다. 언어의 세계이며, 질서의 세계인 상징계로 진입하면서 이 거울 단계는 사라지거나 프로이트의 경우처럼 억압되는 것이 아니라 변증법적으로 연결된다. 상상계는 거울 속에 비친 영상과 동일시 혹은 원초적인 질투가 벌이는 극적 사건에 의해 이루어진다. 이제 유아는 타자와 자신을 동일시하기에 자신의 욕망을 타자의 욕망에 종속시킨다.[180]

이 단계, 즉 거울 단계이자 상상계는 프로이트의 무의식이라는 가설 가운데서도 나르시시즘에 해당한다. 그는 무의식이 있다는 가설을 증명하기 위해 유아기에 아기가 갖는 최초의 자아의식을 '근원적 나르시시즘'이라 했다.

아이는 거울 단계에서 최초로 '나'라는 존재를 인식하게 된다. 그러나 거울 단계에서 아이가 인식한 '나'라는 아이가 외부에 존재하는 자신의 이미지와 자신을 동일시함으로써 만들어낸 것이다. 거울 단계에서 만들어지는 '나'라는 개념을 라캉은 '에고(ego)'라고 부른다. 아이가 거울 단계에서 자신과 자신의 이미지를 동일시함으로써 만들어낸 것이 에고라면, 주체는 아이가 다른 사람들과 자신을 동일시함으로써 만들어내는 '나'에 대한 개념이다. 주체는 언어에 의해 다른 사람들과의 관계, 즉 사회 속에서 규정된 '나'이다. 다시 말해 에고는 상상계에 의해 만들어지는 반면 주체는 상징계에 의해 만들어진다. 또한, 에고가 정체성을 바탕으로 만들어진 것이라면 주체의 본질은 분열이다. 주체의 분열은 자아의 의식적 담화와 행위, 그리고 문화 사이의 분열을 나타낸다.

라캉에 따르면 어린아이의 주체 형성에서 매우 중요한 시기가 6개월에서 18개월 사이이다. '거울 단계이론'은 유아가 자신이 비추는 거울을 통해서 그 환영과 자신을 동일시하면서 자아(ego)가 형성된다는 이론으로, 이러한 자아(ego)는 진정한 자아가 아니다. 인간은 안정적 중심을 결여한 주체로 나타나 완전성의 이미지를

---

180) 같은 책, 15~16쪽 참조.

추구하며 그것들과 동일시한다고 본다. 이러한 '거울 단계이론'은 인간이 스스로 인식하는 '주체'의 불완전성을 제시한다. 거울의 단계에서 아이는 어머니와 하나가 되어 있다고 생각하고 어머니라는 타자의 욕망을 욕망한다. 그러나 이 단계에서 아이의 자아와 욕망은 거울에 비친 영상(imago), 다시 말해서 타자에 의존하기 때문에 환상과 오인을 피할 수가 없다. 라캉은 '주체'란 문화적 힘(언어와 욕망)이 상호작용하는 방식의 산물로 인식하며, 인간의 욕망이 다른 타자와의 상호 주관적 관계를 중재하는 언어적이고 상징적인 체계와의 상호작용을 통해서 나타난다고 보았다. 즉 라캉은 '거울 단계이론'을 통해서 '주체'가 사회적 위치를 갖기 위해서는 반드시 언어 혹은 상징적 질서로 들어가야만 하며, 곧 인간의 실질적 '주체'는 억압되어 나타난다고 보았다.

오이디푸스 단계

라캉에 따르면 오이디푸스 콤플렉스는 세 단계를 거쳐 해소된다. 첫 번째 시기는 아이와 어머니의 결합이 상상적 남근을 중심으로 형성되는 시기로서, 이 시기 아이는 어머니의 욕망에 철저하게 종속된다. 아이는 자기 욕망의 주체가 되지 못하고 어머니의 욕망에 철저하게 의존하면서 어머니의 욕망을 충족시켜주는 상상적 남근이 되려고 한다. 아이가 어머니 욕망의 대상이 되고자 하는 것은 어머니에게 결여가 있기 때문이다. 두 번째 시기는 상상적 아버지의 개입으로 시작된다. 어머니의 욕망은 아이가 아닌 아버지를 향해 있는데, 이때 아버지는 남근의 소유자로 등장한다. 아버지는 어머니를 아이가 욕망하는 대상이 되지 못하게 만들고, 아이를 어머니에게서 분리함으로써 상상적 남근을 중심으로 이루어진 아이와 어머니의 결속을 깨뜨린다. 아이는 어머니가 아버지의 욕망에 종속된 존재임을 보면서 자신이 어머니의 남근이 될 수 없음을 인정한다. 이것이 라캉이 말하는 거세의 원래적 의미이다. 세 번째 시기는 상상적인 남근을 둘러싸고 아버지와 벌이는 아이의 경쟁의식이 끝을 맺고 상징계의 법이 주체에게 수용되면서 욕망하는 주체가 발생하는 과정이다. 실재적 아버지가 등장하여 자신을 남근의 소유자로 내세운다. 아버지는 어머니를 소유하는데 실제 남근을 가진 육체적 존재가 아니라 상징계의 대리자, 다시 말해서 '아버지의 이름'이라는 법의 대리자로 기능한다. 아버지의 상징적 기능이 중요한데 이 때문에 오이디푸스 콤플렉스의 극복을 라캉은 '부성 은유'라고 부른다.181)

테베의 왕 라이오스는 새로 태어나는 아들이 장성하면 그 아이가 자신의 생명과 왕위를 위태롭게 할 것이라는 신탁을 받았다. 그래서 '아들에게 살해당한다'라는 신탁의 실현을 두려워한 왕은 아들이 태어나자마자 발꿈치를 못으로 찔러서 걸을 수 없게 만들었다. 그리고 어떤 양치기에 맡기고서는 아이를 죽여 버리라고 명령하였다. 그러나 양치기는 죽이기엔 아이가 너무 가엾고 그렇다고 왕명을 어기자니 두려워서 아티카 지역의 코린토스에 사는 양치기에게 넘겨주었는데, 코린토스의 양치기는 자국의 왕에게 선물로 바친다. 코린토스 왕에게는 자식이 없었다. 왕은 이 아이를 오이디푸스(부은 발)라고 이름 짓고 소중하게 키웠다. 몇 년 뒤, 라이오스는

---

181) 같은 책, 131~133쪽 참조.

자신의 시종 하나를 데리고 델포이로 가고 있었다. 어느 비좁은 길에서 젊은이와 만나게 되고, 왕과 젊은이 모두 이륜마차를 타고 있었다. 젊은이가 길을 비키라는 왕명을 거절하자 왕의 마차를 몰던 시종은 젊은이의 말 한 마리를 죽였다. 이에 격분한 젊은이는 라이오스 왕과 그 시종을 죽였다. 이 젊은이가 바로 오이디푸스였다. 그는 자기도 모르는 사이, 자신의 아버지를 죽인 것이다. 이 일이 있고 난 후, 테베는 대로를 횡행하는 스핑크스라는 괴물 한 마리에 몹시 시달리게 되었다. 이 괴물은 바위 위에 웅크리고 앉아서 지나가는 사람의 발길을 멈추게 하고는 수수께끼를 냈다. 그 수수께끼를 풀면 무사히 보내주지만, 풀지 못하면 죽여 버리는 것이었다. 오이디푸스는 이 무서운 이야기를 듣고도 겁을 먹지 않고 대담하게 이 괴물과 대결하러 갔다. 오이디푸스가 스핑크스와의 대결에서 승리를 거두었다. 테베인들은 이 무서운 스핑크스가 없어진 것을 기뻐하며, 오이디푸스를 테베의 왕으로 옹립하고, 왕비였던 이오카스테와 짝을 맺게 했다. 부모의 내력에 대해 아무것도 알지 못하는 오이디푸스는 이로써 제 아비를 살해한 자식, 제 어미의 남편 노릇을 하는 자식이 된 것이다. 이 무서운 사실은 어느 누구에 의해서도 밝혀지지 않은 채 긴 세월이 흘렀다. 테베에 역질과 기근이 들자 사람들은 왜 그런 일이 생기는지 신의 뜻을 읽어보려 했다. 그리고 그 뜻을 새겨 읽은 사람들은, 오이디푸스가 두 가지 큰 죄를 지은 엄청난 죄인임을 알게 되었다. 이오카테스는 이 사실을 알게 되고 스스로 목숨을 끊었고, 오이디푸스는 그 사실을 알고 스스로 자신의 눈알을 찌르고는 테베를 떠나 방랑길에 올랐다.[182]

---

182) 소포클레스, 강대진 역, 『오이디푸스 왕』, 민음사, 2013.

덴마크의 햄릿 왕이 급서하자 왕비 거트루드는 곧 왕의 동생 클로디어스와 재혼하고, 클로디어스가 왕이 된다. 햄릿 왕자는 너무 서둔 어머니의 재혼을 한탄하는데, 마침내 선왕(先王)의 망령이 나타나, 동생에 의하여 독살(毒殺)되었다고 말한다. 그 후 햄릿은 재상 폴로니어스를 왕으로 잘못 알고 죽이고, 그가 가장 사랑하는 폴로니어스의 딸 오필리아는 미쳐서 죽는다. 왕은 햄릿을 잉글랜드로 보내어 죽게 하려고 하나 왕자는 도중에서 되돌아온다. 폴로니어스의 아들 레어티스는 왕의 꾐에 빠져 햄릿을 독을 바른 칼로 죽이려고, 왕과 왕비 앞에서 펜싱 시합을 하게 된다. 그러나 왕의 계획은 틀어져, 왕비는 왕이 햄릿을 독살하려고 준비한 독주(毒酒)를 모르고 마셔 죽고, 레어티스와 햄릿은 독을 바른 같은 칼에 죽는데, 햄릿은 최후의 순간에 그 칼로 왕을 죽인 후 숨을 거둔다.183)

햄릿은 자신의 욕망을 타자에 종속시키며 계속해서 타자의 시간에 머무름으로써 복수를 지연시킨다. 우선 복수 자체도 아버지가 불어넣은 욕망이다. 그의 행동은 처음부터 끝까지 타자의 시간에 머무르며 자신의 욕망을 타자의 욕망과 일치시킬 뿐 스스로 결단 내리지 못한다. 그는 줄곧 상징계가 배제된 상상계에 갇혀있는 것이다.184)

오이디푸스 단계는 아버지의 출현으로 아이가 거세, 살해의 공포에서 어머니의 욕구 대상인 남근이 되려는 욕망을 포기할 수밖에 없다. 여기서 아버지는 상징계의 은유이다. 거울의 단계에서 품었던 상상계의 욕망과 환상은 억압된다. 아버지의 출현으로 욕망

---

183) 영국의 극작가 셰익스피어가 지은 4대 비극의 하나.
184) 자크 라캉, 권택영 역, 『욕망이론』, 28쪽.

과 환상은 좌절되고, 그것은 더 이상 욕망의 어떤 대상으로도 메워지지 않는다. 이 과정에서 오이디푸스 콤플렉스가 일어난다. 아버지의 기표는 금기이다. 아버지(상징계)는 금기로서 등장한다. 그것은 바로 근친상간의 금기이다. 이 때문에 아이는 '거세'의 공포를 느낀다. 그래서 아이는 그 공포를 극복하기 위해서 상징계로 진입하게 되고, '자아의 이상'을 가지게 된다. 그것은 프로이트가 말한 '초자아'를 가지게 되는 것이다. 비로소 주체성이 성립된다. 여기서 주체는 상징계에서 자리 잡은 주체이다. 상징계란 자신과 자신의 이미지, 자신과 어머니, 혹은 자신과 다른 사람을 동일시하는 상상계적인 병합 관계에 경계를 그어서 둘을 나누는 중개자이다. 그러므로 상상계가 동일성의 체계라면 상징계는 차이의 체계이다.

오이디푸스 단계는 주체가 상징, 문화, 그리고 문명체계에 들어가기 위해 개별성을 지닌 주체가 되기 위해 반드시 거쳐야 하는 과정이다. 그러나 이 단계를 거치면서 주체는 분열, 혹은 분리를 겪게 된다. 그 이유는 주체가 상징적인 거세를 당하기 때문이다. 아이가 자신의 정체성을 나타내는 기표인 남근과 동일시한다는 것은 자신에게 결여가 있다는 것을 부정하는 것을 의미한다. 그러나 아버지의 법에 접하게 되면 아이는 남근으로 존재하기를 포기한다. 남근이었다가 남근이기를 포기한다는 의미에서 이것은 일종의 상징적 거세이다. 이 상징적 거세를 통해 주체에게는 메울 수 없는 틈새(결여)가 생겨난다. 그러므로 주체가 되었다는 것은 거울 단계에서 아이가 가정했던 정체성을 포기한다는 것을 의미한다.

라캉에 따르면 인간이 상상계에서 상징계로 진입할 때 오이디푸스 콤플렉스를 겪으면서 자기의 자리를 획득해간다. 예를 들면 어린아이는 자신과 타인을 구분하지 못하므로 동물의 차원에 머물고 있다. 동물 차원의 어린아이는 성장하면서 사회 질서를 유지하기 위한 규율을 익히고, 법을 지키는 대신에 동물 차원에 머물고 있던 욕망은 제거하거나 억압한다. 그렇게 해야만 상징계로 진입하여 사회구성원이 될 수 있다. 사회성을 획득하는 과정에서 사람마다 차이가 있지만, 개별성을 갖추게 된다. 아버지를 닮고, 어머니를 닮을 때, 아버지와 어머니의 개별성이 아이에게 영향을 미친다. 이때, 동일시라는 방법이 적용된다.

프로이트의 가설에서 어머니를 소유하고 싶은 욕망은 본능적 욕구이다. 아버지를 살해하는 것은 사회적으로 금지하는 법을 어기는 것이다. 라캉은 오이디푸스 콤플렉스를 아이가 성장함에 따라서 일어나는 사회화 과정으로 설명한다. 아버지의 법(사회적 규범)을 받아들이기 위해서는 자신의 욕망을 억압해야 한다. 어린 시절에 자신의 욕망을 무소불위로 채우던 것을 차츰 포기하고 자신을 규제하는 법을 받아들이게 된다. 이때, 밀려나 버린 욕망이나, 욕망으로 인해서 생겨난 다양한 형태의 환상은 무의식으로 들어가게 된다. 이것이 실재계를 형성한다.

그러나 실재계가 직접 상징계에 나타나서는 안 된다. 만일 그렇게 된다면 정신질환자가 되기 때문이다. 정상인에게는 언어를 통해서만 나타나기 때문에 합법적인 욕망이 된다. 이때 자아(ego)가 형성된다. 본능적인 욕구를 억압하면서 사회의 법을 받아들이게 된다. 사회 속에서 자신의 위치를 찾게 됨으로써 욕구는 무의식으로 밀려나고 자신은 비로소 사회구성원이 된다.

욕망하는 존재

라캉에 따르면 인간은 욕망하는 존재이다. 욕망하지 않는 삶은 곧 죽음이다. 욕망은 인간의 본질이다. 그 욕망은 무의식적이고 성(性)적이다. 욕망은 그것이 드러났을 때 의미가 있다. 욕망은 본질적으로 '타자(他者)의 욕망'의 욕망이다. 즉 타자 욕망의 대상이 되려는 욕망이자, 타자에게 인정받으려는 욕망이다. 타자가 없으면 불가능한 욕망, 관계 속에서의 욕망이다. 수많은 대중 매체들과 끊임없는 상호작용을 통해 인간의 욕망은 만들어지고 조종된다.

그러나 욕망은 실현되는 것이 아니다. 성취하는 순간 새로운 욕망이 우리를 찾아온다. 욕망의 완전한 충족은 없다. 타자는 자신을 포함한 타인의 가치이다. 자신의 가치로 규정하는 일반화의 시선이지만, 거의 모든 개인이 가지고 있는 사회의 무의식이다. '타인처럼'에서 '타인들'을 구성하고 있는 불특정 다수 속의 어떤 개인에게는 내가 불특정 다수의 '타인들처럼'을 구성하고 있는 타자이다. 우리는 서로가 서로에게 '타인들'이 되어주기 때문에 '타인들'의 속성은 욕망이 빚어낸 허상이 아니라 실재하는 현상이 된다. 그리고 우리는 그 타자의 가치를 기준으로 해서 자신의 욕망을 구현하는 것이다. 라캉에 따르면 욕망은 궁극적으로 스스로의 대상이 되고, 우리는 욕망 자체를 욕망하게 된다.

플로베르185)의 소설 보바리 부인186)은 이상향과 자신에게 내

---

185) 1821년 프랑스 북부 도시 루앙에서 태어났다. 아버지는 외과 의사였고, 내과 의사의 딸인 어머니는 플로베르의 삶과 작품에 커다란 영향을 끼쳤다. 어린 플로베르는 병원에서 주로 시간을 보냈는데 이때의 경험으로 염세적인 사고를 갖게 된다. 세르반테스의『돈키호테』는 셰익스피어와 더불어 그가 가장 사랑하는 책이었고, 이들에 대한 존경심이 그의 정신을 뒷받침하는 양식이 되었다. 염세주의와 해학 정신은 자동차의 두 바퀴처럼 두 축을 이루며 끝까지 플로베르의 사고 밑바탕에 존재한다. 고등학교에 입학한 플로베르는 당시의 우울한 낭만주의의 영향을 받고 '광기와 자살 사이에서 방황하는' 소년이 되어 많은 습작을 한다.

재된 탐욕스러움에 대한 고민을 불러일으키는 소설이다. 현실에 대한 불만족으로 인해 불거지는 사람들 속에 있는 욕망과 속물적 탐욕의 결과를 볼 수 있는 대목이다.

　주인공 엠마는 수도원에서 교육을 받으며 자라온 여성으로 스스로에 대한 만족감과 자부심을 느끼고 있다. 낭만주의 소설을 읽으며 자신이 앞으로 만나게 될 배우자와 그와 함께할 결혼에 대한 환상을 품고 있는 몽상적인 인물이다. 이러한 그녀를 지극히 사랑하는 시골 의사 샤를은 전 부인과 이혼을 하면서 엠마에게 적극적인 구애를 펼친다. 그리고 엠마 역시 그러한 결단력으로 자신에게 구애하는 샤를을 통해서 자신이 꿈꿔온 낭만적인 결혼을 투영하고 결혼을 승낙하게 된다. 달콤한 꿈에 젖어 있었지만, 결혼은 현실이라는 뼈아픈 진실을 마주하게 된 후 그녀의 인생은 큰 변화를 나타낸다. 엠마는 호화로운 삶을 살아가는, 자신이 꿈꿔왔던 삶을 살

바이런의 조숙한 독자이자 셰익스피어의 광적인 팬이었던 십 대의 플로베르는 여행 중에 젊고 생기 있는 연상의 여인 엘리자 슐레징거를 만나게 된다. 그가 상상할 수 있는 최고의 완벽한 여인으로서 슐레징거는 평생 그의 마음속에 있었고, 그녀에 대한 오랜 사랑은 그의 삶과 작품을 결정짓는 중요한 모티프가 되었다. 열여덟 살에 법학을 공부하기 위해 파리로 떠났으나, 신경질환으로 인해 삼 년 뒤 학업을 중단하고 고향 마을로 돌아와 홀로 된 어머니와 함께 살면서 글쓰기에 전념했다. 초기작, 특히 『성 앙투안의 유혹』에서 그는 대담한 상상력을 자유롭게 펼쳤으나, 이후에는 친구들의 조언에 따라 예술적인 객관성을 획득하고 산문 스타일과 조화를 이루기 위해 낭만주의적인 풍성함을 혹독하게 훈련하였다. 이렇게 예술적 완전성을 갖추기 위한 노력은 그에게 커다란 고역임은 물론 생전에 제한된 성공만을 가져왔다. 1857년에 『마담 보바리』를 출간하고 나서는 대중적인 도덕률을 위반한다는 이유로 기소되었고, 이국적인 소설 『살람보(1862)』는 고고학적인 세부 사항의 외형적 묘사에 불과하다는 이유로 비판을 받았다. 자기 세대의 도덕적인 역사를 다루려는 『감정 교육(1869)』은 비평가들의 오해를 샀으며, 정치적 희곡 『후보자(1874)』는 참담한 실패를 겪어야 했다.
186) 귀스타브 플로베르(Gustave Flaubert), 민희식 역, 『보바리 부인(Madame Bovary)』, 문예출판사, 2007.
평범한 일상생활에 환멸을 느끼고 공상에 사로잡혀 허영과 불륜으로 자신을 파멸로 몰아넣는 한 여인의 비극적 종말을 리얼하게 묘사한 플로베르의 대표작. 시골의 평범한 한 여성의 생활과 환경을 냉정하고 객관적인 수법으로 그려 낸 현실주의 소설의 대표작으로, 꿈과 현실의 차이가 빚어내는 환멸 속에서 출구를 찾아 애쓰는 인간의 비극을 그리고 있다.

아가는 사람들의 모습을 보면서 비교하고, 그리고 점점 나이가 들어가면서 삶에 찌든 남편의 모습에 이상적인 삶의 모습은 산산이 조각나기 시작한다. 물론 엠마 역시 자신의 허영심을 접어두고 현실적인 일상에 집중하고자 하는 노력을 계속하지만, 실패와 좌절, 그리고 실망감은 쉽게 떨치지 않는다. 이러한 허무함을 이겨내고자 자신의 살림을 탕진하고 과소비를 일삼으며 스스로 만족을 찾기 위해 방황하는 모습을 보인다. 실망과 좌절 속에서 헤어 나오지 못한 그녀의 인생은 결국 음독자살로 마감하게 된다. 허황된 꿈속에서 헤어 나오지 못한 채 자신의 삶을 불행하게 마감하는 그녀의 모습은 어찌 보면 현실 감각을 상실한 것에 대한 당연한 결과라고 해도 과언이 아니다. 그러나 엠마를 둘러싼 주변 인물들 역시 속물적 가치관을 가진 모습을 볼 수 있다. 엠마라는 여주인공 한 명에게만 국한된 이야기가 아닌 이 소설 속에 등장하는 인물들 각자의 욕망을 나타내주는 것이 이 소설의 특징이라고 할 수 있다.

요즘 우리 사회에 자녀를 지나치게 감싸고 과잉보호를 하며 부모가 판단해서 아이를 필요한 곳에 헬리콥터처럼 이동시키는 '헬리콥터 맘'이 화제다. 평생 자녀 주위를 맴돌며 간섭하고 무엇이든지 발 벗고 나서는 모습, 치열한 교육열에 따른 엄마들의 드센 치맛바람이 마치 헬리콥터와 비슷하다고 하여 붙여진 별명이다. 학교, 학원, 수업 등 다방면에서 자녀의 일에 간섭하고 숙제를 대신 해주거나 진학, 취업에까지 직접 뛰어드는 모습을 찾아볼 수 있다. 성장기에 있는 자녀를 도와주는 것은 지극히 당연한 일일 수 있지만, 청소년기를 벗어나 성인이 되어서도 이러한 간섭과 과잉보호가 지속되면 문제가 될 수 있다. 심한 경우, 취직 후 경력 관리, 회식,

직장 상사와의 관계 등의 문제도 직접 해결해 주려고 한다. 더 나아가 양가 어머니들이 결혼 당사자를 대신하여 맞선 자리에 나와 상대의 조건도 꼼꼼하게 챙겨 보고, 혼수나 집 장만은 어떻게 분담할 것인지 따져 본다는 것이다. 자녀를 향한 엄마의 입김이 끊임없이 거세지고 있다는 것을 알 수 있다.

자녀의 독립을 허용하지 못하는 엄마들, 오히려 자식이 자신의 품을 떠날까 두려워하는 부모, 이들 부모의 잠재의식 속에는 여전히 이루지 못한 자신의 어린 시절 꿈이 자리하고 있다. 그리고 못내 채워지지 못한 자신의 욕망이 숨어있는 것이다. 오랜 시간 이루지 못하고 내재해 있던 욕망을 자신의 자식을 통해 실현하고자 한다. 자신과 자식을 동일시하는 것이다.

자녀에게도 과유불급이라는 말처럼 부모의 지나친 사랑과 손길은 오히려 부작용을 일으킬 수 있다. 자신감이 떨어지거나, 스스로 해결할 방법을 찾기보다는 모든 일을 부모에게 의지하게 된다. 무엇인가 선택해야 할 일이 많아지는 성인이 되어서도 심한 결정 장애 증상을 겪거나, 자신의 선택으로 좋지 않은 결과가 나타나게 되면 좌절하고 우울증에 빠지기 쉽다. 부모의 기대에 부응하지 못했다는 생각에 빠져 극단적인 선택을 하는 경우도 생긴다. 부모에게 과잉보호를 받으며 자란 아이들의 경우, 성인이 되어서도 부모의 주변에서 벗어나지 못한 채 계속해서 의존하게 된다. 어릴 적부터 부모가 내려준 결정을 따르고, 부모의 뜻을 따라 자라온 자녀는 성인이 되어서도 혼자 충분히 해결할 수 있는 일조차 스스로 판단하지 못하게 된다.

타자의 욕망 대상이 되려는 욕망이자, 타자에게 인정받으려는 욕망뿐이다. 타자가 없으면 불가능한 욕망이다. 자신의 욕망이 아니라 부모의 욕망에 충실할 따름이다.

인간은 모두 신경증 환자들이다

라캉에 따르면 우리는 누구나 히스테리 혹은 강박증이 있는 신경증 환자들이다. 욕망은 근본적인 존재의 결여(lack of being)/열망(want to be) 또는 존재 안의 결여로부터 비롯되는 것이며, 열망이나 결여는 우리가 가지게 되는 모든 새로운 욕망 안에 나타난다. 그러한 결여 때문에 우리는 정신병이 아닌 신경증을 앓게 되는 것이므로 우리는 그것이 어떤 방식으로 채워지거나 완전히 가려지지 않도록 해야 한다. 라캉이 말하듯이 "욕망은 존재의 결여/열망의 환유이다" 욕망은 언제나 동일한 구조적 결여 또는 균열을 대체하는 지속적인 움직임이다.[187]

라캉은 욕망이란 본질적으로 충족될 수 없는 것이라고 말하며, 히스테리의 특징은 충족되지 않은 욕망인 반면 강박증의 특징은 불가능한 욕망이라고 설명한다. 이들은 모두 욕망을 그림, 지도, 메뉴 안에 유지하고자 하는 전략이다.[188]

히스테리적 성향을 띤 사람은 자신이 바라는 것보다는 다른 사람이 바라는 것에 더 관심이 많다. 다른 사람에 의해 욕망 되기를 바란다. 상대방이 절실하게 원하는 바로 그것이 되고자 하며 자신이 그런 위치에 배치되어 있는지 끊임없이 확인하려 한다.[189]

히스테리 환자에게 있어서 주체는 더 이상 주체가 아니라, 타자의 대상 그 자체로 전락한다. 그리고 대상의 자리에는 강박증에

---

187) 브루스 핑크, 김서영 역, 『에크리 읽기』, 도서출판 b, 2007, 54쪽.
188) 같은 책, 55쪽.
189) 김서영, 『영화로 읽는 정신분석』, 은행나무, 2014, 26~27쪽 참조.

서처럼 상실된 대상이 아니라 결여를 안고 분열된 타자가 위치한다. 따라서 히스테리 환자는 자신의 상상적인 타자 앞에서 바로 그의 욕망의 대상 자체로 전락한 상태에 있는 자이다. 강박증자는 분리가 주체에게 끼친 효과를 뒤집으려고 한다면, 히스테리 환자는 분리가 타자에게 끼친 효과를 뒤집으려고 한다. 결국, 신경증 환자의 도식에서 타자를 말소하려고 하는 자가 강박증자라고 한다면, 주체를 말소하려고 하는 자가 히스테리 환자이다.[190]

강박증 환자는 자신의 사유에 집착하는 사람이라면, 히스테리 환자는 타자의 욕망 대상 그 자체가 되려고 하는 자이다. 그리고 프로이트와 라캉은 다 같이 강박증의 도식은 남성에게, 히스테리 도식은 여성에게 일반적으로 적용된다는 것을 인정한다.[191]

대런 아로노프스키 감독의 「블랙 스완(Black swan)」에서 뉴욕 발레단의 니나(나탈리 포트만)는 연약하지만, 순수하고 우아한 '백조' 연기로는 단연 최고로 꼽히는 발레리나이다. 새롭게 각색한 '백조의 호수' 공연을 앞두고 감독 토마스(뱅상 카셀)는 니나를 '백조' '흑조'라는 1인 2역의 주역으로 발탁한다. 하지만, 완벽한 '백조' 연기와 달리 도발적인 '흑조'를 연기하는 데에는 어딘지 불안하다. 게다가 새로 입단한 릴리(밀라 쿠니스)는, 니나처럼 정교한 테크닉을 구사하지는 못하지만, 무대를 압도하는 카리스마와 관능적인 매력을 뿜어내, 은근히 그녀와 비교된다. 니나는 점차 연기에 대한 압박감과 이 세상의 모두가 자신을 파괴할 것 같은 불안감에 사로잡히게 된

---

190) Bruce Fink, *A Clinical Introduction to Lacanian Psychoanalysis: therory and Technique*, 맹정현 역, 민음사, 2002, 337쪽

191) 문장수 외, 「강박증에 대한 프로이트적 정의와 원인에 대한 비판적 분석」, 『철학 논총』, 제82집, 새한철학회, 2015, 208쪽.

다. 급기야 그녀의 성공을 열광적으로 지지하던 엄마마저 위협적인 존재로 돌변한 상황에서 그녀는 내면에 감춰진 어두운 면을 서서히 표출하기 시작한다. 흑조 역을 완벽하게 소화하기 위해서 그동안 자신을 억누르고 있던 것을 밖으로 표현하고 사랑하는 엄마마저 위협적인 존재로 만들어 버린다. 결국, 환상이 보이고 자신을 스스로 파괴하는 단계에까지 이르게 된다. 마지막 그녀의 한마디. **"I was perfect."** 완벽하기 위한 그녀의 몸부림. 결국, 죽음으로까지 그녀를 몰아갔지만, 그녀는 완벽한 블랙 스완이 되고 싶었다. '블랙 스완'은 상대방이 원하는 역할을 완벽하게 표현해야 한다는 절실함으로 인해 극한으로 치닫는 주인공에 관한 이야기라고 할 수 있다. 완벽을 향해 달려가는 니나는 지나친 강박으로 인해 과도한 스트레스와 환상을 보게 되고, 더 나아가 자아 분열까지 일으키게 된다. 이것은 완벽해지기 위한 욕망 때문이다. 상대방이 절실히 원하는 바로 그것이 되기 위해 안간힘을 쓰고, 자신이 그런 위치에 배치되어 있는지 끊임없이 확인하고자 한다.

김기덕 감독의 <시간>에서 오랜 시간을 함께한 연인 세희와 지우. 세희는 지우의 사랑이 변했음을 느끼고 그 이유가 자신이 더 이상 새롭지 않아서라고 생각한다. 지우는 그런 그녀의 민감한 반응에 피곤을 느낀다. 상처받은 세희는 어느 날 갑자기 모든 흔적을 지운 채 떠나고, 과감한 성형수술로 새로운 사람이 되고자 한다. 그리고 어느 날, 지우는 세희와 즐겨 찾던 단골 카페에서 스스로를 '새희'라고 소개하는 묘한 분위기의 웨이트리스를 만난다. 새로운 새희와 사랑에 빠지는 지우, 새희는 그를 유혹하면서 동시에 그가 예전 세희와의 사랑을 잊은 것은 아닌지 시험하고, 결국 그가 세희를 잊지 못하고 있음을 알게 된다. 그러나 예전으로 되돌아갈 수 없는 그녀는 세희의 사진으로 만든 가면을 쓰고 나타나, 돌아온 자신을 사랑해달라며 사실을 고백한다. 놀란 지우는 자리를 박차고 떠나버린다. 홀로 남겨진 새희(세희)는 지우 또한 새로운 모습으로 자신 앞에 나타날 것을 알게 된다. 남자 친구 지우가 자신을 욕망하게 하려고 새로운 얼굴로 성형수술을 한 세희는 점차 지우가 예전의 자신 모습을 더 좋아할지도 모른다는 불안감에 휩싸이게 된다. 그러나 예전으로 되돌아갈 수 없는 그녀는 세희의 사진으로 만든 가면을 쓰고 나타나, 돌아온 자신을 사랑해달라며 사실을 고백한다. 세희는 지우의 사랑을 갈구하며 그가 욕망하는 것에 도달하기 위해 노력한다. '그는 아직도 나를 원하고 있는가?' '나는 아직도 그에게 매력적인 여자인가?' '그는 나를 욕망하고 있는가?' 세희는 지우를 완벽하게 만족시킬 수 있는 자신이 되기 위해 질주한다.

　　새로움을 찾는 것은 인간의 욕망이다. 그러나 반복 안에서 새로움을 찾는 것이 사랑이다. 시간을 견디는 것이 인간이다. 강박증의 성향이 있는 사람은 자기 자신을 이미 충족된 상태로 생각한다. 자신에게 부족한 것이 없다고 자위한다.
　　강박증의 원인에 대해서 많은 요인이 제시되고 있지만, 일반적으로 선천적인 요인과 후천적인 요인으로 나누어진다. 생물학적인 요인들뿐만 아니라 어렸을 때 부모의 사랑을 받지 못했다거나, 심한 트라우마를 겪었다든지, 대인 관계에 문제가 있었던 경우와 같은 사회, 심리적인 요인이 있을 수 있다. 또한, 개인이 속해있는 사회와 문화가 개인에게 의무를 강요하고, 지위와 역할을 부여한 데서 그 발생 원인을 찾기도 한다.192)

프로이트에 따르면, 강박증은 성적발달이 오이디푸스 시기에서 성기기로 정상적으로 발달하지 못하고 반대로 항문기로 퇴행하여 고착되는 데에 기인한다고 보았다. 오이디푸스 시기에는 성적 본능과 공격적인 본능이 자연스럽게 융합되는데 강박증 환자의 경우 이를 정상적으로 발달시키지 못하고 항문기로 퇴행하면서 한 대상에 대해 사랑과 미움이 동시에 발생하는 양가감정을 가지게 된다. 따라서 강박증 환자는 공격적 본능과 방어기제 간에 투쟁하면서 어떤 선택을 해야 하는지 결정하기 어려운 상황에 빠진 사람이다.193)

≪위대한 개츠비(The Great Gatsby)≫194)는 미국의 작가 F. 스콧 피츠제럴드195)의 소설이다. 소설의 주인공 닉은 중서부 시골

---

192) 이현수, 『이상행동의 심리학』, 대왕사, 2002, 86쪽.

193) 문장수 외, 「강박증에 대한 프로이트적 정의와 원인에 대한 비판적 분석」, 『철학 논총』, 제82집, 새한철학회, 2015, 210쪽.

194) 스콧 피츠제럴드, 김욱동 역, 민음사, 2009. 피츠제럴드는 그 자신이 '재즈 시대(Jazz Age)'라 이름 붙인 시대를 이 소설에서 그려냈다. 제1차 세계대전의 혼돈과 충격을 겪은 후, 미국 사회는 1920년대 경제 성장에 따라 유례없는 번영을 누렸다. 동시에 수정헌법 제18조에 규정된 금주령은 밀수업자들을 백만장자로 만들고 계획범죄를 부추겼다. 그의 소설에서의 닉 캐러웨이 같았던 피츠제럴드는 시대의 부와 매력에 심취했지만, 그는 시대가 품은 황금만능주의와 도덕성 결여에 불만을 품었다.
위대한 개츠비는 처음에 인기가 없어서 피츠제럴드 생전에 판매 부수는 25,000부에 못 미쳤다. 출판된 지 1년 안에 브로드웨이의 연극과 할리우드 영화로 개작되기도 했지만, 이 소설은 대공황과 제2차 세계대전을 거치며 오랫동안 잊혔다. 1945년과 1953년에 다시 출판된 후, 빠르게 폭넓은 인기를 얻었다. 그리고 현재는 미국의 위대한 소설로 평가되어 전 세계 대학과 고등학교의 영문학 교과 과정상의 수업 자료로도 쓰이고 있다.

195) 프랜시스 스콧 키 피츠제럴드(Francis Scott Key Fitzgerald, 1896년 9월 24일 ~ 1940년 12월 21일)는 미국의 소설가. 1913년 프린스턴 대학교에 입학하였으나 1917년에 중퇴하고 미군에 종군하여 제1차 세계대전에 참전하였다. 전쟁에서 죽기 전에 작품을 남기기 위해 집필을 시작. 이때 쓴 『낙원의 이쪽(This Side of Paradise)』은 1920년 출판되어 큰 인기를 얻었다. 1925년에는 최고 걸작으로 간주되는 『위대한 개츠비(The Great Gatsby)』를 출판하였다. 1940년 연인 셰일라 그레이엄의 집에서 심장마비로 사망하였다. 스콧 피츠제럴드는 양차 세계대전 사이의 시기, 그중에서도 1920년대 화려하고도 향락적인 재즈 시대를 배경으로 무너져 가는 미국의 모습과 '로스트제너레이션'의 무절제와 환멸을 그린 작가다. 어니스트 헤밍웨이, 윌리엄 포크너 등과 함께 20세기 초 미국 문학을 대표하는 작가로, 작품과 생

고향에서 부자가 되기 위해 뉴욕으로 옮긴다. 뉴욕의 교외에 있는 작은 집을 빌려서 살게 되었는데, 마침 그 동네에 제이 개츠비가 사는 호화저택이 있었다. 개츠비는 과거 어렵게 살 때 데이지라는 여자와 사랑을 했는데, 개츠비가 전쟁에 갔다 온 사이에 톰이라는 돈 많은 남자가 데이지를 빼앗아 결혼했다. 개츠비는 많은 돈을 벌게 되자, 일부러 데이지의 집 부근에 대저택을 얻어 놓고 매일 밤 호화로운 파티를 연다. 다시 데이지의 사랑을 얻기 위해서였다. 그때까지 개츠비는 결혼도 하지 않고 혼자 살고 있었다. 그러다가 우연히 어떤 사람의 주선으로 개츠비는 데이지와 다시 만난다. 그리고 개츠비는 데이지가 자신을 사랑한다고 믿는다. 그런데 뉴욕으로 놀러 갔다가 돌아오는 길에, 개츠비의 차를 운전하던 데이지는 톰의 애인을 차로 치어 죽게 만든다. 톰은 그런 사고가 개츠비가 꾸민 것이라고 믿는다. 톰은 개츠비를 권총으로 살해한다. 막상 개츠비가 죽자, 그의 파티에 늘 참석했던 수많은 사람은 장례식에 나타나지 않는다. 심지어 데이지조차 그녀의 남편과 함께 여행을 떠난다. 주인공 닉은 이런 삭막한 현실에 염증을 느끼고 중서부에 있는 시골 마을로 돌아간다.

자신의 이상이자 꿈인 데이지를 상징하는 초록 불빛을 향해 무모하게 내달리는 남자. 그는 과거는 되돌릴 수 있는 것이며 자신은 데이지와의 과거를 돌릴 수 있다고 믿는다. 끊임없이 데이지에 의해 욕망 되기를 바란다. 데이지가 원하는 바로 그것이 되고자 하며 자신이 그 위치에 와 있는지 끊임없이 확인하려고 한다.

영화 <이보다 더 좋을 수는 없다>[196]에서 강박증 환자인 멜빈

애, 스타일 모든 면에서 재즈 시대를 대표하는 하나의 아이콘이 된 인물이다.
196) 제임스 L, 브룩스 감독.

유달(잭 니콜슨)은 결벽증과 편집증에 시달리는 독설가다. 그는 거리의 보도블록 선을 밟지 않고 걸으며, 늘 같은 식당, 같은 자리에서 늘 같은 음식을, 자신이 갖고 다니는 숟가락으로 먹는다. 그 지독한 편집증은 자신이 음식점에 갔을 때, 자신이 늘 앉던 자리에 앉은 손님을 쫓아내는 소동을 벌이는 정도에 이른다. 그러던 그가 캐롤이라는 여자를 만났을 때 비로소 자신의 문제를 인식하게 된다.

이것은 매우 중요한 순간이다. 강박증 환자가 자의로 분석가를 찾는 경우가 극히 드문 것은 문제를 인식하는 것 자체가 자신이 만든 세상에 생채기를 내는 행위이기 때문이다. 분석가를 만나야겠다는 생각은 자신의 세상이 불완전하다는 사실을 인정하는 것이다. 그러나 멜빈은 한 여자를 자신의 인생에 받아들이기 위해 세상을 용기 있게 열어젖힌다.197)

인간은 모두 불완전하다. 그것을 인정하는 것이 너무나 힘겨우므로 어떤 사람은 히스테리의 전략을 사용하고 또 다른 사람은 강박증의 전략을 사용한다. 다시 말해서 자신이 다른 사람을 완전히 만족시킬 대상이 될 수 있다고 믿거나 자기 자신이 결여되어 있지 않은 척하는 것이다. 그러나 두 경우 모두 결국 자신들의 전략이 실패하는 지점을 경험하게 된다. 라캉에 따르면 이것은 병리적인 현상이 아니라 우리가 모두 이미 익숙한 일상이다. 문제가 심각해지는 것은 오히려 우리 자신들이 불완전할 수밖에 없다는 사실을 받아들이지 않을 때이다.198)

프로이트는 인간이 가져온 문명은 인간의 본성을 억압하고 길

197) 김서영, 『영화로 읽는 정신분석』, 은행나무, 2014, 37쪽.
198) 같은 책, 38쪽.

들이기 때문에 자연에서 벗어나 문명이라는 테두리에 들어가는 순간부터 인간은 여러 가지 고통과 갈등 속에서 살게 된다고 한다. 왜냐하면, 억압된 것은 여러 증상이나 환각을 통해 표현되며 의식의 통제를 피해 교묘히 드러나기 때문이다. 사회화는 자연적인 본능을 길들이고 사회적으로 용인된 방식으로 그 본능을 표출하는 것을 배우는 과정이다. 이러한 사회화 과정은 필연적으로 억압과 그 억압에 따른 다양한 증상을 수반한다. 그는 현대인들이 겪는 정신 장애의 원인을 상세하게 분석한다. 문명을 거부하고 자연으로 돌아갈 것을 요구하는 것이 아니라, 정신 장애의 근본 원인을 이해하면서 그것에 효과적으로 대처하기 위해 무의식을 탐구할 것을 요구한다. 결국, 나는 내가 욕망하는 것을 알지 못한다는 것이다.

프로이트는 욕망을 인간의 본성이라 생각하면서도 욕망을 통제해야 할 이유를 분명하게 설명한다. 1917년에 펴낸 '정신분석학 강의'는 인간의 본질에 관한 충격적인 견해를 제시한다. 인간은 본래 욕망의 덩어리이다. 욕망 중에서 사악한 비도덕적 욕구는 검열되어 의식의 표면에 떠오르지 않기 때문에 우리는 그러한 욕망을 품고 있는지조차 알지 못한다.

그러나 억압된 무의식적 욕망은 제거되지 않고 정신의 바닥에 남아 우리를 괴롭힌다. 따라서 신경증은 억압된 무의식적 욕망의 복수이다.

라캉은 무의식의 언어적 구조와 본성을 강조하고 욕망을 재해석함으로써 프로이트의 발견들을 철학적으로 더 세련되고 풍성하게 다듬었다. 라캉의 주장은 '무의식은 대타자의 담론이다'와 '인간의 욕망은 대타자의 욕망이다'로 요약된다. 라캉이 말하는 대타자의 욕망이란 인간의 욕망이 교환의 구조인 상징계에서 타인들의 욕망을 통해 인정될 때만 의미가 있기에 필연적으로 타자의 욕망에 의존적일 수밖에 없다는 것을 의미한다. 상징계의 지배를 받으며 끊임없이 타자의 욕망을 추구하는 주체는 그 과정에서 더 깊은 소외를 겪고 욕망을 원하게 된다.

결국, 욕망은 충족 불가능하다. 욕망은 궁극적으로 존재 결여에서 비롯되기에 인간은 욕망 대상을 언어를 통해 지시할 수 없다. 주체를 벗어나는 욕망의 말이 라캉이 말하는 무의식이다. 이처럼 라캉은 존재 상실에 고통받는 현대인에게 욕망의 문제를 새롭게 사고할 것을 요구한다.

제 10 장

섹슈얼리티와 욕망:
푸코

푸코는 지식과 권력의 상관관계를 분석하고, 확장해나가면서 지식이 사회적 권력으로서 어떻게 작용하는가의 문제를 다루었다. 아울러 섹슈얼리티의 문제와 관련하여 확장해나갔다. 그는 섹슈얼리티의 문제를 권력-주체-지식의 관계로 이해하려고 했다. 그것은 여성을 항상 타자화하고 대상화하는 가부장적 사회의 여성 육체에 대한 통제와 감시의 시선에 대한 푸코식의 논의이다.

아프로디지아(Aphrodisia)

푸코는 『性의 역사』에서 서양 근대 문화가 성 억압의 문명으로 전개되어 온 과정을 추적한다. 근대인들은 성을 일종의 죄의식과 결부시켜 표현하도록 훈련받았다. 17세기부터 19세기 청교도 시대에 더욱 강화되어 성과 성욕에 대해 억압과 침묵을 강요받아 왔다.

기독교는 성(sexuality)을 "악, 죄, 타락, 죽음과 연결"짓는다. 심지어 성행위 중 정액 유출은 신체 마비를 불러일으킨다느니, 그로 말미암아 수치심을 생기게 한다느니, 종족 번식에 장애가 됨으로써 사회에 해악을 끼친다느니 등등으로, 성을 금기시한다.199) 19세기에서 20세기에 들어오면서 그 침묵이 고백의 강요로 되었다. 사람들은 성과 성욕을 고백하지 않을 수 없도록 강요받는다. 이 성에 대한 고백을 강요받는 사회체제는 이제 성을 관리해야 할 대상으로 삼는다. 이른바 생체적 권력이 등장하게 된 것이다. 이 권력은 성과 성욕을

---

199) 미셸 푸코, 문경자 외 옮김, 『성의 역사 2 : 쾌락의 활용』, 나남, 1990, 28~29쪽 참조.

지식이라는 감시의 거울 망으로 올가미를 채운다. 이 권력과 지식의 연계는 순종적 인간으로 재교육하기 위해 요구된 현대 자본주의 사회의 전략적 메커니즘이다. 이것은 자본주의 사회의 관리체제와 무관하지 않다. 침묵을 강요받았던 18세기 이전의 시대에서 성에 대한 고백의 시대로 이르는 동안 성은 재교육 되고, 통제되고, 관리되고, 조정되어야 할 것으로 규정된다. 이것은 사회 생산성을 높이기 위한 자본주의의 경제 논리와 결부된 것이다.200)

그러나 고대 그리스에서 성행위는 "현대 유럽 사회에서보다 훨씬 <자유로울> 수도 있었다."201) 고대 그리스에서 성행위는 '자유'를 실현하는 활동이었다. 그런 만큼 성행위는 결혼을 넘어 동성 관계에서도 가능했다. 고대 그리스에서는 육체적 쾌락을 '아프로디지아'(Aprodisia)라고 한다. 그것은 미와 사랑의 여신 '아프로디테의 행위'이다. '아프로디테'는 '미의 여신'이다. 그래서 '아프로디지아'는 아름다움을 추구하는 활동이다. 미셸 푸코는 아프로디지아에 대해 더 구체적으로 "어떤 형태의 쾌락을 제공하는 행위, 몸짓, 접촉이다."202)라고 정의한다. 그것은 자연에서 비롯한 본능이다. 본능으로서 "자연은 행위의 수행이 쾌락과 연결되기를 원했다."203) 쾌락을 얻으려는 움직임이 곧 욕망이다. 인간은 욕망을 피할 수 없다. 욕망이 얼마나 강한가 하는 것이 문제이다. 아예 거부할 수도 없고, 그렇다고 무한정 충족시킬 수도 없는 것, 그것이 욕망 아닌가.

일반적으로 성적 쾌락은 열등한 것으로 간주해 왔다. 육체적 쾌락은 동물이나 인간에게 공통된 것으로 생각했기 때문이다. 그러

200) 김영필, 『현대철학의 전개』, 188쪽 참조.
201) 미셸 푸코, 『성의 역사 2 : 쾌락의 활용』, 34쪽.
202) 같은 책, 50~52쪽.
203) 같은 책, 55쪽.

나 플라톤은 우리를 아프로디지아로 이끌어가는 것을 가장 자연스럽고 필연적인 욕망 속에 분류해놓았다. 왜냐하면, 이 열등한 쾌락은 다른 한편으로는 대단히 생명력 있는 쾌락이기 때문이다. 그렇지만 아프로디지아가 아무리 자연스럽고 필요한 것이라 하더라도 그 나름의 윤리를 가지고 있다. 아프로디지아라는 말을 탄생시킨 고대 그리스 시대의 사유에 따르면, 미덕이란 결코 순결한 상태를 의미하는 것이 아니었다. 오히려 아프로디지아의 윤리적 차원에서는 과도함과 수동성이 부도덕성의 두 가지 주요한 형태였다. 과도함은 절제와 조절을 모르기 때문에, 수동성은 주체성이 결여되어 있기 때문이라는 것이다.204)

아프로디지아의 윤리적 차원에서 과도함과 수동성이 부도덕성의 두 가지 주요한 형태라고 할 수 있는, 절제와 조절을 모르는 과도함과 주체성이 결여된 수동성의 대표적 전형이라고 할 수 있는 플로베르의 소설 『마담 보바리』의 여주인공 엠마. 소설 『마담 보바리』는 문학사적인 측면, 사회학적인 측면, 심리학적인 측면에서 다양한 방법으로 끊임없이 해석되고 있는 작품이다.

엠마는 끓어오르는 욕망을 주체하지 못하고 항상 '다른 곳'을 향해 있다. 그녀가 꿈꾸는 다른 곳은 실현 불가능한 욕망과 몽상으로 구축된 비현실적인 공간이다. 어떤 대상에게 욕망을 느꼈을 때, 그 대상이 자신의 결핍을 완전히 채워줄 것이라고 믿기 때문에 그것만 얻으면 더 이상 아무것도 욕망하지 않으리라 여긴다. 그러나 그 대상을 얻고 난 후에도 욕망은 여전히 남을 수밖에 없다. '다른 곳'이라고 생각했던 대상을 찾아 거기에 이르면, 이번에는 그 '다른 곳'이 바로 '지금-여기'가 되어 또다시 '다른 곳'을 갈망하는 악

---

204) 같은 책, 64~66쪽.

순환이 되풀이되는 것이다.205)

엠마는 아프로디지아를 실천할 때 저지른 과도함에서는 더욱 큰 관능을 추구하는 실현 불가능한 욕망을 낳기 때문에 쾌락을 즐기고 행복을 느끼기보다는 점점 더 심해지는 갈증 속에서 고통, 초조함, 사랑을 잃을지도 모른다는 두려움과 불안을 자아낸다.

플로베르는 자신의 작품 『마담 보바리』에서 남성과 비교하여 여성의 조건에 대해 "남자로 태어나면 적어도 자유로울 수 있다. 온갖 정념의 세계, 온갖 나라를 두루 경험할 수 있고 장애를 돌파하고 아무리 먼 행복이라 해도 붙잡을 수가 있다. 그러나 여자는 끊임없이 금지와 마주친다. 무기력한 동시에 유순한 여자는 육체적으로 약하고 법률의 속박에 묶여 있다. … 여자는 언제나 어떤 욕망에 이끌리지만 어떤 체면에 발목이 잡혀있다."206)라고 서술하고 있다.

그렇다면 푸코는 "쾌락을 어떻게 적절히 취할 것인가? 이러한 활동을 절제하고 제한하고 조절하기 위해서는 어떤 원칙을 따라야 할 것인가?"207)라고 반문한다. 원칙은 단 하나, 욕망에 사로잡힌 노예가 되지 말고, 스스로 자기 '욕망의 주인'이어야 한다는 것이다. '욕망의 주인'은 특별한 '소수의 사람'이다. 그 '소수'는 스스로 자기 행동을 바꿀 수 있으므로 주인일 수 있다. 주인은 자기 욕망을 다스릴 수 있는 '엔크라테이아(Enkrateia)'를 가진다. '엔크라테이아'는 쾌락을 올바르게 활용하는 태도이다. 그 태도는 바로 '자기를 제어하는 노력'이다.208) '엔크라테이아'로 말미암아 '절제(sophrosune)'라는 미

---

205) 진인혜, 「플로베르의 마담 보바리 -'다른 곳'을 향한 욕망과 아프로디지아 -」, 유럽 사회 문화 제3호, 146쪽.
206) 플로베르, 김화영 역, 『마담 보바리』, 민음사, 2000, 131~132쪽.
207) 미셸 푸코, 『성의 역사 2 : 쾌락의 활용』, 67쪽.
208) 같은 책, 80쪽.

덕이 비로소 생긴다. '절제'는 어떤 욕망을 지배하는 상태이다. 절제는 곧 자기를 지배한 결과이다. "절제하는 사람은 쾌락에 대해 전투 태세를 취함으로써만 도덕적으로 행동할 수 있다."209) 절제는, 쾌락에 맞서고 쾌락과 겨루며 쾌락을 길들이려는 노력이다. 절제하는 사람은 스스로 자기가 쾌락에 지배당하기를 거부한다. 절제란, "쾌락과 욕망에 반대하는 것, 그것들에 굴복하지 않는 것, 그것들의 습격에 저항하든가 아니면 반대로 그것들에 휩쓸려버리는 것, 그것들을 극복하거나 아니면 그것들에 극복되는 것, 그것들에 무장하거나 장비를 갖추는 것이다."210) 결국, 개인이 싸우는 대상은, 욕망이 아니라, 바로 자기이다. 쾌락은 언제나 지배 관계와 제어 관계에 놓인다. 욕망은 억제당해야 한다. 쾌락은 억눌려져야 한다. 무절제는 명령해야 할 자를 노예로 만든다. 절제는 스스로 노예이기를 거부함이다. 절제란 투쟁이다. 투쟁이란 '훈련'인 것이다.211) '자유인'은 고대 그리스인이 품는 이상이었다. 스스로 자기에게 절대 권위를 가져야 비로소 자유로워진다. 자유인은 '쾌락'에 사로잡힌 노예이기를 거부한다. 노예가 주인에게 복종해야 하듯이, 무절제한 사람은 '욕망의 노예'일 따름이다. 고대 그리스에서 성행위는 단순히 쾌락을 얻는 수단이 아니었다. 오히려 성행위는, 절제가 무엇인지, 어떻게 자유로워질 수 있는지를 깨닫게 했다. 절제란 자기를 지배함이다. 자기를 지배해야 비로소 자유로워질 수 있다. 절제란 정녕 자유로워지려는 열망, 바로 그것이다.

---

209) 같은 책, 81쪽.
210) 같은 책, 82쪽.
211) 같은 책, 88쪽.

성적 주체(sexuality-subject)로서의 욕망

섹스(sex)는 생물학적으로 남자와 여자를 구별할 때 사용되거나 육체적인 성관계를 표현할 때 사용된다. 젠더(gender)는 사회적, 문화적 존재로서의 남성과 여성을 뜻한다. 생물학적 성차(性差)를 나타내는 섹스(sex)에 대해, 사회적인 성별을 나타낸다. 1970년대 이후 페미니스트들은 젠더라는 말을 즐겨 사용하게 되었다. 사회문화적으로 볼 때 남자다움과 여자다움을 의미하는 것이다. 각 시대와 사회에 따라 남자로 존재하는 것과 여자로 존재하는 것의 내용이 다르므로 젠더는 사회적 성, 혹은 문화적 성으로 이해된다. 그리고 섹슈얼리티(sexuality)는 성행위에 대한 인간의 성적 욕망과 성적 행위, 그리고 이와 관련된 사회제도와 규범들을 뜻한다. 즉 욕망의 차원을 넘어 인간의 성 행동뿐만 아니라 인간이 성에 대해 가지고 있는 태도, 사고, 감정, 가치관, 이해심, 환상, 성의 존재 의미 등의 모든 것을 포함한다.

섹슈얼리티는 남녀 간의 성교나 성적 행위뿐만 아니라 모든 에로틱한 욕망, 실천, 성 정체성을 지칭할 때 사용된다. 자신은 어떤 성적 욕망이 있으며, 자신은 어떤 사람에게 성적으로 끌리며, 어떻게 자신을 성적으로 표현하는가, 그리고 누구와 어떤 식의 성적 행위를 하는가와 같은 성적 감정과 성적 관계의 문제이다. 개인적, 사회적 삶에서 에로틱한 의미를 지니는 모든 것들이 섹슈얼리티이다. 다시 말해 섹슈얼리티는 성적 행위를 포함한 에로틱한 욕망과 실천, 그리고 정체성을 의미한다.

섹슈얼리티는 서구에서 19세기 말에 등장한 용어로 성과학과 정신분석학과 더불어 프로이트에 의해 본격적으로 사용되었다. 현대적 의미의 사용은 푸코의 연구로 촉발되고 이를 통해 성에 대한 전통적 인습과 인간의 성을 억압하는 권력 내지 그 지배 형식에 대한 새로운 통찰이 가능해졌다. 섹슈얼리티에 대한 푸코의 이해는 인간의 섹슈얼리티에 대한 사회적 통제와 규제를 인식하게 함으로써 억압된 섹슈얼리티에 대한 논의를 가능하게 만들었다.[212]

푸코는 성이라는 문제가 권력과 개인의 욕구와의 충돌과 타협, 저항과 복속 등의 여러 단계를 거치고 있음을 보여주고 있다. 근대 서구 유럽에서 고대 그리스 시대까지 분석해 온 푸코의 연구는 성과 인간사회의 구성 방식의 밀착성을 입증한다. 서양의 성 역사를 시대적으로 조명한 푸코는 『성의 역사 3권: 자기에의 배려』에서 고대 그리스인들의 성도덕을 이야기하면서 고대 그리스인들은 성적 억압에 대한 금기는 없었지만, 성에 대해 자기 절제를 미덕으로 삼았다고 주장했다. 푸코에 따르면 고대 그리스인들의 성은 부부를 중심으로 한 이성애에만 국한하는 것이 아니라, 동성애를 포함하고 있다. 그러나 중세의 기독교에서는 사랑을 부부간의 이성애로 철저하게 국한하고, 성적 쾌락을 죄악시하기 시작했다.

푸코가 생체-권력(bio-pouvoir)에 대해 논의하기 시작한 것은 『성의 역사: 앎에의 의지(1976)』이다. 이 책에서 푸코는 성(sexuality)의 억압이 법과 권력의 본질이라고 보는 욕망이론, 혹은 권력 이론을 비판하면서, 사법 권력과는 다른 종류의 권력, 인간의 생명에 직접 개입하는 생체-권력이 근대에 출현하여 현대로 이어지고 있다고 주장한다. 근대 생명 통치 권력이 작동하는 지점인 동시에 그에 대한 반체제, 혹은 대항통치가 발생하는 지점은 바로 '섹슈얼리티'의 영역이다.

---

212) 조심선희, 「섹슈얼리티」, 여성이론, 14, 『도서출판 여이연』, 2006, 237쪽.

푸코는 이 책에서 17세기 부르주아 사회가 시작되면서 섹스를 부부의 침실로 고립시켰으며, 공적 자리에서 성을 언급하는 일이 통제되고 성의 표현은 금기 사항이 되었다고 지적하고 있다. 하지만 푸코는 이와 같은 사회적 성 담론의 은폐를 지적하며, 오히려 17세기부터 성 담론의 폭발이 일어났다고 주장한다.

푸코는 18세기 들어서 세속적 권력은 성 문제에 대한 관여를 이성적이고, 과학적이며 체계적으로 증가시켰다고 주장한다. 성은 이제 계산하고 분류하고 분석하는 대상이 되었다. 인구문제를 다루는 방식으로 국가적인 차원에서 통제되었고 행정적, 과학적 조사와 연구의 대상이 되었다.

생체-통치 권력이 개인의 섹슈얼리티에 개입하는 이유는 바로 '인구'(population)이다. 18세기부터 국가는 영토 내 인구에 대한 통계(statistics)를 내기 시작했다. 부로서의 인구, 노동력으로서의 인구가 정치 경제적(political economy) 문제로 등장했기 때문이다. 인구 관리에서 가장 중요한 요소는 짝짓기와 출산이다. 출산율 계산과 관리를 위해 출산은 결혼과 연동되어야 했고, 결혼 관계는 법적으로 등록되어야 했다. 국가는 적절한 결혼 연령, 합법적 출생과 비합법적 출생, 성관계의 조숙함과 빈도, 성관계를 임신 또는 불임으로 이끄는 방법, 독신 생활이나 금욕의 나쁜 효과들, 피임 관행 등을 분석해야 했다. 국가는 시민들의 성과 성생활이 어떤 상태에 있는지 알아야 했으며, 시민들도 제각기 자신의 성을 이용하는 습관을 통제할 수 있어야 했다. 국가와 개인 사이에서 성은 공공연한 쟁점이 되면서 담론, 지식, 분석, 명령의 조직망이 성을 둘러쌌다.[213]

---

213) 미셸 푸코, 이규현 역, 『성의 역사: 앎의 의지』, 나남, 1996, 45쪽.

19세기 말에 등장한 프로이트는 인간의 성욕과 문명과의 관계를 조명하는 과정에서 오이디푸스 콤플렉스를 설정하였는데, 이 성욕의 억제로 문명이 탄생하였다고 주장하였다. 그러나 푸코는 프로이트의 성-억압가설에 반대한다. 그는 17세기 이래 성 담론의 주요 특징은 억압이라는 사실에 있는 것이 아니라, 인구와 개인의 복지에 관한 관심의 증가에 있다는 것이다. 성행위에 관한 언설은 인간의 몸에 각종 장치와 의학 지식 등으로 규제하는 생체-권력(bio-power)의 한 양상이 되었다. 이 권력은 인간의 육체적 성욕을 '지식이라는 감시의 거울 망'으로 덧입힌다. 따라서 성은 서양 사회에서 권력-지식의 통제 데이터가 되었다. 17세기만 해도 성과 성욕은 종교적인 도덕적인 판단의 영역에 속했지만, 근대 이후에 그것은 권력에 의한 관리의 체제로 들어가게 된 것이다.

푸코는 억압적 권력보다는 생산적 권력에 의한 통제가 근대의 성생활에 작용하고 있다고 강조했다. 그에 따르면 "권력은 명시적으로 억압적인 것이 아니라 생산적인 것이다"214)라고 주장한다. 푸코의 권력개념은 억압적인 것이 아니라 생산적인 것이며, 결정된 것이 아니라 산재해 있는 관계들의 상호작용이다. 다시 말해 권력이란 다양하게 존재하는 힘들 간의 차이로부터 발생하는 일시적이고 유동적인 관계이다. 따라서 푸코는 "권력이 있는 곳에 저항이 있으며, 저항이 있기에 권력이 있다."215)라고 주장한다.

그리고 푸코는 성에 대한 담론을 형성하는 '권력-지식-쾌락'의 문제를 제시했다. 푸코는 권력이 어떤 담론의 경로를 거쳐 가장 은밀한 쾌락의 부분에 이르기까지 개인을 침투해서 통제하는가의 문제에

---

214) 푸코, 『성의 역사 1권: 앎의 의지』, 나남, 1990, 108쪽.
215) 푸코, 『성의 역사 1권: 앎의 의지』, 109쪽.

봉착했다. 출산 가능성이 정상적인 성과 비정상적인 성으로 나누는 기준이 된 것도 이런 인구정책을 배경으로 했기 때문이다. 결혼과 출산뿐 아니라, 가부장 통치체제를 지탱하며 지금까지 지켜왔던 성 역할의 질서에 대해 반체제가 발생한 것이다. 2500여 년 이어온 가부장 통치체제의 종언을 알리는 페미니즘 혁명이 일어나고 있었다.

푸코에게 있어서 '성-주체'는 성이 금기의 대상이 아니라 자기 실천의 영역을 주장하는 주체성이다. 이 주체성은 근대의 지식-권력을 통해 작동한 성 과학, 생물학에 따라 성(sex)을 자명한 것으로 받아들이지 않는다. 더 나아가 생물학적인 성별에 자연이 부여한 특징에 따라 사회적으로 구별되는 성 역할(gender)을 갖는 일을 당연시하지 않고, 이를 문화적 구성물로 볼 수 있는 주체이다.[216]

역사 이래 오랫동안 동양은 물론이고 서양에서도 여성의 섹슈얼리티는 성욕이 없는 것으로 간주해 왔고, 여성의 성적 욕망은 결혼과 가족 범주 내에서 해결하도록 권장되어왔다. 여성이 성적 쾌락에 대해 말하는 것은 금기시해왔고, 여성의 섹슈얼리티는 재생산과 직결되었고, 또한 순결함이라는 윤리적 기준의 잣대가 되었다. 여성의 성적 주체성이 금기시되어오면서 여성의 섹슈얼리티는 항상 수동적인 것으로 규정되고 제약받아 왔다. 반면, 남성의 섹슈얼리티는 타고난 것이고, 통제 불가능한 것으로 여겨왔다. 여성의 섹슈얼리티는 역사적으로 늘 통제되어왔다. 여성과 남성에게 각기 다른 성적 규범이 적용되었으며, 여성의 섹슈얼리티 행위는 언제나 나쁜 평판과 함께 지탄의 대상이 되었다.

인간의 성적인 욕망, 성적인 정체성 및 성적 실천을 의미하는

---

216) 박민미, 「푸코의 근대 권력 비판과 '성-주체」 시대와 철학 제16권 3호, 2005, 173~174쪽.

섹슈얼리티의 영역에서도 우리 사회는 많은 규제와 허용기준, 바람직한 섹슈얼리티에 대한 잣대를 가지고 있다. 규범적/비규범적, 정상적/비정상적, 자연적/일탈적 등의 섹슈얼리티에 관한 가치판단을 하는 것이다.[217]

성-욕망에 대한 담론

프로이트는 인간의 성에 대한 욕망을 본질적인 입장에서 접근한다. 인간의 도착적이고 금기시되는 다양한 욕망을 억압하면서 비로소 성적 발달 단계가 완성되고 사회적 성별을 획득한다고 본다. 왜냐하면, 그는 인간의 생물학적인 성기 구조의 차이에 의해 여성과 남성의 성 정체성을 구별하기 때문이다. 그래서 오이디푸스 콤플렉스와 거세 콤플렉스를 거치면서 자신의 일탈적인 성에 대한 욕망을 억압한다. 그리고 차츰 기존의 성에 대한 규범과 체제에 적합한 성 정체성을 만들어 나간다.

반면 푸코는 프로이트의 정신분석학적 접근에 전제된 섹슈얼리티에 대한 본질론적인 사고의 방식에서 벗어나, 욕망으로서 권력이 담론을 통해 사회구조와 제도 속에 퍼져나가는 방식으로 설명한다. 따라서 푸코는 섹슈얼리티를 근대가 고안해낸 독자적인 역사적 구성물로서 성별, 계급, 인종, 연령, 성적 기호, 그리고 규범 제도들에 따라 다양하게 구성된다고 본다.

푸코에게 있어서 '욕망'이라는 단어는 푸코가 비판하는 프로이트의 억압-해방 가설에 대한 '성-욕망'의 담론에 기초한 것이다. 그러나 푸코는 프로이트와 다르게 인간의 섹슈얼리티를 단순히 애써

---

217) 조심선희, 「섹슈얼리티」, 237쪽.

억압하려는 본능적인 욕망이라고 전제하기보다는 욕망에 대한 특정한 사고가 근대 문화 속에서 어떻게 형성되었고, 규제되었는지 그리고 더 나아가 권력과 어떻게 연결되는가에 초점을 맞추고 있다. 그래서 푸코에게 있어서 섹슈얼리티는 자연적이고 생물학적 성과 욕망이 아니라, 사회적이고 역사적으로 구성되는 육체와 쾌락의 문제이다. 욕망이 아니라 쾌락이다. 쾌락은 그 시대, 그 사회에서 개인이 스스로를 주체로 구성하는 주체와 과정의 주요 요소가 된다.

임상수 감독의 영화 <처녀들의 저녁 식사>는 여성의 몸과 섹슈얼리티를 중심주제로 삼고 있으며, 섹슈얼리티를 통하여 여성의 주체적 욕망을 다양한 방식으로 형상화한 영화다. 이 영화에서는 세 명의 미혼 여성이 등장하여 그들이 생각하는 섹스와 남자에 대한 성 담론을 정면으로 펼쳐 보인다. 이른바 여성의 성에 대한 표현은 언제나 소극적이고 수동적이라는 통념을 깨고 변화된 시대 상황에서 이제 여성들은 스스로 성을 즐기거나 성의 대상을 선택하고 있음을 암시하고 있다.[218]

박찬욱 감독의 영화 <아가씨>에서 코오즈키는 '일본 제국주의'와 '남성 가부장제' 그 자체의 상징이다. 어릴 때부터 매와 냉정한 훈육으로 엄격하게 자기 절제를 가르치는 '일본식 훈육 방식'과, 두려움을 줌으로써 힘의 지배를 가능하게 하는 '제국주의 시스템'과, 여성의 손에는 언제나 장갑을, 발에는 양말을 신겨 여성의 몸을 철저하게 가리게 하는 '가부장적 가치의 근본주의'를 보여준

---

218) 이효인, 『영화로 읽는 한국사회 문화사』, 개마고원, 2003, 275쪽.

다. 코오즈키에 의해 어릴 때부터 철저하게 종속과 복종으로서 호명된 '히데코'는 비로소 코오즈키의 절대 권력에서 벗어나게 된다. 즉 숙희와 히데코의 동성애는 제국주의적 가부장제와 억압된 이성애 이데올로기에 대한 저항인 셈이다. 남성 중심적 새도매저히즘, 이성애주의에 대한 일탈을 의미한다.[219] 영화 후반부에서 숙희는 히데코와 저택에서 도망치기 전 낭독회장의 모든 음서와 음화를 찢고 물속에 수장시킨다. 숙희는 히데코에게 억눌려 있던 이모부라는 절대 권력에 대한 거대한 상징을 해체하게 하는 개혁자로서의 모습으로까지 나아간다. 숙희는 거대권력에 의해 호명 당한 히데코의 억압을 풀어 주고 자유로운 여성 정체성을 되찾게 해주는 해방군이 되는 것이다. 영화의 마지막쯤 상해로 떠나는 배 위에서 후로자와 백작의 결혼반지를 장갑에 끼워 바다로 던지는 장면은 가부장적 억압의 고리에서 벗어나게 되었다는 것을 상징한다. 박찬욱 영화에서 여성 동성애는 가부장제에 맞서는 저항의 의미도 지닌다고 할 수 있다.[220] 영화에서 여성들, 숙희와 히데코는 자신의 진정한 정체성과 자유를 찾고자 나아갔다.

---

219) 김용희, 「박찬욱 영화 「아가씨」의 구성과 스토리텔링 분석」, 한국문예창작 제15권 제3호 (통권 38호), 2016, 171쪽.
220) 김용희, 173쪽.

제 11 장

욕망하는 기계:
들뢰즈

모든 존재자는 '기계'이다. 그 '기계'의 정체성은 자신과는 다른 기계와의 접속으로 이루어진다. 우리의 입은 식도와 접속하면 '먹는 기계'가 되고, 성대와 접속하게 되면 '말하는 기계' '노래하는 기계'가 된다. 우리의 입은 입 그 자체로서 정체성을 가지는 것이 아니다. 그 입은 다양하게 다른 그 무엇과 접속을 할 때 비로소 그 입의 정체성이 분명하게 드러난다고 할 수 있다. 접속하기 위해서는 접속의 장소가 필요하다. 접속의 장소는 바로 플랫폼이다. 이 플랫폼을 들뢰즈는 '탈주선(linge de fuite)'이라고 부른다. 이 탈주선은 접속시키는 통로이다. 접속의 공간인 플랫폼은 열린 공간이다. 그래서 새로운 생성의 공간이다.

질 들뢰즈[221]는 욕망의 생산성과 창조성을 주장하였다. 그는 욕구와 욕망을 구분한다. 욕구는 생산과 창조로 연결되는 개념이 아니라 결핍과 채움과 관계되는 개념이다. 반면, 욕망은 욕구와는 다르게 생산과 창조성으로 연결되고, 현실 속에서 가장 현실적인 것을 생산한다.

---

221) 질 들뢰즈(Gilles Deleuze, 1925~1995년)는 20세기 후반 프랑스의 철학자, 사회학자, 작가이다. 파리에서 태어나 삶의 대부분을 그곳에서 보냈다. 파리 8대학의 교수를 맡기도 했다. 1995년 11월 자신의 아파트에서 뛰어내려 자살하였다. 1960년대 초부터 1995년 사망할 때까지, 들뢰즈는 철학, 문학, 영화, 예술 분야에서 영향력 있는 저작들을 썼다. 가장 인기를 누린 책들은 펠릭스 과타리(Félix Guattari)와 함께 쓴 『자본주의와 분열증: 안티-오이디푸스(L'Anti-Œdipe - Capitalisme et schizophrénie, 1972년)』와 『천 개의 고원(Mille Plateaux-Capitalisme et schizophrénie 2, 1980년)』이다(위키백과 참조).

욕망하는 기계

들뢰즈는 자신의 욕망을 '기계(machine)'라는 개념을 통해서 정식화한다. 여기서 기계는 유기체와는 다르게 분리할 수 있고, 합체와 더불어 결합이 가능한 비유기적인 생명이라고 할 수 있다. 들뢰즈의 용어 '욕망하는 기계(la machine désirante)'는 욕망이 인간적이지도 않고 인간의 대상으로서 자연적인 것도 아니다.222) '기계'는 처음에 한낱 부품에 불과한 것이지만, 기계들끼리 접속하고 배치되면서 달라진다. 우리 손이 식칼과 접속하면 요리하는 손이되고, 피아노 건반을 두드리면 피아노 치는 손이 된다. 그리고 드럼을 두드리면 드럼채를 잡는 손이 되고, 다른 사람의 손과 접속하면 악수하는 손이 된다. 요리사인지 피아니스트인지, 아니면 드러머인지 구분하는 것은 손 그 자체에 있는 것이 아니다. 그 손의 배치와 접속의 문제이다. 이것이 '기계적 욕망'이다. 외부와의 접속과 배치를 통해 욕망은 필요가 되는 것이다.

올해 칸 영화제에서 황금종려상을 수상하여 많은 관심을 모았던 봉준호 감독의 영화 '기생충'이 화제가 되었다. 전원 백수로 살아가던 기택의 가족, 장남 기우에게 명문대생 친구가 연결해준 고액 과외 자리는 모처럼 싹튼 고정 수입의 희망이다. 기우가 과외를 하는 집은 지금까지 단 한 번도 경험하지 못한 환한 햇살이 비추는 저택이다. 기우는 자신의 가족들이 사는 햇빛도 제대로 들지 않는 지하 월세와는 완전 다른 세상과 접속하는 순간, 일시적이 아닌 원래 그 공간에 배치되어 있던 사람처럼 자연스럽게 행동한다. 그리고 기우는 거기에 만족하지 않고 자신을 비롯하여 아버지, 엄마,

---

222) 질 들뢰즈·펠릭스 과타리, 『천 개의 고원』, 16쪽.

여동생까지 그 대저택의 사람들과 접속하며 그 공간으로 배치한다. 백수였던 아버지는 사장의 운전기사로, 엄마는 가정부로, 여동생은 미술치료사로 완벽하게 저택의 공간으로 배치한다. 도저히 닿을 수 도 경험할 수도 없었던 햇살 가득한 그 저택 안의 사람들과 접속 을 시도한 순간, 그 공간을 조금씩 잠식해 들어간다. 저택 사람들 과의 접속과 배치를 통해 이전의 자신들과 완전히 달라진다. 장남 기우는 가짜 명문대생인 영어 과외 선생님으로, 아버지는 경력이 잘 갖춰진 운전기사로, 엄마는 경험이 많은 가정부로, 여동생은 스 펙이 훌륭한 미술치료사로 배치하며 영토화한다. 지금까지 그 가족 들에게 은밀하게 감춰져 있던 욕망이 자연스럽게 표출된다. 접속-배치-영토화-탈주-탈영토화를 통해 과거와는 사뭇 다른 존재로 새 롭게 생성되어가며 탈주를 시작한다.

들뢰즈에게 있어서 우주를 이루는 요소는 '욕망 기계(machine désirante)'이다. 이것은 주체에 따라 욕망을 제한하거나 부정하는 것이 아니라, 욕망이 기계를 통해 분출되는 것이다. 욕망은 기계 형태로 작동을 하는데, 욕망은 기계에 내재적 원리에 속한다. 과정 으로서의 생산, 생산의 경과, 순환으로서의 무의식의 자기 생산, 우 주 운행의 원리가 욕망이며, 이 원리는 초월적 원리가 아닌 내재적 원리이다. 우주의 운행에 내재하는 원리, 우주의 운행을 추동하는 내재적 힘이 바로 욕망이다. 욕망은 현실을 생산하는 것이다.[223)]

<그것>[224)]은 어디서나 작동하고 있다. 때로는 멈춤 없이, 때

---

223) 철학 아카데미, 『처음 읽는 프랑스 현대철학』, 동녘, 290쪽.
224) 저자는 우리 주변의 모든 것을 기계로 보고 있는데 이 <그것>은 기계로 파악된 사물, 제 도를 가리키는 말로 해석된다. 좁게 해석하여 <기계로 생각된 인간>을 의미하는 것으로 해석한다.

로는 중단되면서, <그것>은 숨 쉬고, <그것>은 뜨거워지고, <그것>은 먹는다. 그것은 똥을 누고 성교를 한다. 어디서나 그것들은 기계들인데, 결코 은유적이 아니다: 연결되고 연접해 있는 기계들의 기계들이다. 한 기관기계(器官機械)는 한 원천기계에 연결되어 있다: 하나는 흐름을 내보내고, 다른 하나는 그 흐름을 끊는다. 유방은 젖을 생산하는 기계요, 입은 유방에 연결된 기계다. 식욕 상실자의 입은 먹는 기계, 항문 기계, 말하는 기계, 숨 쉬는 기계 중 어느 것이 될 것인지 망설인다. 이렇듯 우리는 모두 이것저것 긁어 모아 잘 꾸려내는 자들이다: 우리는 각자 자기의 작은 기계들을 가지고 있다. 에너지-기계에 대해서 기관기계가 있는 것은 언제나 흐름이 있고 단절이 있기 때문이다.[225]

들뢰즈는 기계를 흐름(flux)의 '절단들의 체계'라고 정의한다. 흐름은 물질들의 연속성을 가리키며, 물질들이 서로 구별되지 않은 채 존재하는 상태의 물질이다. 절단은 연속성에 규정을 부여한다. 욕망은 흐르게 하고, 흐르고, 절단한다. 기계는 흐름의 절단의 전 체계이다. 욕망은 기계를 가동하는 추동력, 힘, 동인이다. 그래서 기계는 홀로 있지 않고 욕망을 내재적 추동력으로 지닌 채 존재하며, 모든 기계는 일차적으로 '욕망 기계'이다. 존재는 기계들이며, 그 내재적 가동원리가 바로 욕망이다.[226] 들뢰즈는 인간을 욕망하는 기계로 본다.

들뢰즈는 욕망하는 기계를 통해 인간 이해로부터 사회적, 역사적 이해의 내재적 분석으로 나아간다. "욕망이란 인칭들이나 사

---

225) 『앙띠 오이디푸스』, 15쪽 참조.
226) 『처음 읽는 프랑스 현대철학』, 294쪽.

물들을 대상으로 하는 것이 아니라, 그것이 편력하는 환경 전체를 대상으로 한다. 욕망은 자기 합류하는 온갖 성질의 진동과 흐름을 대상으로 한다."227)

들뢰즈는 자기 보존의 역량으로서 욕망 긍정론에 토대를 두고 있다. 욕망의 기호인 신체 역시 능동적 힘을 생산하는 역량을 가지지 않으면 안 된다. 들뢰즈의 '기관 없는 신체' 메타포는 신체를 감각기관과의 유기체적 관계 속에 묶어 두었던 전통적인 신체관을 벗어나기 위한 것이다. 감각기관과의 유기적 관계 속에 있는 신체가 아니라 탈유기체적 신체의 무한한 변용 역량의 잠재력을 가진 신체로 규정하기 위한 것이다.228) 들뢰즈의 욕망은 '유기체가 생명이 아니라 생명을 가두는'229) 감옥과 같은 것이기 때문에 '기관 없는 신체'는 신체가 욕망을 생산하는 근원적인 것과 같은 것이다. '기관 없는 신체'는 기관이라는 구조에 갇힌 수동적 신체가 아니라 무한히 잠재적으로 활동하는 신체이다. '근원적인 자기 보존의 욕망'으로 충만한 신체의 활동은 일종의 탈기관화된 신체의 자유를 얻으려는 활동이다.

들뢰즈에게 있어서 욕망의 주체는 없으며, 배치된 혹은 기계적인 욕망만이 있을 뿐이다.230)

---

227) 『앙띠 오이디푸스』, 430~431쪽.
228) 신승철, 「들뢰즈/과타리의 욕망론과 신체론에 대한 고찰-『천 개 고원』의 제6장 '기관 없는 신체'를 만드는 법을 중심으로」, 『철학・사상・문화』 제1집, 동국대학교 동서사상연구소, 2005, 149쪽 참조.
229) 신승철, 「들뢰즈/과타리의 욕망론과 신체론에 대한 고찰-『천 개 고원』의 제6장 '기관 없는 신체'를 만드는 법을 중심으로」, 149쪽 참조.
230) 김석, 「욕망하는 주체와 욕망하는 기계-라캉과 들뢰즈의 욕망이론-」, 『철학과 현상학 연구』 29, 한국현상학회, 2006, 174쪽.

기관 없는 신체

욕망하는 기계들과 기관들 없는 신체 사이에 충돌이 생긴다. 기계들의 연결마다, 기계의 생산마다, 기계가 내는 소리마다, 기관들 없는 신체에는 견딜 수 없는 것이 된다. 욕망하는 기계들에 대한 기관들 없는 신체의 반발이다. 그것은 욕망하는 기계들이 기관들 없는 신체에 침입하는 작용, 또 욕망하는 기계들을 전체적으로 박해(迫害)의 장치로 느끼는 기관들 없는 신체의 반발 작용을 의미한다.231)

욕망하는 기계들에 대한 기관 없는 신체의 반발, 이것은 편집증에 걸린 기계를 의미한다. 다시 말해서 그것은 욕망하는 기계들이 기관 없는 신체에 침입하는 작용이고, 편집증에 걸린 기계는 그 자체로는 욕망하는 기계들이 변신한 것이다. 그것은 기관들 없는 신체가 욕망하는 기계들을 감당할 수 없을 때 이 양자의 결과로 생긴다.

들뢰즈에 따르면 욕망은 무엇인가? 그리고 그 욕망은 어떻게 작용하고, 우리 인간의 삶에 어떤 영향을 미치는 것일까? 들뢰즈는 "욕망하는 기계"를 목적도 없고 원인도 없는 욕망으로 규정한다. "욕망은 기계이며, 기계들의 종합이고, 기계적 배열이다. 다시 말해서 욕망하는 기계들이다. 욕망은 생산의 질서에 속하며, 모든 생산은 욕망하는 것인 동시에 사회적이다."232)

들뢰즈는 욕망을 기계로 해석한다. 기계는 일차적으로 다양한 부품들의 기능적 조립이라는 점을 상기할 때, "욕망하는 기계"는

---

231) 『앙띠 오이디푸스』, 25~26쪽 참조.
232) 『앙띠 오이디푸스』, 436쪽.

욕망의 의지와 대상의 기능적 조립이라고 할 수 있다. 만일 기계가 기계를 구성하는 부품들이 없다면 그 기계는 기계로서의 아무런 기능을 할 수 없는 것처럼, "욕망하는 기계" 없이는 의지와 대상 자체는 아무런 의미가 없다. 기계가 외부와의 결합과 단절을 암시하는 한, 욕망을 조립의 한 부분으로 파악한다는 것은 욕망의 주체와 대상의 관계에서 주체의 편에 위치시키기를 반대한다는 것을 의미한다. 왜냐하면, 욕망과 욕망의 대상은 항상 동시에 발생하기 때문이다. 예를 들면 입은 음식과 연결될 때에는 '먹는 기계'가 되고, 들어주는 외부의 귀와 연결되면 '말하는 기계'가 되고, 다른 입과 결합하면 '섹스 기계'가 된다.233)

이러한 과정에서 욕망이 외부의 다른 것과 접속할 때, 접속하는 항에 따라 다른 본성을 갖게 된다. 그런 측면에서 들뢰즈는 유기체적인 '기관'보다는 비유기체적인 '기계'가 욕망을 훨씬 더 적절하게 비유했다고 본 것이다. 왜냐하면, 들뢰즈의 '기계'는 다른 기계와 연결될 때에만 작동한다는 점에서는 기계이지만, 특정한 기능을 가진 '폐쇄적 기계'와는 구별되기 때문이다. 시계와 같은 폐쇄적 기계는 효율적으로 기능하지만, 결코 스스로를 변형시키거나 생산하지는 않는다. 이에 반해 들뢰즈의 개방적 욕망 기계는 스스로를 변형하고, 자신이 할 수 있는 것을 극대화하기 위하여 다른 기계와 접속한다.

들뢰즈에 따르면 우리 인간의 신체와 기관이 미리 필연적으로 결합한, 마치 전체와 부분이 필연적으로 연관되어 있듯이 유기체적인 관계는 존재하지 않는다. 변용에 따라 신체들의 감각은 각기 다

---

233) 이진경, 『노마디즘』, 휴머니스트, 2002, 130쪽 참조.

르게 나타난다. 유기체주의에 따르면 감각기관들이 미리 주어져 있어서 동일한 내용을 전달한다고 전제한다. 그러나 들뢰즈는 우리의 신체가 감각기관과 필연적인 내적 연관 속에서 유기체적으로 조직되어 있다는 유기체주의에 반대한다. 들뢰즈에게 있어서 신체는 결코 유기체(organism)가 아니다. '기관 없는 신체' 개념은 '기관'을 단순히 없앤 신체가 아니라 '유기체적인 신체'로 한정되지 않는 보다 폭넓은 변용 역량을 가진 신체이다. 다시 말해서 '입'은 '젖을 먹기 위한 입'이면서 동시에, '키스를 위한 입', '말하기 위한 입'일 뿐만 아니라 장애인에게는 손을 대신하여 '글을 쓰거나 그림을 그리는 입'으로 다양하게 변용된다. 들뢰즈가 '기관 없는 신체'라는 개념을 쓰는 이유는 기관들에 대립하기 위해서가 아니라 우리의 신체가 감각기관과 필연적인 연관 속에서 유기체적으로 조직되어 있다는 유기체적인 방식에 대립하기 위해서이다. 들뢰즈는 기관과 신체의 관계를 전체와 부분 간의 필연적인 관계로 상정하는 유기체적인 방식의 조직에서는 신체에서 끊임없이 생성되는 새로운 변용 능력을 발견할 수 없기 때문이다. 모든 신체는 유기체가 규정하는 기관들의 부분들이 필연적인 결합으로 한정되는 것이 아니라 무한한 변용 역량의 잠재력이 있다는 것을 강조하고 있다. 들뢰즈가 기관들과 필연적인 관계를 상정하는 유기체를 거부하는 이유는 유기체가 생명이 아니라 오히려 생명을 가두기 때문이다. 들뢰즈가 보기에는 우리의 신체는 유기체에 의해서 미리 주어진 기관들로 한정되지 않는 무한한 변용 능력을 생성해야만 자신을 재생하고 보존할 수 있다.

들뢰즈의 기계개념은 신체가 단순히 유기적 기관으로 주어진 것보다는 더 다양한 변용 능력이 있다. 발-기관은 단순한 기관만이 아니라 전투-기계, 운동-기계, 수영-기계, 춤-기계 등등으로 변용할 수 있다. 들뢰즈가 기계의 개념을 쓰는 이유는 유기적으로 능력이 한정된 기관으로 머물러서는 안 되며 새로운 변용태를 생산해야 하기 때문이다. 새로운 기관이 형성되고, 더 다양하게 변용될 가능성을 부여하기 위해서이다. 다시 말해서 신체는 미리 주어진 감각기관에 의해서가 아니라 변용의 역량에 따라서 외부의 신체를 합당하게 인식할 수 있어야 한다. 왜냐하면, 변용을 통해 주어진 기관에서는 존재하지 않던 새로운 자기 보존 욕구의 본성을 생성시킬 수 있기 때문이다. 이제 하나의 기관이 중요한 것이 아니라, 새로운 기관을 생성시키는 '무한한 변용 양태들인 기계들'이 중요하다. 그러므로 들뢰즈는 기관보다는 오히려 새로운 기관을 생성시키는 근원인 변용태로서의 기계를 중점적으로 다룬다. 이로써 스피노자에게 생성으로서의 욕망은 들뢰즈가 파악하기에는 자본주의에서 '욕망하는 기계'의 문제로 전도된다. "인간에게서 욕망한다는 것은 생산한다는 것, 현실에서 생산한다는 것이다. 현실적인 것은 불가능하지 않다. 이와 반대로 현실적인 것 속에서는 모든 것이 가능하고, 모든 것이 가능하게 된다. 욕망은 주체 속의 큰 덩어리를 이루는 결여를 나타내는 것이 아니라, 오히려 큰 덩어리를 이루는 조직이 욕망으로부터 대상적 존재를 빼앗는다."[234)

들뢰즈의 '기계'는 자신의 원동기인 '기관 없는 신체'의 연속적이고 충만한 욕망의 흐름을 절단하고, 힘을 채취하여 특정하게 반복하는 형식으로 만들어내는 것이다. 다시 말해서, 신체는 예술 기계, 운동기계, 공부 기계, 섹스 기계, 수면 기계 등등으로 변용될

---

234) 들뢰즈·펠릭스 과타리, 『앙띠 오이디푸스』, 50쪽 참조

수 있으며, 이 기계들은 아마도 일정한 방식으로 욕망을 배치할 것이다. "이 기계는 은유가 아니며, 연결되고 연접하는 기계들의 기계이다."235) 욕망하는 기계는 기관 없는 신체에 장착되어 연속적 욕망의 흐름을 절단해내고, 채취한다. "항문은 똥의 흐름을 절단해내고, 입은 젖의 흐름과 공기의 흐름, 소리의 흐름을 절단한다. 방광은 오줌과 정액의 흐름을 절단한다. 절단은 '기관 없는 신체'의 연속과 대립하기는커녕, 연속의 조건이 된다."236) "기계가 흐름을 생산하는 것은 다른 기계에 연결된 한에서만 흐름의 절단을 생산해내는 것이다."237)

들뢰즈는 '기관 없는 신체'로써 기존의 유기체주의와 기계주의를 동시에 거부하면서 기계와 욕망이 결합된 자본주의 현실을 분석한다. 그렇게 해서 욕망하는 기계는 기관 없는 신체의 힘을 통하여 그것을 절단하고 채취하면서 작동된다. "기계의 구조적 통일성이 파괴되고, 생물의 특유한 개체적 통일성이 파괴되면, 기계와 욕망 사이에 직접적인 유대가 나타나고, 개체는 욕망의 핵심에 이행하며, 기계는 욕망하는 것이 되고, 욕망은 기계화된다. 욕망은 주체속에 있지 않고, 기계가 욕망 속에 있다."238)

생산하는 욕망

들뢰즈는 그의 저서 『앙띠 오이디푸스』에서 욕망이 생산적이고 역동적이라는 것을 적극적으로 주장한다. 욕망은 결여와 관계가 없

---

235) 들뢰즈·펠릭스 과타리, 『앙띠 오이디푸스』, 15쪽.
236) 들뢰즈·펠릭스 과타리, 『앙띠 오이디푸스』, 61쪽.
237) 들뢰즈·펠릭스 과타리, 『앙띠 오이디푸스』, 62쪽.
238) 들뢰즈·펠릭스 과타리, 『앙띠 오이디푸스』, 421쪽.

으며 재현의 질서를 벗어나는 충만한 힘 자체라는 것이 욕망에 관한 들뢰즈의 입장이다. 그는 욕망을 생산적이고 혁명적인 것으로 강조하면서, 결핍으로 욕망을 규정하는 관점에 대해서 비판한다.

우리가 욕망을 혁명의 결정기관으로 끌어댄 것은, 자본주의가 이익의 데모들은 잘 견디어낼 수 있지만, 욕망의 어느 데모도 견디어내지 못한다고 우리가 생각하고 있기 때문이다. 욕망의 데모는 자본주의의 기초 구조들을 유치원의 차원에서조차 폭파하기에 충분하다. 우리는 모든 합리성이 불합리한 것임을 믿는 것처럼 욕망을 믿고 있다. 이것은 욕망이 결여, 즉 갈망이나 열망이 아니고, 욕망의 생산이요 또 생산하는 욕망이요, 욕망의 현실 내지 그 자체 현실적인 것이기 때문이다.[239]

들뢰즈에게 있어서 욕망은 에너지의 원천이고 역량이다. 다양한 방향과 폭발력을 가진 힘의 원천을 욕망이라고 표현했다. 욕망은 모든 사회의 모든 곳에, 자본주의 사회 곳곳에 스며있다. 시장과 공장뿐 아니라 학교와 관공서와 병원에, 심지어 유치원에도 존재한다. 그것이 스며있는 모든 곳에서 욕망은 기성의 틀과 규범을 뒤흔들어버릴 수 있다. 그러나 들뢰즈가 제시하는 욕망은 파괴와 해체의 이미지에 맞서서 '생산하는' 욕망이다. 생산하는 욕망은 파괴에 머무는 것이 아니라 생산하는 것이고, 해체에 그치지 않는 이 생산이 욕망을 통해 이루어진다. 이 생산은 끊임없이 변화하는 것의 생산이고, 끊임없이 변화하는 생산이다.[240]

---

239) 들뢰즈·펠릭스 과타리, 『앙띠 오이디푸스』, 554~555쪽.
240) 문성원, 「생산하는 욕망과 욕망의 딜레마-들뢰즈와 과타리의 욕망이론-」, 『코기토』, (65),

들뢰즈에게 욕망은 생산과 구별되지 않는다는 점에서 '욕망하는 생산'이다. 이것은 곧 '욕망하는 기계'의 작동을 의미한다. 여기서 기계는 인과 관계의 기계적 메커니즘에 따라서 작동하는 기계가 아니다. 그것은 자발적으로 작동하는 기계를 의미한다. 욕망은 흐름을 생산하는 기계와 이 기계의 흐름을 절단하고 다른 흐름을 만드는 기계에 의해 끊임없이 생성된다. 생산하는 것은 언제나 생산되는 것에 연결되어 있다. '생산하는 기계'와 이 기계의 흐름에 연결되어 절단하고 다른 기계가 되는 '생산되는 기계'는 서로 다른 두 개의 기계가 아니라 하나의 흐름 자체이다. 욕망하는 기계는 어떤 하나의 기관으로 고정되지 않고 지속해서 변형되어 새로운 욕망을 산출해내는 기계들의 내재적인 장이다. 따라서 들뢰즈에게 욕망은 곧 '욕망하는 생산'이며, 이것은 결핍으로 설명될 수 없는 생산의 능동성을 의미한다.

들뢰즈에게 있어서 생산이란 비유가 아니라 문자 그대로 공장에서의 생산이다. 욕망은 무의식, 언어, 사랑, 예술 등 삶의 모든 것을 생산하는 힘이다. "생산은 노동의 생산이거나 욕망의 생산일 수 있고, 사회적 생산이나 욕망하는 생산일 수 있으며, 이제는 더 이상 표상 속에 자기를 포함하지 않는 힘들에 호소하며, 또 모든 측면에서 표상을 꿰뚫고 횡단하는 흐름과 절단에 호소한다. 표상 밑에 퍼져 있는 <그늘진 광대의 층>에 호소한다."[241]

들뢰즈의 욕망은 긍정적이고 생산적이기 때문에 우리가 가지고 있지 않은 것, 즉 결여에서 시작하지 않는다. 신체들이 다른 신체들과 결합하고 욕망이 다른 욕망과 접속할 때 생명이 보존되고

부산대학교 인문학연구소, 2008, 68~69쪽 참조.
241) 들뢰즈・펠릭스 과타리, 『앙띠 오이디푸스』, 440~441쪽 참조.

증대되는 것처럼, 욕망은 접속과 연결에서 시작된다.242)

들뢰즈에 따르면 욕망하는 생산이 억제되기도 하고 억압되기도 한다. 억제의 원인은 가족이다. 억제된 것의 왜곡된 심상, 근친상간의 충동이다. 그러므로 오이디푸스 콤플렉스, 오이디푸스 신화는 이중 조작의 결과이다. 억압적인 사회적 생산이 억제하는 가족에 의하여 대행되고, 또 이 후자가 욕망하는 생산에 관하여 하나의 옮겨 놓인 심상을 주고 이 심상이 억제된 것을 가족 근친상간의 충동들로서 표상하는 것은 하나의 동일한 운동 속에서이다. 그래서 모든 정신분석이 길을 잃고 갈팡질팡하게 하는 전환과정 속에서, 가족과 충동들 사이의 관계가 두 가지 생산(사회적 생산과 욕망하는 생산) 사이의 관계 대신에 들어선다.243)

한강의 소설 『채식주의자』244)는 꿈을 꾼 후 돌연 채식주의자가 되겠다는 아내(영혜)의 갑작스러운 '육식 종언'에 대한 부당함을 토로하는 서술자 '나'의 시점으로 서술된다. 이 소설은 육식 종언을 한 아내의 특별함에 대한 고발이다. 화자인 '나'의 아내에 관한 몰이해는 이기심을 넘어 아내를 사각지대로 방치한다. 먹지도 자지도 못한 상태에서 꿈만 꾸는 아내에 대해 부당함과 불만, 불편함만을 쏟아내기에 바쁘다. 그럴수록 아내는 철저하게 소외되어 간다. 가족에게서 외면당한 영혜의 육식 거부와 존재전환의 욕망은 연작 『몽고반점』에서 영혜의 몽고반점에 대한 '그(영혜의 형부)'의 욕망은 도착으로서 처제인 영혜를 대상으로 자신의 욕망을 실현한

---

242) 이진우, 『욕망의 계보학』, 137쪽 참조.
243) 들뢰즈·펠릭스 과타리, 『앙띠 오이디푸스』, 183~184쪽 참조.
244) 한강, 『채식주의자』, 창비, 2016, 3부작 연작으로 『채식주의자』, 『몽고반점』, 「나무 불꽃」 단편으로 이루어진 소설집.

다. 『몽고반점』의 욕망은 가족 안에서 싹트고 있는 탓에 그 경계가 느슨하고 모호하지만, 그런 까닭에 매우 위태롭다는 이중성을 갖고 있다. 아내와 별 애정 없이 결혼한 '그'는 처제를 보았을 때 자신의 취향을 '살짝 비껴가 있는' 아내의 결여가 '정확히 무엇인지'를 깨닫게 된다. 그녀에게서 아내와는 다른 '야생의 나무 같은 힘'을 느꼈다는 내면 고백은 그의 욕망이 결코 충동적인 것이 아님을 뜻한다. '그'에게 처제는 오래된 낯섦으로 담백한 육체적 매력과 강렬한 이미지로 다가오는 이상적인 존재이다. 그의 처제에 대한 욕망은 복합적이다. 아내의 얘기를 통해 알게 된 처제의 몽고반점에 대한 예술적 영감과 성적 끌림, 그리고 육식을 권하는 장인에 맞서 칼을 들어 자신의 손목을 그어버렸던 처제의 강렬성이 던진 '이미지', 또한 피 흘리는 그녀를 업고 병원으로 가면서 닿았던 육체적 접촉은 그녀에 대한 구체적인 욕망의 원인이다.245)

  푸코에 따르면 가정은 성적 욕망의 특권적 재화의 지점이다. 가족은 감정적 유대감과 밀착된 공간, 그리고 몸의 의심스러운 근접 등에서 근친상간의 상상력이 발생할 수 있는 '성소(性/聖所)'이다.246) 정신분석학에서 결핍에 대한 욕망이 억압되는 이유는 결핍의 대상이 곧 금지의 대상이기 때문이다. 정신분석학에서 욕망의 대상은 곧 결핍의 대상이며, 또한 금지의 대상이다. 욕망의 대상이 금지의 대상인 이유는 그 욕망이 사회의 질서를 위협할 만큼 위험하다는 것을 의미한다. 그렇지 않다면 욕망의 대상이 금기시되어야 할 이유가 없다. 프로이트는 욕망의 위험성을 경계하기 위하여 욕

245) 정미숙, 욕망,「무너지기 쉬운 절대성-한강 연작소설『채식주의자』의 욕망 분석」,『코키토』 (65), 부산대학교 인문학연구소, 2008, 17쪽 참조.
246) 미셸 푸코, 이규현 역, 성의 역사 I, 나남출판사, 1994, 122쪽.

망을 억압하는 방향으로 나아갔다고 할 수 있다. 프로이트에 따르면 인류의 역사는 근친상간 금지의 역사이다. 금지의 대상인 어머니는 인류의 근원적인 욕망의 대상이다. 최초의 금지된 사랑과 욕망의 대상이라고 할 수 있는 어머니에 대한 상처는 우리에게 영원한 트라우마이다. 그것은 현재도 되풀이되고 있으며, 우리는 결코 그 사랑에 도달할 수 없다. 따라서 최초의 욕망은 해소될 수 없다. 이러한 과정에서 욕망은 지배적 질서를 벗어난 비정상적인 것으로 이해된다. 그러므로 욕망은 긍정되어서도 안 되며 억압되어야 한다. 프로이트의 오이디푸스 과정에서 우리의 근원적 욕망 대상은 어머니이며, 이 최초의 욕망 대상은 금기될 수밖에 없으므로 억압되고, 그 억압은 다른 대상으로 전이되는 과정을 거치지만 결국 충족될 수 없는 결핍이다.

이러한 결핍에 대립하는 욕망의 생산적인 측면을 드러내는 욕망의 표현이 들뢰즈의 '욕망하는 생산'이다. '욕망하는 생산'은 결핍에 따라 정의되는 일반적인 욕망과 구분된다. 그것은 생산성을 강조한다. 욕망은 억압이나 억제에 의한 부정적인 방식으로 생성되는 것이 아니다. 오히려 부정적인 욕망의 개념과의 단절을 의미한다.

오이디푸스적 욕망은 조금도 억제되어 있지 않고, 또 억제될 필요도 없다. 하지만 그것들은 하나의 다른 방식으로는 억제와 밀접한 관계가 있다. 그것들은 덫이다. 왜곡된 심상이다. 이 심상을 통하여 억제는 욕망을 함정에 빠뜨린다. 욕망이 어머니를 욕구하고 아버지의 죽음을 욕구하기 때문에 욕망이 억제되는 것은 아니다. 이와는 반대로, 욕망이 억제되기 때문에 그렇게 되는 것이다. 욕망이 억제에 지배되어서만 이 가면을 쓴다. 억제가 욕망의 가면을 만들어 주고 이 가면을 욕망에 씌운다. 근친상간이 사회의 창립에 진정한 장애가 된다는 것을 의심할 수는 있다. 다른 장애들이 있었던 것도 분명한 일이다. … 진정한 위험은 딴 데에 있다. 욕망이 억제되는 것은, 아무리 작은 욕망이라도 일단 욕망이 생기면 사회의 기성 질서가 의문시되기 때문이다. 그렇다고 해서 욕망이 비사회적인 것은 아니다. 그렇지 않고 욕망은 사회를 뒤집어엎는다: 욕망은 본질적으로 혁명적이다. 욕망은 그것이 어머니와 동침하려는 욕망이기 때문에 사회를 위협하는 것이 아니라, 그것이 혁명적인 것이기 때문에 사회를 위협한다.247)

들뢰즈는 욕망에 대한 긍정적 의미로서 '욕망의 생산성'을 강조한다. 억압에 근거하지 않은 욕망의 개념을 정립하고자 했다. 그리고 욕망을 개인적인 차원으로만 해석하는 데 그치지 않고 욕망의 생성과정을 사회적 차원에서 동시에 설명하였다. 들뢰즈는 정신분석학으로부터, 오이디푸스적 구도로부터 가능한 멀리 떨어져서, 개인의 무의식적 차원에서만이 아니라 의식적 차원에서, 특히 사회적 규정의 변화와 관련해서 욕망의 생성을 설명하였다.248)

들뢰즈에게 욕망의 생산성을 강조하는 '욕망하는 기계'는 다른 기계와 결합해서 끊임없이 생산한다. 그 기계는 다른 것과 결합해서 끊임없이 새롭게 변화해간다. 예를 들면, 밥과 결합한 입은 먹는 기계이며, 말과 결합한 입은 말하는 기계이다. 우리의 입은 하나의 기관으로 고정된 것이 아니다. 끊임없이 재생산한다. 들뢰즈는 이러한 '욕망하는 기계' 개념을 통해서 '욕망하는 생산 (production)'을 창출해낸다. 욕망의 생산적인 힘을 강조한다. 들뢰즈에게 있어서 욕망은 생명의 흐름이며 생산하는 힘이다. 주체

247) 들뢰즈·펠릭스 과타리, 『앙띠 오이디푸스』, 179쪽 참조.
248) 김영희, 「욕망에 관한 모색: '욕망의 생성'에 관한 연구」, 35쪽.

와 제도라는 환경의 통제를 벗어나서 끊임없이 생산된다. 결핍이 아니라 생성과 생산으로서의 욕망이다. 들뢰즈는 욕망과 충족, 결핍과 획득의 이원론에 반대하여 욕망을 생산적이고 창조적인 활동성으로서 강조했다. 더 나아가 그는 욕망의 주체화와 인격화를 거부했기 때문에 '욕망하는 주체'라는 용어 대신에 '욕망하는 기계'라는 용어를 사용하였다.

제 12 장

자본주의 사회:
소비와 인간의 욕망

우리나라의 '강남아파트'만큼 한국사회의 욕망을 잘 드러내는 단어도 없다. 왜냐하면, 강남아파트는 한국사회에 있어서 '부의 상징'이기 때문이다. 현실적인 가능성을 떠나서 강남이 아닌 지역에 사는 대다수 사람의 마음속에는 강남에 내 집을 마련하고 싶다는 욕망이 자리 잡고 있다. 그리고 이미 그곳에 사는 사람들조차도 자신이 사는 아파트가 다른 어떤 아파트보다 더 특별하게 보이기를 바란다. 그래서 건설사들은 소비자의 욕망에 맞춰 경쟁적으로 일반 브랜드가 아닌 희소성 있는 프리미엄 브랜드를 개발하는 데 여념이 없다. 어쩌면 내가 사는 곳이 다른 사람들이 사는 곳보다 특별해야 한다는 욕망이 건설사들의 프리미엄 경쟁을 부추기고, 집값을 올리는 데 한몫을 하고 있는지도 모른다. 건설사들도 여기에 편승해서 프리미엄 브랜드를 통해 소비자들의 욕망을 자극하고 있다. 아파트 브랜드는 갈수록 사람들의 세속적인 욕망의 민낯을 그대로 드러내 보여주는 것이다. 자본주의 사회에서 브랜드는 상품의 이미지를 넘어서서 인간들 욕망의 민낯을 고스란히 드러내 주는 욕망의 덩어리이다. 사람들은 그 브랜드의 가치를 욕망의 덩어리와 환원하여 스스로 만족해하는 것이다.

　장 보드리야르에 따르면 사람들은 결코 사물 자체를(그 사용 가치에서) 소비하지 않는다. 이상적인 준거로서 받아들여진 자기 집단에 대한 소속을 나타내기 위해서든, 아니면 더욱 높은 지위의 집단을 준거로 삼아 자신의 집단과는 구분하기 위해서든 간에 사람들은 자신을 타인과 구별 짓는 기호로서 사물을 항상

조작한다.249)

　　현대 거대한 자본주의 사회는 예전에 계급 간의 차이를 대신한 새로운 사회적 위계질서를 만들어내면서, 억제할 수 없는 인간의 욕망을 불러일으키고 있다. 자본주의 사회 이전의 욕망은 이성과 사회의 여러 가지 제도를 통해서 욕망을 통제하고, 지배해왔다. 그러나 자본주의 사회와 함께 그동안 통제해왔던 욕망의 족쇄가 풀리기 시작했고, 이성으로 꾹꾹 눌러왔던 금욕주의의 아성도 무너지기 시작하였다.

　　보드리야르는 『소비의 사회』250)에서 거대한 기업들이 옛날의 계급 간의 차이를 대신한 새로운 사회적 위계질서를 만들어내면서, 억제할 수 없는 욕망을 불러일으키고 있다고 주장한다. 소비가 사회를 움직이는 중요한 원동력이며, 나아가 소비주의가 일상의 다양한 문화를 지배한다고 분석한다. 여기서 소비는 대상에 대한 향유가 아니라 차이를 발생시키는 기호의 소비다. 따라서 그것은 소외다. 인간은 능동적으로 소비하고 합리적으로 행동하는 것 같지만, 사실은 욕망이 무엇인지 모르고 살아간다고 비판한다. 욕망은 본질적으로 착취와 예속의 위계 구조를 위협하고 사회의 모든 부분을 뒤흔들어 놓기 때문에 혁명적이다. 그래서 이성이 아니라 욕망만이 자본주의적이고 오이디푸스적인 욕망조절의 한계를 무너뜨리고 자본주의의 공리계를 넘어서는 탈주의 선을 제공할 수 있다고 그는 진단하였다.

　　욕망은 자본주의 시대에 들어서면서 해방된다. 자본주의 시대에 욕망이 긍정적으로 작동하는 것은 끊임없이 욕망이 그 대상을

---

249) 장 보드리야르 저, 『소비사회』, 이상률 역, 문예출판사, 1999, 81쪽.
250) 장 보드리야르 저, 이상률 역, 문예출판사, 1999.

찾는 욕망의 속성 때문이다. 이윤 추구와 자본의 증식이라는 미명 아래 자본주의의 절대적 가치를 실현하는 데 일조하고 있다. 자본주의가 만들어내는 수많은 상품과 서비스는 결국 욕망의 실제 대상이 아니라 대리물이다. 그런 가운데 자본주의는 욕망을 긍정하고 끊임없이 대리물을 전시하면서 우리 인간들에게 '욕망을 충족하라'라고 유혹한다. 자본주의는 인간의 소비와 결핍의 무한 반복을 질주하면서 인간의 욕망을 관리하고 인간의 욕망을 통해 인간을 착취한다.

소비문화의 개념

미국의 경제학자 소스타인 베블런(Thorstein Veblen)은 그의 책 『유한계급론(Theory of the Leisure Class)』에서 미국의 상층 유한계급이 신분을 명시하는 전통적 수단들인 일이나 직업 대신에 이른바 '과시용 소비(conspicuous consumption)'를 통해 그들의 신분을 표현하고 있다고 주장했다. 유럽 귀족처럼 뼈대 있는 가문을 갖지 못한 그들은 소비를 통해 자신을 드러내고자 했다. 베블런은 이런 졸부들의 행태를 북아메리카 인디언이 자기과시를 위해 손님들에게 온갖 값진 물건을 아낌없이 내어주고 심지어는 부숴 버리기까지 하는 포틀래치 관습과 본질적으로 같다고 비판했다. 베블런은 졸부들의 자기과시를 위한 소비를 '과시용 소비'라고 지적했고, 도시 생활의 익명성 속에서 개인을 드러내기 위한 수단으로 소비가 활용되고 있다고 주장했다. 베블런이 졸부들의 소비를 비판하면서 과시용 소비 개념을 제시한 이후, 좀 더 시간이 흐르자 본격적인 소비의 시대가 도래했다. 미국의 1950년대 후반과 1960년대 초반은 '대량 소비

(mass consumption)’의 시기였다. 이 시기에 들어서 처음으로 노동자들은 ‘필요’보다는 ‘욕망’에 근거해 소비할 수 있는 상대적인 풍요와 여유를 누릴 수 있게 되었다. 이 시기에 노동자들은 자신의 정체성을 드러내기 위해 소비를 활용하게 되었다.

　　미국 사회에 존재했던 청교도주의적 문화, 다시 말해서 노동과 자기부정을 중요하게 생각했던 문화가 쾌락주의 문화, 여가, 자기실현을 중요하게 생각하는 문화로 바뀌면서 자아 개념도 바뀌었다. 자아는 개인에게 존재하는 고유한 어떤 것이 아니라, 다른 사람들에게 보여주기 위해 얼마든지 조작될 수 있다는 것이다. 이런 자아 개념에 따르면, 소비로 새로운 자아를 충분히 만들 수 있고 조작할 수 있다. 이러한 시대적 배경과 자아 개념, 문화의 변화에 따라 소비문화가 성장했다.

　　현대 사회를 살아가는 사람들에게 소비가 차지하는 비중은 매우 크다. 어떤 상품을 소유하고 있고, 어떤 소비를 하느냐에 따라 개인의 정체성이 평가받는 세상이다. 가수 015B의 노래 중에 <수필과 자동차>라는 것이 있다. 그 가사 중에 이런 구절이 있다. “이젠 그 사람의 자동차가 무엇인지 더 궁금하고/ 어느 곳에 사는지 더 중요하게 여기네/ 이젠 그 사람의 아버지가 누군지 더 궁금하고/ 해외여행 가 봤는지 중요하게 여기네 … (중략)” 소비가 중심이 되는 현대 사회의 속성을 잘 표현한 가사다. 타고 다니는 자동차, 사는 집, 해외여행 여부가 중요하게 생각되고, 그것이 한 개인의 정체성을 평가하는 기준이 되는 것이다. 그래서 사람들은 내면의 본질적인 부분보다 겉으로 드러나는 자신의 모습을 치장하기 위해 기꺼이 비싼 돈을 들여 명품을 구매하려 한다.

　　소비문화는 소비 행위를 통해 자신의 정체성을 형성하고 자신의 행위 양식을 결정하게 되는 문화를 가리키는 개념이다. 015B의 노래 가사에서 본 것처럼, 소비문화에서는 소비가 개인의 사회와의 관계, 타인과의 관계에서 중요한 매개체가 된다. 후기 자본주의 시대를 거치면서 상품이 대량생산되기 시작했다. 이로 인해 생산보다 소비의 중요성이 점점 더 커졌다. 왜냐하면, 대량생산된 많은 상품이 팔려 나가야만 이윤이 실현될 수 있기 때문이다.

　사람들의 욕망을 자극하여 소비를 조장하기 위해 활발하게 광고를 제작하기 시작한 것도 후기 자본주의 시기를 거치면서부터다. 후기 자본주의 시대에는 집단의 차이도 소비에 따라 결정된다. 많은 소비상품 중 어떤 것을 소비하느냐가 특정 집단의 정체성을 결정한다. 한국에서 소비문화가 형성되기 시작한 것은 미국보다 한참 뒤의 일이다. 1980년대 후반 올림픽을 유치하고, 정치적인 민주화가 실현되었다. 또한, 국민소득이 높아지면서 이전 시기보다 경제적인 여유가 생겼다. 이 시기 이후 한국에도 본격적인 소비문화의 시대가 열리기 시작한 것이다. 1990년대 초반 '오렌지족'이라 불리는 신세대가 등장한 것도 소비문화의 영향에 따른 것이다. 1990년대에 한국 사회에 등장한 '신세대'도 소비에 따라 이전 세대와 구분되었고, 이후 나타난 X세대, 미시족 등의 개념도 소비에 따라 구분되는 집단을 지칭하는 것이었다.

　이처럼 현대인들은 소비를 자신의 개성과 정체성을 형성하는 수단으로, 또 타인을 평가하는 기제로 사용한다. 현대인들에게 스타일이나 외모는 개인의 정체성을 평가하는 중요한 대상이 되었다. 여기에서 스타일이나 외모는 소비에 따라 만들어지는 것이다.

나는 소비한다. 고로 존재한다.

사회학자 지그문트 바우만(Zigmunt Bauman)은 오늘날의 소비 사회를 자본주의가 만들어 낸 일종의 환상의 공동체라고 보고 있다. 바우만이 환상의 공동체라고 부르는 소비 사회는 소비의 대상이 물질적인 재화에 머무르는 것이 아니라, 소비자가 상상할 수 있는 모든 것을 소비의 대상으로 만들 수 있는 사회이다. 소비자는 자신이 원하는 상품을 소비함으로써 자신이 주체적이며 자율적인 삶을 살고 있다고 여기게 된다는 것이다. 바우만에 따르면 소비자가 소비를 통해 삶의 정체성을 획득할 수 있다고 생각하게 했다는 것이 소비 사회의 커다란 성취이다.

그러나 소비 사회는 마치 모든 사람이 자유로운 소비자가 될 수 있다는 듯이 환상을 불어넣지만, 자본주의 사회에서는 그런 소비의 자유를 얻지 못한 계층이 언제나 존재할 수밖에 없다. 그래서 모든 사람이 자유로운 삶을 살 수 있다는 것은 소비 사회에 접어든 자본주의가 불어넣은 헛된 망상에 불과하다는 것이다. 바우만이 지적한 대로 이런 자유는 부자유를 전제한다는 점에서 진정한 자유가 아니다. 프랑스의 사회학자이자 철학자인 보드리야르도 소비 사회의 자유가 왜곡된 자유라고 비판했다. 그에 따르면 소비 사회에서 소비자는 이미 물질적인 재화를 소비하는 것이 아니라 기호를 소비하고 있다는 것이다. 그에게 있어서 소비과정은 단지 기호를 흡수하고 또 기호에 의해서 흡수되는 과정일 뿐이다. 소비자는 이런 과정에서 자기 자신에 대한 시각을 상실하기 때문에 스스로 반성하는 주체가 되지 못한다. 이런 상황을 보드리야르는 '주체의 소멸'이라고 부르고 있다.

소비 사회의 개인은 소비의 주체도 아니고 자율성을 가진 주체도 아니다. 개인들은 기호의 질서가 강요하는 선택에 따라서 소비할 뿐이다. 예를 들면 명품에 관심이 있는 한 직장 여성은 자신의 월급을 한 푼도 쓰지 않고 몇 달 치 모아야 살 수 있는 명품 핸드백에 관심이 있다. 그녀는 그것을 당장 살 수 없어서 퇴근 후에 명품 백화점에 들러서 그 핸드백을 구경하는 것을 일과로 삼고 있다. 몇 달 동안 생활비를 아껴서 돈을 모은 그녀는 마침내 그 핸드백을 구입한다. 보드리야르의 관점에서 보면, 그 여성은 핸드백을 산 것이 아니라 그 핸드백에 붙은 상표, 즉 기호를 소비한 것이다. 기호란 차이의 체계이며, 특히 사회적인 차이를 나타낸다. 그 여성의 소비행태는 남들이 쉽게 살 수 없는 물건을 구입함으로써 자신이 남들과 다르다는 것을 나타내 보이기 위한 것이다. 그 여성은 그 핸드백이 자신의 개성을 드러내고, 그런 명품 핸드백을 소비할 수 있는 자신은 스스로 자유롭다고 생각할 것이다. 그러나 보드리야르에 따르면 그 여성은 단지 기호의 소비과정에서 꼭두각시 노릇을 하고 있을 뿐이다.

『소유의 종말』의 저자인 리프킨에 따르면 고도로 발달한 자본주의는 물질적 재화만을 상품화하는 것이 아니라 인간의 관계마저도 상품화한다. 예를 들면, 사람과 사람 사이의 믿음이나 공감, 연대의 감정에 기반을 둔 관계는 등록, 입회료, 수임료 등과 같은 요금에 기반을 둔 계약관계로 바뀐다는 것이다. 리프킨은 예전에는 돈을 주지 않아도 되었던 일들이 이제는 돈을 지불하지 않으면 안 될 정도로 모든 것들이 상품화되었다는 것을 지적하고 있다. 이것은 역설적으로 인간의 연대와 문화적 체험과 같은 무형의 것들도 돈만 지불하면 자신의 것으로 만들 수 있다는 이야기가 된다. 오늘날의 소비 사회는 물질적인, 혹은 기호적인 가치를 갖는 재화를 소비함으로써 인간이 자유로운 삶을 살 수 있다고 생각하는 사회이다. 돈에 의해서 자유를 보이지 않는 것의 영역에까지 확장한 사회라고 할 수 있다.

현대 산업사회에서 생산 구조는 노동자가 상품을 만드는 데 있어서 노동자들이 자신의 창조성과 정체성을 투여할 수 없게 되어있다. 도자기를 만드는 도공은 생산물이 만들어지기까지 전체를 관장하고 자신의 창조적 노력의 결실로 그릇을 만들어낸다. 그러나 자동차 공장의 노동자들은 자동차가 만들어지는 과정 일부분이 되는 한 영역에서 끊임없이 똑같은 반복 작업만을 한다. 현대 산업사회의 노동자들은 자신의 노동에서 소외(alienation)되는 상황을 맞이하게 된다.

현대인들이 쇼핑의 유혹에 빠져드는 이유는 현대인들은 생산 활동 속에서 정체성을 부정당하기 때문이다. 그래서 현대인들은 소비에서 정체성을 찾게 될 수밖에 없다. 적어도 소비는 자신이 스스로 판단해서 선택할 수 있고, 그 소비를 통해서 자신의 정체성을 구현한다고 믿기 때문이다. 그래서 현대인 중 상당수가 쇼핑에 중독되어 있다.

그러나 소비는 자신의 본질을 바꿀 수 있는 것이 아니다. 소비는 언제나 공허한 대용물에 지나지 않는다. 공허함을 메우기 위해 소비는 또 다른 소비를 불러일으킨다. 결국, 삶의 의미를 생산 활동이 아닌 소비 활동에서 찾게 되는 것이다. 현대 사회를 살아가는 사람들에게 소비가 차지하는 비중은 매우 크다. 어떤 소비를 하느냐에 따라서 개인의 정체성이 평가받는 세상이다. 소비문화는 소비 행위를 통해 자신의 정체성을 형성하고 자신의 행위 양식을 결정하게 되는 문화를 말한다. 소비문화에서 자아는 본질적인 것이 아니다. 소비 때문에 만들어지는 것이다.

독일의 철학자 허버트 마르쿠제(Herbert Marcuse)는 소비주의 이데올로기가 거짓 수요나 욕구를 창출한다고 비판한다. 마르쿠제는 『일차원적 인간』에서 현재의 상태를 비판 없이 수용하는 일차원적 인간을 비판한다. 마르쿠제에게 일차원적 인간이란 자신이 속한 사회와 인간에 대해 모순을 느끼지 못하고 비판이 없는 인간을 말한다. 그는 인간의 욕구를 상품생산과 소비의 산업 도구에 종속시키려는 기술적 합리주의가 일차원적 사회의 환원주의적 이데올로기라고 보고, 이를 바꿀 수 있는 비판적 합리주의의 확립을 요구했다. 마르쿠제는 사람들이 자신이 소유하고 있는 상품 속에서 자기 자신을 발견하는 소비주의 이데올로기를 비판했다. 소비가 거짓 욕구를 창출하고 사람들을 중독시키는 부정적인 측면을 가지고 있지만, 현대 사회에서 소비의 역할이 점점 더 커지고 있음을 부정할 수는 없다.

패션에 대한 욕망

패션은 인간의 욕망을 표현한다. 패션은 단순히 옷이 아니라 우리가 사는 시대를 반영하는 결과물이다. 호화, 사치라는 의미로 해석되는 럭셔리는 사회의 잉여로부터 만들어지는 풍부함의 한 형태로 드러난다. 그래서 인간의 욕망은 오래전부터 패션과 밀접하게 결합해 왔다. 시각적으로 호화로운 의상은 착용자의 사회적인 지위나 재력을 나타냈다. 인간의 욕망을 패션으로 표현하는 행위는 정신적인 기쁨을 만족시키는 요소이다. 패션은 현대에 와서 인간에게 더욱 풍부한 충족감을 가져다준다. 패션에 대한 욕망은 그 사회의 움직임이나 인간의 욕망을 민감하게 반영하고 있다. 계급, 지위, 전통을 드러내는 패션의 계층화는 아직도 남아있다.

우리나라 조선 시대와 서양 중세시대의 화려한 가체는 여성으로서의 아름다움과 신분을 상징하는 수단이었다. 권위와 아름다움의 상징이었던 가체가 현대에 이르러 옷에서부터 시작해서 가방, 신발 액세서리까지 여성 패션은 빠른 속도로 진화하고 있다.

사회가 빠르게 변할수록 인간의 욕망과 함께 패션의 변화도 빨라진다. 반항적인 분위기가 감돌던 1960년대에는 미니스커트가 유행했고, 세계적인 경제 불황과 석유 파동, 전쟁과 정치 스캔들 등으로 혼란스러웠던 1970년대에는 글램, 에스닉, 로맨틱, 펑크 룩 등의 다양한 패션이 등장했다. 그리고 세계 경제가 호황을 이루던 1980년대에는 명품 브랜드 시장이 발전하며 디자이너들이 스타가 되었다. 또한, 여성들이 직장에서 중요한 위치를 차지하면서 어깨를 강조한 '파워 슈트'가 유행했다. 1990년대 이후에는 사회적으로 '대중'들의 역할이 더욱 커지며 하위문화로 취급되던 그런지와 힙합이 당당히 런웨이에 등장했다.

대중매체가 발달하면서 유명인사들이 입은 옷은 순식간에 퍼져나갔고, 패션에 대한 사람들의 관심을 높이는 역할을 했다. 또한, 대중문화와 패션의 관계를 더욱 밀접하게 만들었다. 마돈나는 자신의 콘서트 무대에서 장 폴 고티에의 파격적인 코르셋 의상을 입고 패션계와 음악계 양쪽에 모두 잊을 수 없는 순간을 만들었다. 현재 패션계와 가장 밀접한 팝스타 레이디 가가는 항상 현란하고 파격적인 패션으로 사람들을 놀라게 하고, 런웨이에서만 가능할 것 같은 의상을 무대 아래로 가져와 선보였다. 이러한 스타들뿐 아니라 정치계의 유명인사들도 패션계에 중요한 역할을 하고 있다. 영국의 고故 다이애

나비와 케이트 미들턴 왕세손비의 패션은 일거수일투족 화제가 되었고, 자연스럽게 영국 패션의 외교사절 역할을 했다. 미국의 퍼스트레이디 미셸 오바마 역시 대중적이면서도 감각적인 패션을 선보이며 미국의 신진 디자이너들을 홍보했다. 이제 패션은 어느 한 영역에만 국한되는 것이 아니라 사회 전반에 걸쳐 있음을 알 수 있다. 이렇듯 패션은 시대와 함께 숨 쉬고 순수예술, 디자인, 대중문화 등과 점점 경계를 허물고 있다. 사회가 다양해질수록 변화무쌍해지는 패션의 모습은 인간의 욕망을 단면적으로 표출해주고 있다.

브랜드를 소비하는 욕망 사회

파란색 로고를 상징하는 블루보틀(blue bottle) 커피 브랜드가 서울 성수동에 한국 1호 점을 열었을 때 수많은 사람이 새벽부터 줄을 서는 진풍경이 벌어졌다. 블루보틀은 미국 커피 프랜차이즈 업체다. 블루보틀에는 효율과 속도 대신 여유와 소통을 중시한다는 컨셉으로 콘센트와 와이파이가 없다. 휴대전화와 노트북 대신 단 몇 분 만이라도 커피와 멋진 시간을 보내기를 바란다는 블루보틀 창업자 제임스 프리먼은 생두 본연의 맛과 가치에 집중해 스페셜티 커피만을 고집한다. 마치 이에 부응하듯 사람들은 커피 한 잔을 마시기 위해 길에서 몇 시간씩 줄을 서서 기다린다. 소비자들은 과연 커피 본연의 맛과 가치에 집중하기 위해 지루함을 견디며 줄을 서서 기다린 것일까? 아니면 다른 사람들이 경험하지 못한 새롭고 특별한 스페셜티를 경험한 자신의 사진을 SNS에 올리기 위한 것일까? 어쩌면 사람들은 자신이 좋아하는 브랜드를 통해 자아를 표현하고 싶은 욕망이 그 소비에 투영된 것인지도 모른다. 블루보틀에 열광하는 사람들은 블루보틀이 누구나 쉽게 소비할 수 있는 커피가 되는 순간 시들해지게 될 것이다. 그 커피에는 자신들이 열광하던 그 특별함이 이미 사라지고 없을 테니까.

아시아인, 그 가운데 특히 한국인의 명품사랑은 세계적으로 유명하다. 샤넬, 에르메스 프랑스 매장은 한국, 중국, 일본인 등 아시아인들이 너무 몰리는 바람에 현장에서 바로 입장할 수 없다. 반드시 예약을 통해서만 방문을 할 수 있도록 입장 제한을 하고 있다. 우리나라 강남에 있는 백화점의 에르메스, 샤넬, 루이뷔통 브랜드 매장의 한 곳의 연 매출이 수백억 원에 이른다.

현대 사회에서 브랜드는 일종의 기호이다. 현대 사회는 기호를 소비하는 시대이다. 브랜드 인기의 측면에서 보면 '실질'보다 '기호'가 우선시되기 때문이다. 예를 들어 에르메스, 크리스챤 디올, 샤넬, 루이뷔통, 구찌 같은 브랜드 물건을 구매할 때 가장 중시되는 것이 바로 '로고'이다. 소비자가 천으로 된 프라다 백 하나에 백만 원이 훨씬 넘는 거액을 지불하는 까닭은 바로 그 '삼각형 마크' 때문이다. 물론 그 마크가 품질보증의 증거이기도 하지만 우리가 정말 품질에 대해서만 돈을 지불하는지는 곰곰이 따져볼 필요가 있다. 지금의 브랜드 상품은 지나치게 비싸다. 오히려 비쌀수록 다른 사람이 쉽게 살 수 없으므로 자신이 가진 것이 사회적인 지위로 이어지고, 브랜드의 가치도 그만큼 높아지는 구조가 형성된다. 이러한 브랜드 전략이 성립하는 것은 광고 때문에 기호가 가치를 갖게 되기 때문이다. 장 보드리야르도 우리는 기호를 소비하는 생활에 들어와 있다고 주장하듯이, 현대는 거의 모든 것이 기호를 소비한다.[251]

---

251) 사이토 다카시 저, 홍성민 역, 『세계사를 움직이는 다섯 가지 힘』, 뜨인돌출판사, 2010, 56~57쪽 참조.

본래 브랜드는 독자적인 기술로 키워진 품질로부터 시작하여 독특한 이미지와 품격이 덧입혀지고, 마침내 모두가 동경하는 그 '무엇'이 되는 과정을 통해 완성된다. 스페인의 바르셀로나에 사그리나 파밀리아 성당, 이집트의 피라미드는 사람들을 매료시킨다. 만일 사그리나 파밀리아 성당, 이집트의 피라미드가 다른 곳에 있다면 똑같이 매력적이지는 않을 것이다. 왜냐하면, 브랜드는 토지나 사람과 분리해서는 성립되기 어렵기 때문이다. 본래의 브랜드에는 그 나라가 가진 자산이 브랜드화하는 것으로 그 문화가 유지되는 측면이 있다. 그것은 외부 세계, 다른 세계에 대한 동경이 열망으로 이어지면서 사람의 마음을 부추긴다. 그러나 그런 브랜드와는 대조적으로 모든 것을 하나로 염색해버리는 브랜드도 있다. 바로 맥도날드 같은 글로벌 브랜드가 대표적이다. 세계 어느 곳에서든 똑같은 것이 똑같은 가게에서 똑같은 방식으로 제공된다.252)

『나는 왜 루이뷔통을 불태웠는가?』이 책은 저자인 부어맨이 브랜드에서 벗어나기 위해 분투하는 과정을 담아낸 기록이자 소비주의와 물질만능주의에 대한 경고이다. 닐 부어맨은 자기 뜻을 알리기 위해 2006년 9월 17일 런던 도심의 한 광장에서 자신이 가지고 있던 브랜드 제품을 모조리 불태워버렸으며, 이 광경은 BBC TV를 비롯한 각종 대중매체를 통해 보도되어 일반 대중의 찬반양론을 불러일으켰다. 저자 닐 부어맨은 스타벅스 커피와 에비앙 생수, 루이뷔통 지갑과 리바이스 청바지, 랄프로렌 점퍼와 라코스테 티셔츠, 나이키 운동화와 비자카드, 말보로 담배와 로레알 샴푸를 즐겨 쓰며 스스로 명품 중독자라고 고백할 정도로 브랜드 문화를

---

252) 같은 책, 60~61쪽 참조.

맹종하던 영국의 한 남성이다. 닐 부어맨은 브랜드 문화를 맹종하던 당시의 자신에 대해 이렇게 이야기한다.

> "나는 한입 베어먹은 사과(Apple Macintosh)이고, 말을 탄 폴로 선수(Polo)이며, 눈 덮인 산(Evian)이기도 하다."

그런 그가 자신의 모든 브랜드 제품을 태워버리는 '브랜드 화형식'을 실행에 옮겼다. 저자는 그와 같은 소비문화와 브랜드의 허상을 초래한 것은 다름 아닌 바로 우리 자신이며, 그에게서 벗어날 수 있는 열쇠를 쥐고 있는 것 또한 바로 우리 자신이라고 말한다.

오늘날 우리가 무언가를 구입한다는 것은 그 상품 자체뿐만이 아니라 그 상품 브랜드가 우리에게 전하는 욕망과 환상을 사는 것이다. 광고 속에서 멋진 자동차를 타고 있는 늘씬한 연예인들을 보며, 그 차를 타면 나도 전지현이 될 수 있는 것이다.

『나는 왜 루이뷔통을 불태웠는가?』에서 저자는 그러한 브랜드 제품들의 허상을 신랄하게 꼬집는다. 저자가 자신의 모든 브랜드 제품을 태워버린 이른바 '브랜드 화형식'을 기점으로 그 전후 과정이 일기 형식으로 담겨 있는 이 책은 단순한 체험 수기에 머물지 않는다. 그 체험을 토대로 방대한 양의 자료수집과 연구를 통해 오늘날의 소비문화가 발생하게 된 원인과 그것이 우리에게 끼치는 영향을 분석해내고 있다.

사람들은 이제 스스로 욕망하지 않는다. 온갖 상업 광고들이 전하는 메시지들에 따라 욕망한다. 예전 한 자동차 광고에서는 "스타일이 브랜드다"라고 말했던 것처럼 사실 우리는 '브랜드가 스타일'인 세상을 살고 있다.

먹방의 욕망

먹방은 '먹는 방송'의 줄임말로, 2000년대 후반부터 대한민국에서 널리 쓰이는 신조어이다. 처음에는 아프리카TV를 비롯한 인터넷 방송에서 방송자가 먹으면서 소통하는 방송이 인기를 끌었으며, 후에 매체나 방송계에서도 쓰이게 되었다. 영국의 잡지 <이코노미스트>는 대한민국의 먹방이 인기가 있는 이유에 대해 장기 경제 침체로 한국인들에게 널리 깔린 불안감과 불행 때문이라고 한 바 있다.253)

인터넷 방송에서 먹방은 주요 아이템으로 자리를 굳혔다. 특히 아프리카TV는 먹방의 주요 서식지다. 아프리카TV에 나오는 개인 인터넷 방송 숫자는 실시간 평균 5,000개 정도인데, 이 가운데 10~15퍼센트를 먹방이 차지하고 있는 것으로 알려졌다.254) 대중문화평론가 황진미는 "우리나라 사람들은 전통적으로 함께 밥을 먹으며 정을 나눴지만 요즘 들어 가족들과도 함께 밥 먹는 경우가 드물어졌다"라며 "이런 현대인들이 방송 속 먹는 장면을 보면 마치 이들과 함께 한 상에 둘러앉아 먹는 듯한 대리 충족을 느끼기 때문에 먹방이 인기를 끄는 것 같다"라고 말한다.255)

인간의 생존에 대한 욕구는 바로 식욕이다. 그런데 현대인은 불안감으로 인해 생존을 위한 욕구를 넘어 식탐을 불러일으키는 근본적인 원인이 되기도 한다. 먹방은 자신의 식욕에 대한 대리 만족이다. 먹방은 아름다운 몸매를 유지하기 위한 다이어트를 위해서, 건강을 위해서 먹는 것에 대해 끊임없이 통제를 받는 사회 속

---

253) 위키 백과
254) 심하늘, 「트렌드 '먹방'을 찾는 사람들, 인터넷 먹는 방송 보면서 밥 먹고 외로움 달래고」, 『주간조선』, 2241호(2013년 1월 21일).
255) 음성원, 「맛있는 '먹방', 시청자 관심도 폭풍 흡입」, 『한겨레』,(2013, 3, 11)

에서 '이렇게 먹어도 괜찮아'라는 무언의 행위이다.

먹방은 한국의 사회학적인 여러 가지 요소들로 얽혀있지만, 먹방은 이 시대 한국사회의 또 다른 욕망의 트랜드이다. 때로는 자신의 의지와는 상관없이 항상 먹는 것에 대해 알게 모르게 통제를 받는 사회에서, TV 속에서 마구 먹어대는 모습은 현대인들에게 대리만족과 동시의 일종의 쾌감을 준다. 먹방을 보는 행위는 그동안 억압되어 있던 식욕에 대한 욕망이 분출되는 동시에, 사회의 식욕 통제에 대한 소극적 저항이라고 할 수 있다.

먹방, 쿡방 유행 배경은 불행한 사회다. 다른 데서 행복을 느끼지 못하니까 음식을 먹고 요리하는 사람의 표정을 보며 쾌락을 공유하는 것이다. 하지만 현실에서는 사 먹거나 해먹을 형편이 안 된다. 그래서 찾는 게 먹방, 쿡방, 즉 음식 포르노다. 뛰어난 모방 본능으로 인간은 음식이 아니라 먹는 사람에게서 쾌락을 얻는 것이다.256)

먹방 열풍을 분석하는 가장 대표적인 개념으로는 '푸드 포르노 (Food Porn)'가 있다. 이는 포르노에서의 카메라가 여성의 특정 신체 부위나 성행위 중인 남녀의 신체를 클로즈업해서 부각하듯, 음식이나 음식을 먹는 이에게도 이와 같은 기법을 적용한다는 것을 뜻한다. 포르노적 기법은 성행위자의 성적 쾌락을 환상적인 것으로 가공해내는데, 푸드 포르노에서도 이와 마찬가지로 식욕을 유발하기 위해 자극적인 색감이나 김이 피어오르는 모습 등을 이용해 음식을 과잉된 모습으로 구현한다. 먹방은 '대리만족'의 개념을 축으로 한다. 푸드 포르노가 사람들에게 대리만족시켜주는 욕망은 '식

---

256) 권경선 외, 「'악식' 황선생의 쓴소리 "미식은 거짓말"」, 『한국일보』, 2015. 6. 30.

욕'이라는 동물적 욕망이다. 그것은 각박한 현실에서 도피해 행복한 포만감을 맛보고 싶은 개인적 욕망, 맛있는 음식을 먹고 싶은 본능적 식욕이다. 현실로부터 충족되지 못한 욕망이 TV 프로그램을 통해 일종의 판타지로, 그리고 '식욕'이라는 가장 원초적이고 동물적인 욕구로 환원되어 충족된다는 것을 의미한다.257)

영국 옥스퍼드대 연구진은 지난해 국제 학술지 '두뇌와 인지 저널'에 먹방이 건강에 어떤 영향을 미치는지 분석해 발표했다. 먹방이 비만 유발제 역할을 한다는 것이 핵심 결론이다. 현대인은 현실과는 동떨어진 화려한 음식과 과다 포식 영상에 노출돼 있다. 의학계에서는 그런 영상을 (생식기가 아닌) '소화기 포르노'라고도 부른다. 사람들에게 그런 영상을 보여주고 뇌를 MRI로 찍어 조사해보니 눈으로 먹음직스러운 음식을 보기만 해도 시각적 허기를 느끼고, 이는 탐욕 중추를 자극해 결국 식탐으로 이어진다는 분석이 나왔다.258)

현대인들은 TV 먹방 프로그램을 통해서 대리만족하면서 순간적인 위안을 얻을 수 있다. 그러나 다시 자신의 일상으로 돌아오는 순간 식욕에 대한 억제와 식탐의 상황에서 끊임없이 갈등하는 딜레마에 빠지게 될 것이다. 현대인들은 식욕을 증폭시키는 사회에 살면서, 오히려 식욕을 통제해야 하는 상황에 있다. 참으로 아이러니하다.

제러미 리프킨은 『육식의 종말』에서 선진국 사람들에게 쇠고기를 제공하기 위한 축산업은 우선 남반구의 기아 문제와 직결된

---

257) 노의현, 「'먹방'의 욕망에서 '쿡방'의 욕망으로」, 문화과학 86, 『문화과학사』, 2016, 358~359쪽 참조.
258) 조선일보, 2016. 7. 12.

다고 주장했다. 저자는 "지구에서 생산되는 전체 곡식의 3분의 1 이 축우와 다른 가축들 사료로 소비되는 반면 수천만 명의 인간이 곡식 부족으로 기아에 시달리고 있는 실정"이라고 고발하고 있다. 그런가 하면 북반구의 선진국 사람들은 육류 과잉 섭취로 심장발작, 암, 당뇨병 등으로 목숨을 잃는 사람의 수가 기아에 시달리는 사람의 수보다 더 많다면서 풍요병을 지적한다.

지구의 환경도 위협받고 있다. 중남미의 수백만 에이커에 달하는 열대 우림 지역이 이미 소 방목용 목초지로 개간 중이며 사하라 이남과 미국, 호주 남부 목장지대에서 진행 중인 사막화의 주된 요인은 소 방목이라고 한다. 일례로 사육장에서 흘러나오는 축산폐기물의 양을 살펴보면, 소 일만 마리를 사육하고 있는 사육장에서 배출되는 유기 폐기물은 11만 인구의 도시에서 발생하는 쓰레기양과 맞먹는다는 것이다.

현대인들은 건강에 관한 관심을 넘어서 건강에 대한 욕망이 지나치다고 할 수 있다. 매체를 통해 소개된 건강식품들은 마켓에서 날개 돋친 듯 판매가 된다.

멕시코가 원산지인 아보카도는 비타민과 미네랄이 풍부한 건강 과일로 노화 방지를 돕고, 다이어트와 피부 건강에 효능이 있어서 현대인들에게 많은 사랑을 받는다. 이 아보카도의 인기가 전 세계적으로 치솟자 멕시코 갱단이 농장주들을 협박해 보호비 명목으로 돈을 뜯어내고 있다는 것이다. 왜냐하면, 아보카도 농장을 운영하면 수억 원대의 수입을 올릴 수 있어서 아보카도는 요즘 멕시코에서는 '녹색 금'으로 불린다. 이 아보카도 농장을 둘러싸고 세력 다툼을 하는 과정에서 살인까지 일어나자 '피의 아보카도'라고도 불린다.259) 현대는 수입 과일들이 넘쳐나고, 계절에 상관없이 일

년 내내 원하는 과일을 마음만 먹으면 사 먹을 수 있다. 특히 건강에 좋은 것들은 가리지 않고 섭취한다.

그러나 정작 건강에 관심이 많은 현대인은 우리 자신의 잘못된 소비행태가 그런 질병들을 만들어냈다는 사실은 간과하고 있다. 현대인은 누구나 보기 좋고 맛있는 음식을 선호한다. 그런데 우리 현대인들이 놓치고 있는 것이 있다. 보기 좋고 맛이 좋다고 해서 반드시 몸에도 좋은 것은 아니라는 점이다. 더군다나 자국에서 생산되지 않는 과일을 먹기 위해 수입을 하는 과정에서 방부처리를 하게 되고, 운반 과정에서는 석유가 필요하므로 이것은 지구 온난화를 가속한다. 먹을거리에 있어서 대량생산 대량소비의 가장 큰 단점은 인간의 건강에 도움이 안 된다는 것이다. 예쁘고 보기 좋은 과일과 채소는 화학비료, 성장촉진제, 농약, 방부제 덕분이다. 보기 좋고 먹음직스러운 먹을거리 대부분이 우리 몸에 안 좋은 물질로 뒤범벅이 되어있다는 사실이다.

축산물도 마찬가지이다. 비좁은 "닭장"에 갇혀 하루에 두 번씩 항생제 알을 낳는 닭, 살이 철창 바깥으로 비집고 나올 정도로 좁은 장소에서 매일 항생제를 맞으며 살을 찌우는 돼지, 운동이라곤 할 수 없고 기름진 사료를 먹으며 살만 찌우는 소까지 어느 것 하나 몸에 좋을 것 없는 먹을거리들이다. 싸고 보기 좋고 입맛에 맞는 것만 추구하는 현대인이 각종 신종질병과 구제역 A.I 등 괴질의 원인이 되는 것이 우리의 슬픈 현실이다.

---

259) 동아일보, 2019. 2. 27일 자, B9면 참조.

젊음에 대한 욕망

우리는 늙음은 추악한 것으로 외면하고 싶고, 젊음은 갈수록 우상화하는 그런 시대에 살고 있다. 인간의 젊어지고 싶은 욕망의 원천은 젊은 그 시절로 돌아가고 싶다는 마음, 또는 지금 누리고 있는 젊음을 최대한 오랫동안 지연시키고 싶은 욕망에서 비롯된 것이다. 인간이 나이 들어감에 따라 생기는 주름 뒤에는 그것을 피하고 싶은 젊음에 대한 욕망이 있다. 그것은 자연에 순리를 거스르는 것임에도 불구하고 끊임없이 젊음을 욕망하는 사회다. 나이가 들고 외형이 늙어가는 것을 견디지 못하는 '도리안 그레이 증후군'이란 정신질환마저 생길 만큼 지금 전 세계 아름다움의 기준은 '자연스러운 젊음'에 그 초점이 맞춰지고 있다.

박범신 소설 『은교』260)에서 성적인 욕망이 아닌 젊음을 욕망하며, 더 이상은 가질 수 없는 것을 욕망하는 노인 이적요.

> "너희의 젊음이
> 너희의 노력으로 얻어진 것이 아닌 것처럼
> 노인의 주름도
> 노인의 과오로 얻은 것이 아니다."

한국은 100명 중 13명이 65세 이상으로 이미 오래전 '고령화 사회'로 진입했다. 예전의 '실버 세대'로 불리던 과거 시니어들과 다르게 액티브 시니어들은 강하고, 젊고 활동적이다. 액티브 시니어(Active Senior)라는 말은 미국 시카고대 심리학과 버니스 뉴가

---

260) 박범신, 『은교』, 문학동네, 2010.

튼(Bernice Neugarten) 교수가 "오늘의 노인은 어제의 노인과 다르다"라며 붙인 신조어다.[261]

  액티브 시니어들은 과거 어느 시니어 세대보다 활동적이며, 건강한 삶에 대해 관심이 많다. 그러나 그들은 보편적인 건강과 장수의 개념을 넘어 '젊음' 그 자체에 열광한다. 엑티브 시니어들의 젊음에 대한 욕구는 겉으로 드러나는 외모와 육체에 대한 나이 즉 '신체적인 젊음'을 추구한다. 사회 기조가 점점 외모를 통해 개인의 능력이나 자기관리 지수를 판단하려는 경향이 짙어지고 있다. 이에 따라 액티브 시니어들은 자신의 외모를 젊고 아름답게 가꾸기 위해 '탈모 관리', '안티에이징 피부 시술', '임플란트 시술' 등 미용·의료 서비스를 적극적으로 활용해 자신을 가꾼다. 그리고 두뇌를 사용하는 지적 활동에서의 젊음, '인지적인 젊음'을 위해서도 시간을 투자한다. 겉과 속이 균형 잡힌 건강한 삶을 추구하는 액티브 시니어들은 외모뿐만 아니라 나이가 들어감에 따라 수반되는 인지능력의 저하를 예방하기 위해 두뇌 훈련에도 굉장히 열심이다. 또한, 액티브 시니어는 과거 실버 세대와 달리 적극적으로 문화생활을 영위한다. 건강한 신체를 자랑하며 등산, 자전거, 캠핑 등과 같은 레저 스포츠를 즐긴다. 이들은 과거 실버 세대와 달리 중후한 멋을 추구하기보다는 자신만의 매력을 뽐내며 개성 넘치는 패션을 선보인다. 이와 함께 신세대 못지않게 유행에 민감하며 그들보다 더 멋지게 자신을 꾸미기 위해 신경 쓴다. 일상과 패션에서 나타나는 '외양에서의 젊음'을 추구한다.

  우리가 진정 아쉬워해야 하는 것은 주름지고 나이 들어가는

---

261) 경남매일, 2017. 3. 8일 자.

겉모습이 아니라 하루하루 소멸해가는 열정이다. 젊어지는 겉모습에 대한 집착으로 오히려 자신 삶의 즐거움을 놓쳐버리는 어리석음을 저지를 수도 있다. 진정한 젊음은 삶에 대한 열정이다.

스타벅스 공화국

커피는 누군가에게는 그 사람의 취향을 보여주는 기호식품이지만, 누군가에게는 노동의 효율성 때문에 '브레이크 타임'을 위한 노동의 음료이다. 각성을 극대화하기 위해서이다.

커피와 음악에 관한 재미있는 에피소드가 있다. 음악의 아버지라고 불리었던 독일의 음악가 바흐가 살았던 시대에는 라이프치히에서 커피를 마시는 것이 대유행이었다. 가정마다 커피를 즐기는 것은 물론 시내의 여러 커피하우스들은 커피와 담소를 즐기려는 사람들로 대성황을 이루었다. 이처럼 커피하우스가 사람들의 사교장 역할을 하다 보니 때로는 커피하우스에서 소규모 공연이 이루어지기도 했다. 바흐의 '커피 칸타타' 역시 커피하우스에서의 공연을 목적으로 탄생한 작품으로 일종의 커피 홍보 음악이자 작은 희극 오페라 같은 매혹적인 칸타타. 바흐는 오페라를 작곡하지 않았지만 '커피 칸타타'를 통해 그가 희극적인 양식의 음악에도 얼마나 뛰어났는지를 보여준다. 아버지가 커피를 마시지 말라고 할수록 딸의 커피에 대한 욕망은 더 강해질 뿐이다. 커피를 사랑하는 딸이 부르는 아리아 '아 커피가 얼마나 달콤한지(Ei wie schmeckt der Coffee suesse)'에는 "커피"라는 단어가 자주 반복되며 커피를 향한 강한 욕망이 표현된다. 아버지와 딸의 실랑이는 계속되고. 아버지는 커피를 마시는 딸에게 화를 내며 산책을 못 하게 한다는 등

스커트를 사주지 않겠다는 둥 여러 가지로 딸을 설득한다. 그러나 딸은 다른 건 다 없어도 괜찮지만, 커피만은 안 된다고 말한다. 결국, 아버지는 최후의 수단으로 약혼자와 결혼을 시키지 않겠다고 위협하자 딸은 그 말에 결국 굴복하고 만다. 하지만 이것은 단지 '작전상 후퇴'일 뿐이다. 영리한 그녀는 아버지에게 다시는 커피를 마시지 않겠다고 하며 결혼 승낙을 받아낸 후 혼인 계약서에다 '커피의 자유 섭취' 조항을 써넣고야 만다.262)

'스타벅스'라는 상호에 포함된 이름 '스타벅'은 '소설 『모비딕(백경, 1851)』에서 돛대의 밧줄을 맡은 일등 항해사 스타벅이다. 브랜드 '스타벅스'는 스타벅에 's'를 붙인 것이다. 로고는 희랍 신화를 통해 만들었는데, 흰색과 초록색으로 구성된 희랍 신화에 나오는 세이렌이다. 세이렌은 뱃사공을 유혹한다.263) '스타벅스'는 세계의 주요 도시들을 중심으로 전 세계 커피 시장을 장악하고 있는, 세계에서 가장 규모가 큰 커피전문점이다. '스타벅스'라는 미국 자본주의가 낳은 부산물이 도시의 성지처럼 되었다. 마치 희랍 신화 속의 세이렌이 뱃사공을 유혹하듯이 세계 곳곳에 '스타벅스' 로고가 새겨진 커피 매장이 들어서 있다. 우리나라도 번화가마다 '스타벅스' 커피 매장이 이미 포화 상태다. 지금 이 순간에도 '스타벅스' 상호와 로고는 지나가는 사람들을 향해 유혹한다. 거부할 수 없는 유혹의 손짓이다.

우리는 커피를 욕망하는가? 아니면 커피 브랜드를 욕망하는 것인가?

---

262) 네이버 지식백과, 바흐, 커피 칸타타 [J.S. Bach, Coffee Cantata BWV 211] (클래식 명곡 명연주)
263) 김동훈 저, 『브랜드 인문학』, 민음사, 2018, 102쪽 참조.

나는 호모 컨비니쿠스 고로 존재한다

'호모 컨비니쿠스'는 인간을 뜻하는 '호모'와 편의점을 뜻하는 '컨비니언스 스토어'의 합성어이다. 우리나라 샐러리맨들의 대부분이 아침이나 점심은 편의점 도시락과 샐러드가 주메뉴라고 해도 과언이 아니다. 퇴근 뒤에도 먼저 가는 곳은 편의점이다. 저녁에 먹을 맥주와 간식거리를 사고 택배를 받기 위해서다. 편의점에서 파는 '4개 1만 원' 수입 맥주는 가장 사랑하는 아이템이 된 지오래다. 하루 평균 3~4차례 편의점에 들르는 샐러리맨들은 매일 1만5,000~2만 원가량을 편의점에 지출한다. 우리나라 편의점은 3만 3,000여 개, 매출액은 19조 원을 넘어섰다. 양적 팽창은 질적 변화를 불러왔다. 그동안 볼 수 없었던 다양한 음식과 서비스는, 더 이상 성장이 어려울 것처럼 보였던 편의점 산업을 더욱 발전시키고 있다.

현대인에게 편의점은 없어서는 안 될 '생활 거점'이 됐다. 하루의 시작과 끝이 편의점에서 이뤄진다. 교통카드 충전, 현금입출금, 공과금 수납, 상품권·스포츠토토·로또·공연 표 구입, 택배, 팩스 등 살아가면서 필요한 거의 모든 것을 편의점에서 할 수 있는 세상이다.

『편의점 인간』엔 다음과 같은 내용이 나온다. "나는 문득, 아까 나온 편의점의 유리창에 비친 내 모습을 바라보았다. 이 손과 발도 편의점을 위해 존재한다고 생각하자, 유리창 속의 내가 비로소 의미 있는 생물로 여겨졌다." 편의점 속에서 의미를 찾는 현대인의 모습이 그려진 대목이다. 편의점의 발전은 편의점의, 편의점을 위해, 편의점에 의해 살아가는 '호모 컨비니쿠스'를 탄생시켰다.

현재를 살아가는 우리의 모습이다.264)

소비 사회와 미니멀 라이프

이나가키 에미코가 쓴 『그리고 생활은 계속된다』265)는 남에게
보여주기 위한 미니멀 라이프가 아닌, 욕망을 비워내면서 그녀만의
생활 철학으로 진정한 미니멀 라이프를 보여준다. 그리고 물질적
풍요로움이 넘치는 현대 소비 사회, 자신의 욕망을 비워내면서 어
떻게 살 것인가에 대한 고민이 느껴진다. 그리고 이 책에는 끊임없
이 물건을 사들이는 것이 곧 자본주의 사회에서 능력 그 자체이고,
그런 능력이 있어야 행복할 것이라고 믿는 우리의 욕망에 대한 반
성이 담겨 있다.

이 책의 저자인 이나가키 에미코는 아사히신문 기자 시절, 개
인적 차원의 탈원전 생활을 시작했다. 동일본대지진 당시 있었던
후쿠시마 원자력발전소 사고를 지켜보면서, 전기를 사용하는 물건
들에 대해 의문이 생겼기 때문이다. 우리는 왜 전기 제품을 사용하
고 있을까? 그것들은 정말 우리에게 편리함을 가져다주었을까? 우
리의 삶은 전기 제품의 사용으로 정말 풍요로워졌을까? 지금 우리
가 불평하고 불만을 토로해야 하는 이유는 지금보다 더 편리해져
야 하기 때문일까? 더 편리해지기 위해 더 많은 물건을 만들고 더
많이 소유해야 할까? 더 많이 소유하면 더 행복해질 수 있는 것일
까? 냉장고 안에는 사고 싶은 욕구와 먹고 싶은 욕구가 터질 듯이
가득 차 있다는 저자의 비유적 표현은 우리 현대인들의 소비 패턴

---

264) http://www.hani.co.kr/arti/specialsection/esc_section/
     784780.html#csidx096485836a1878fbc1766608ecef103
265) 이나가키 에미코, 『그리고 생활은 계속된다』 김미형 역, 엘리, 2018.

에 대해 정곡을 찌른다. 냉장고가 생기면서 우리는 당장, 크게 필요하지 않은 먹을거리까지 사고 있다. 머릿속으로 미래의 식탁을 상상하며 언젠가 먹을지도 모를 것들로 열심히 장바구니를 채운다. 오늘 다 먹지 않아도 되니까. 사람들은 이제, 다 먹을 수 없을 만큼 사게 되었다.

> 냉장고에 가득 찬 '언젠가'의 꿈
> 냉장고 혼자 배부르고 행복하다.
>
> 집을 사기 위해 대출을 받는다.
> 대출을 갚기 위해 밤낮없이 일한다.
>
> 내 집은 하루 종일 비어 있다.
> 냉장고 혼자 남아 꿀꺽꿀꺽 전기를 먹는다.

언젠가 먹을 테니까 괜찮다고 스스로를 설득하면서 결국, 나를 위해 냉장고를 채우는 것이 아니라 냉장고를 위해 식품들을 꼭꼭 집어넣고 있는 것은 아닌지. 저자는 냉장고의 용량이 커가는 모습은 사람들의 욕망이 확대되어가는 모습 그 자체라는 것이다. "있으면 편리한 것들이 어느새 꼭 있어야 하는 것들로 변한 게 아닐까. 있는 것이 당연하다고 여기기 때문에, 아무리 사소한 것일지라도, 없어지는 게 두려운 것은 아닐까. 불안한 게 아닐까."266) 저자는 나아가, 이제껏 필요하다고 믿었던 모든 것들에 의문을 품게 되었다. 산더미 같은 옷과 신발, 이사 때가 되어야 빛을 보는 냉장고 속의 음식들, 꺼내 읽지 않는 무거운 책들과 먼지 쌓인 음반들, 언젠가 한 번쯤 쓸 것 같은 물건들이 집 안에 넘쳐나고 있었다. 풍요

---

266) 이나가키 에미코, 68쪽.

로운 시대, 돈만 있다면 쌓아둘 정도로 물건을 살 수 있고, 할 수 있는 것도 많다. 그러나 그만큼 우리의 삶은 커지고 복잡해졌다.

저자는 자신이 정신없이 사 모았던 가전제품을 모두 처분하면서 마음이 오히려 편안해진 이유를 가전제품을 버렸기 때문이 아니라, 가전제품과 함께 부풀려온 욕망을 버렸기 때문이라는 것이다. 또한, 우리가 정말로 두려워해야 할 것은 우리 자신의 욕망, 폭주하는 더 이상 스스로 제어할 수 없게 된 막연한 욕망이라는 것이다.

"인간 고뇌의 대부분은 지나간 과거를 후회하거나 오지 않은 미래를 걱정하면서 생기는 것이다."[267]

물건이 많아지고, 할 수 있는 일들이 많아지면서 우리의 삶도 덩달아 커지고 복잡해졌다. 그리고 어느새 우리는 무엇을 하고 싶은지, 무엇을 해야 할지 알 수 없게 되고 말았다. 그런데도 여전히 사방에서는 나에겐 아직 무언가가 부족하다는 속삭임이 넘쳐난다. 그래서 덜컥 유혹당하고, 또다시 나는 혼란 속에 빠진다. '그것만 손에 넣으면 행복해진다'라고 외쳐댄다. 우리는 지금 '만들어진 혼란' 속에 존재하고 있는 것은 아닐까.

---

267) 이나가키 에미코, 127쪽.

제 13 장

현대 한국여성의 욕망

인류 문명의 역사에서 현대처럼 몸이 중요한 적은 없었다. 플라톤은 인간이 육체의 지배를 받으면 순수 인식을 가질 수 없으므로 영혼이 육체의 주인이 되어서 육체를 지배해야 한다고 주장했다. 육체는 열등하고 정신은 고상하다는 사상은 중세 기독교에서 더욱 강화되었다. 중세 이래 현대까지 이어오는 여성에 대한 깊은 경멸과 차별도 여성은 몸의 존재이고, 남성은 정신적 존재라는 뿌리 깊은 고정관념에서 유래한 것이다. 그러나 현대 한국사회에서는 자본주의적 생산과 소비의 구조 속에서 여성들은 자신의 몸을 한편으로는 자본으로, 다른 한편으로는 숭배의 대상으로 간주한다. 한국 사회에서 여성들의 몸은 사유재산이다. 아름다운 외모와 멋진 몸매는 상품처럼 그것을 소유한 여성의 신분을 규정해 준다. 그래서 여성들은 사회적 욕망에 자신의 욕망을 충족시키기 위해서 지속해서 자신의 몸을 가꾼다. 아름다움을 유지하기 위해서 자신의 몸을 혹사한다. 한국사회에서 여성들은 몸 관리를 게을리하면 그 자체가 죄악이라고 생각한다. 외모는 현대 한국여성들의 욕망과 함께 사회적 지위를 결정하는 주요 자본이 되었다.

지금까지 여성의 몸에 대한 인습과 관념, 요구들이 여성들의 삶을 속박해 왔기 때문에 여성들은 남성과 같은 세계 속에 자리 잡지 못하고 언제나 그 바깥에, 근본적으로 타자로만 존재해 왔다. 여성의 몸은 여성의 정체성을 구성하는 문제와 관련하여 역사적으로 여성의 욕망과 깊은 연관성을 가지고 있다. 그러므로 여성의 몸은 여성에게 주어지는 사회적 차별을 정당화하는 가장 강력한 기제이다.

아리스토텔레스에 따르면 여성은 질적인 어떤 결여 때문에 여성이다. 우리는 여성들의 본성을 자연적인 결함 때문에 괴로워하고 있는 것처럼 생각하지 않으면 안 된다는 것이다.268) 아리스토텔레스는 남녀의 신체 차이, 특히 재생산과 관련된 여성의 생리적 특성을 들어 여성을 남성보다 열등한 존재로 규정했다. 여성은 남성보다 더 자연적인 존재로 취급되었고, 몸의 자연적 특성에 따라 모든 것이 결정되는 그런 존재로 여겼다. 이러한 관념이 공적인 세계로부터 여성을 배제하는 정당화의 기제로 작용하였다. 여성의 몸은 그저 여성의 평등과 자유를 가로막는 장애물, 극복되어야 할 대상으로 간주되었다. 여성학자들은 남성과 여성의 몸이 사회적 권력 관계의 현실 속에 존재하는 사회적, 역사적, 계급적, 개인적 차이들에도 불구하고 개별 여성들을 '여성'이라는 공통된 이름으로 묶을 수 있는 것은 그들이 모두 여성의 몸을 입고 있기 때문이라고 주장한다. 우리가 입고 태어난 성별화된 몸은 우리에게 성별화된 이름을 부여하며, 우리는 이 각각의 이름에 서로 다른 의미와 경험과 기회를 차별적으로 배분하는 사회구조 속에서 이 몸, 이 이름을 갖고 살아가게 된다. 그러므로 몸은 개별 여성들이 스스로를 여성으로 인지하는 기본적 출발점인 동시에, 온갖 차이를 지닌 개별 여성들을 '여성'이라는 하나의 집단으로 묶어 주는 근거이기도 하다.

그러나 몸이라는 것 자체가 자연적, 운명적으로 갖고 태어나는 고정된 실체가 아니므로 몸은 사회적, 문화적으로 그것에 부여된 의미에 따라 그리고 주체의 의식적인 관리에 따라 그 경계가 달라질 수 있는 유동적인 범주이다. 여성의 몸은 여전히 여성 연대

---

268) 시몬 드 보부아르, 조흥식 옮김, 『제2의 성』, 을유 문화사, 2002, 13쪽.

의 숨겨진 근거이지만, 같은 여성의 몸을 가졌다고 해서 똑같은 정체성을 가지는 것은 아니다. 몸은 정체성의 일차적 근거이지만 정체성의 모든 자원은 아니다. 삶의 구체적인 장면에서 작동하는 지위, 역할의 체계가 자신에게 부여되는 역할을 자신과 동일시함으로써 자신의 정체성을 규정한다.

그러나 모든 정체성이 역할로 환원될 수 있는 것은 아니다. 정체성은 단순히 체계 속의 고정된 위치로 환원될 수 있는 것은 아니다. 그것은 동일성과 차이의 관계 속에서 주체의 능동적 구성에 따라 임시로 고정되는 것이다. '내가 누구인가?'를 구성하는 동일시들은 수없이 많고 다양하지만, 그것들의 일차적 출발점은 바로 '지금', '여기' 있는 이 '몸'과 '나'의 동일시인 것이다. 그런 의미에서 몸은 정체성의 일차적 근거라고 할 수 있다.

남성에게 대상화된 타자로서 여성

몸은 흔히 사회적 맥락과는 전혀 무관한 생물학적 실체 혹은 자연적 대상이라고 여겼다. 이러한 관념은 지성사를 지배해온 몸, 정신의 이분법에 뿌리를 두고 있다. 16세기 이후 자연 과학의 발달은 몸을 효과적으로 자연화 시켰고, 계몽 철학은 인간 정신의 보편적인 면, 곧 이성을 인간의 사회적, 문명적 존재의 본질로 정초하였다. 고대 그리스 이래 서구 지성사는 몸과 정신을 이분법적으로 나누고 정신만을 정당한 인간학의 대상으로 선언하는 전통을 구축하였다. 몸을 정신을 가두고 있는 감옥으로 파악한 고대 그리스 철학의 전통은 육(肉)적인 것은 일시적이고 덧없는 현세와 관련시키고, 반면에 정신과 영혼은 영원한 구원의 세계로 연관 짓는 기독교 사상으로 이어졌다. 그리고 철학을 정신 또는 이성의 작용으로 규정한 계몽사상가들 역시 몸은 몰역사적, 자연적, 수동적 범주로서 정신의 통제를 받아야 하는 것으로 보았다.

인간은 남성이고, 남자는 여자를 여자 자체로서가 아니라 자기와의 관계로서 정의한다. 여자는 자율적인 존재로서 여기지 않는다. 여자란 남자가 규정짓는 존재에 지나지 않는다. 그래서 남자가 여자를 '섹스'라고 부르는 것은 여자가 남자에게는 본질적으로 성적인 존재로 보인다는 것을 의미하는 것이다. 남자에게 있어서 여자는 섹스이다. 절대적으로 그렇다. 여자는 남자와의 관계에서 한정되고 달라지지만 남자는 여자에 대하여 그렇지가 않다. 여자는 우발적인 존재이다. 여자는 본질적인 것에 대하여 비본질적인 것이다. 남자는 '주체'이다. 남자는 '절대'이다. 그러나 여자는 '타자'이다.269)

여성과 몸에 대한 통념은 이제까지 여성에게 억압적이었다. 여성의 신체적 기능에 대한 통념은 여성의 전인적 기능에 대한 평가로 연결되어 여성의 사회적 열등성을 주장하는 근거가 되어 왔다. 또한, 남성이 주체가 되어 여성을 객체로, 또 성적인 존재로 대상화하는 것이 당연시되어왔다. 이로 인해 여성에게 외모란 가장 중요한 평가 기준이 되기도 하는데 이것은 여성을 비인간화하는 한 실례라고 할 수 있다.270)

지금까지 여성은 남성보다 더 자연적인 존재로 취급되었고 몸의 자연적 특성에 따라 모든 것이 결정되는 그런 존재로 여겨졌으며, 이러한 관념이 공적인 세계로부터 여성을 배제하는 정당화의 기제로 작용해 왔다고 할 수 있다. 서구 문화에서 남성이 절대적인

---

269) 같은 책, 13~14쪽 참조.
270) 장필화, 『여성, 몸, 성, 또 하나의 문화』, 1999, 133쪽 참조.

정신으로 파악된 반면 여성은 몸, 말 그대로 '섹스(the sex)'로만 인식되어왔다는 보부아르(S. Beauvoir)의 주장271)은 여성들이 남성과 같은 세계 속에 자리 잡지 못하고 언제나 그 바깥에 근본적으로 타자로만 존재해 왔음을 지적하고 있다.

 역사적으로 여성은 몸에 의해 결정되어왔다. 이제까지 차별적인 존재로 남녀를 구별하는 가장 기본적인 방식은 생물학적 차이에 기초한다. 즉 남성이 아닌 여성을 정의하는 방식의 핵심은 여성의 생식 능력과 그것을 담고 있는 몸이다. 그래서 여성은 남성이 갖고 있지 않은 그 생식의 몸으로 정의되고 거기에 부여되는 의미로 규정되어 왔다. 여성에게 있어 몸은 출산이라는 생물학적인 과정에 집중되어 있다는 관점에서 볼 때 서구 여성들과 차이가 없다. 여성의 성에 대한 사회문화적인 통제들 그리고 결혼과 동시에 여성들이 겪는, 계속되는 임신과 낙태, 피임, 혹은 불임, 또 폐경과 함께 나타나는 여성됨의 상실과 몸의 노화 등, 모두 몸의 경험으로 설명된다. 가부장제 사회에서 한국여성들에게 있어서 모성은 여성 개인의 선택 이전에 제도화된 것이다. 모든 여성은 잠재적인 어머니로 여겨지며, 이러한 인식은 여성 삶의 기회를 어머니 되기를 중심으로 제한된다. 여성은 때로는 원하지 않는 임신을 강요당하기도 하고 때로는 아들만을 골라 낳도록 하려고 낙태를 강요당하기도 한다. 특히 한국여성들은 출산과정에서 의식적으로 아들, 즉 부계 혈통의 상속자를 낳아서 가족의 대를 잇는 역할을 가장 전통적이고 진정한 의무로 간주하고 있다. 결혼한 후에는 당연히 임신하고, 아들을 간절히 원하며 끊임없이 임신과 낙태를 반복하면서 스스로

---

271) 시몬 드 보부아르, 위의 책, 32쪽.

통제하지 못하는 여성의 몸은 자연성과 열등감을 각인하게 된다. 그 가운데 여성들은 몸이 주는 억압성과 고통을 체험했다. 여성의 몸에 가해지는 문화적 사회적 규범의 폭력들을 수용해 왔다고 할 수 있다. 과거의 여성들은 반복되는 임신과 출산, 양육으로 몸이 훼손되었다면 현대 여성들은 핵가족화 과정에서 임신과 출산, 피임, 낙태, 그리고 다이어트로 인한 몸의 훼손이 심각하다고 할 수 있다. 현대 사회 변화는 우리의 삶 속에서 몸이 갖는 의미를 근본적으로 바꾸어 놓고 있다.

여성들에게 섹슈얼리티는 성형 가능한(malleable) 것, 곧 다양한 방식으로 형태를 만들어갈 수 있는 것이 되었으며 또한 개인의 잠재적 자산(property)이 되었다. 섹슈얼리티는 재생산에서 벗어남으로써 성의 점진적 분화의(progressive differentiation)의 일부가 되었다.[272]

타인의 시선과 이미지에 갇힌 한국여성의 욕망

타자와의 관계 속에서 인간은 오랫동안 개별적인 '나'를 물은 적이 없다. 개별적인 '나'에 대면할 타자가 없었기 때문일 것이다. '나'는 그런 점에서 근대에 형성된 타자의 표면이다.[273]

사르트르가 보여준 대타존재를 매개로 한 타인과 구체적인 관계 속에는 '사랑'과 '욕망'이 자리하고 있다. 타인이 눈길을 던지는 나의 대상 존재는 단순한 신체가 아니라 내게 머무는 세계의 뜻이며, 세계의 뜻을 드러내는 '상황-속의-몸'이다. 그가 눈길

---

272) 앤소니 기든스, 배은경 외 옮김, 성, 사랑, 에로티시즘, 새 물결, 1996, 62쪽 참조.
273) 이성환, 「사르트르 속의 헤겔 사르트르의 대타존재론」, 『철학 논총』, 제78집, 새한철학회, 466쪽.

을 던지는 것은 내 신체를 배경으로 하는 내가 구성한 나의 세계다. 그런 의미에서 '상황-속의-몸'은 '세계-속-존재'이다.[274]

우리 사회는 언제부터인가 "아름다움은 선(善)"이라는 단순 명제에 빠져 있다. 외모는 타고나는 것이 아니라 스스로 만들어가는 것이라는 믿음에 매달려있다고 해도 과언이 아니다. 그 믿음 자체는 맞는 것인지도 모른다. 아름다움은 성격과 통찰력, 기뻐하고 사랑할 줄 아는 마음에서 우러나온다는 말이 우리 현대인에게는 이미 공허한 외침이 될 뿐이다.

화장은 초등학생까지 내려갔다. 10대의 화장품 구매율은 매년 치솟고 있다. 초등학생과 여중생의 성형은 어제오늘의 이야기가 아니다. 이들은 잡지 속의 모델들이나 연예인을 보며 성형을 하고, 다이어트를 시작한다. 그런데 시간이 흐르면서 살이 찐다는 공포감에 음식을 하나둘씩 거부하게 되고, 섭취 장애 즉 거식증을 앓게 되는데, 시간이 흐르면서 배가 고파서 음식을 먹고 싶어도 몸에서 받질 않아 먹지 못하는 상태가 되고 심하면 죽음에 이르게 되는 것이다. 이렇게 해서 목숨 혹은 건강을 잃는 청소년이 매년 증가한다는 것은 사회문제가 아닐 수 없다.

국제미용성형수술협회 자료에 따르면 미국 여성은 5%가 성형수술을 받는 반면 한국여성은 20%가 어떤 형태로든 성형수술을 받고 있다.[275] 인간이 자신의 외모에 관해 관심 혹은 불만을 느끼는 것은 지극히 일반적인 현상이다. 그러나 한국인들의 성형문화는 심각하다. 외모를 고민하는 딸을 보면, 손을 덥석 잡고 성형외과로 달려가 견적을 뽑아보는 것, 말려야 할 엄마까지 수술대에 같이 눕

---

274) 위의 논문, 483~484쪽 참조.
275) 동아일보, 2015. 5. 18일 자, A12면.

는다든지, 졸업선물로 수술을 해준다든지 하는 것은 한국사회에서는 더 이상 낯설지가 않다.

이런 시각에서 바라보면 성형을 권하는 사회란 매우 심각하고 위험하다. 내면의 깊은 상처를 찾아 근본적인 치료를 하기보다는 표면에 일회용 반창고만 갈아붙이는 격이다. 더군다나 한국의 성형 실태가 우려되는 것은 어린 나이의 소녀들이 수술대에 오른다는 것이다. 자신의 외모로 상품 가치를 올려보겠다는 사고를 하는 이들은 평생에 거쳐 수술을 밥 먹듯 해야 할 것이 뻔하다. 왜냐하면, 나이를 먹을수록 그들 기준에서의 외모의 가치는 하락할 수밖에 없고 보수할 곳은 늘어날 수밖에 없기 때문이다.

문화 속에서 남성에 의해 규정된 가치를 확보하기 위해 여성들은 성형수술, 체중조절, 피부 관리와 머리 손질, 유행에 관한 관심, 무엇보다도 노화 방지와 같은 점점 더 복잡해지는 규제적인 치장 관례를 통해서 여성성을 드러내기 위해 노력한다. 특히 대중문화와 소비문화에서 몸 이미지들이 부각되고 확산하는 현상은 몸이 정치 경제로부터 분리되면서 나타나는 문화적 결과들이라고 할 수 있다. 쾌락, 욕망, 차이를 강조하는 현대 소비주의의 특성은 이전의 노동하는 몸이 욕망하는 몸으로 변화하고 있다.

현대 우리나라 여성들은 수술 부작용을 감수하고서라도 가슴 크기에 집착하고 있다. 마치 자신의 가슴 크기가 여성성 복원이라는 공식에 사로잡혀있는 것처럼 보인다. 광고, 잡지 기사를 통해 자극적이고 선정적인 여성을 상품화한 모습을 통해 여성 스스로 병원에서 가슴을 쇼핑하며 가슴을 소비하는 시대에 살고 있다. 그것을 통해 자기만족을 느끼기도 하고, 다른 사람으로부터 관심을 받고, 사랑을 받고 싶어 한다. 여성들은 자신감을 몸으로부터 가지고 그 몸을 통해 여성성 복원으로 가려고 하는 경향을 보인다.

쇼펜하우어에 따르면 여성의 가슴이 남자들의 성감에 큰 영향을 주는 것은 가슴이 여자의 생식 임무와 깊은 관련이 있기 때문이다. 더구나 여성의 가슴은 유아에게 충분한 영양을 제공하는 기능의 중요성을 강조하는 것이기 때문에 남자들은 더욱 깊은 애착을 보인다는 것이다.276) 그러나 현대 여성들은 쇼펜하우어가 강조하는 것처럼 여성 자신들의 가슴이 유아에게 충분한 영양을 제공하는 모성적, 기능적 의미보다 그들에게 가슴은 단순히 자신의 성적 매력을 높이는 요소로 작용하는 것이 더 중요하다. 그래서 현대 여성들은 가슴의 크기에 집착한다.

후기 근대의 신체-주체는 정신과 영혼이 깃들지 않은 그저 '이미지'이기 때문에 언제나 주문에 맞게 수정과 변경이 가능하다. 뚱뚱한 몸은 슬리밍 센터로, 날씬하지만 탄력이 없는 몸은 헬스 센터로, 낮은 코와 절벽 가슴은 실리콘 주입실로, 주근깨와 점은 레이저실로, 그리고 무 다리와 복부비만은 지방 흡입실로 달려가면 된다. 후기 근대의 신체-주체는 성형 디자이너와 공모하여 스스로의 이미지를 가공하는 제작자가 된다. 이미지는 바로 그것이 이미지이기 때문에 변경과 수정이 가능하다. 그리고 변경된 이미지는 새롭게 확립된 진정한 자아가 된다. 자기 몸에 가해지는 고통과 두려움을 진정한 자기가 되기 위한다는 명목으로 안위하며 본래의 몸을 타자화하고 자기억압을 내면화한다.277)

모든 외적인 것이 부각되면서 원래의 우리 몸은 인위적으로

---

276) 쇼펜하우어, 이동진 역, 『사랑은 없다』, 해누리, 2009, 45쪽 참조.
277) 이승환, 「후기근대적 신체-주체의 부박(浮薄)함에 대하여」, 『인문 연구』, 47호, 2004, 9~10쪽 참조.

만들어진 몸으로 재탄생해가고 있다. 21세기 대한민국에서 여성의 몸은 개인적인 자산으로 자리 잡아가고 있다. 여성의 몸은 그 자신의 노력으로 갈고 다듬어질 수 있는 변화 가능한 실체가 되었다.

아름다운 외모와 젊음에 대한 맹목적 욕망을 위하여

현대 사회가 우리의 삶 속에서 몸이 갖는 의미를 근본적으로 바꾸어 놓고 있다. 몸은 점점 더 정체성(identity)과 직접 연관되는 범주가 되고 있다. 정체성은 결코 의식의 추상을 떠다니는 그 무엇이 아니라 반드시 행위자의 행위로 구현되어야 한다. 이것은 바로 몸에 근거해서 가능해진다. 우리 각자가 가진 이 하나하나의 몸은 우리에게 우리 각자의 정체성이 그 위에 구성될 물리적 한계를 제공해 준다. 여성의 몸은 단지 성 정체성의 자원일 뿐 아니라 개별 여성들이 스스로에 대해 갖는 자신감과 자아에 다양한 방식으로 개입해 들어가며, 이것은 현대 사회에서 나타나는 새로운 여성 욕망과 밀접하게 관련된다. 그리고 현대 사회의 소비주의 문화 속에서 여성이 지닌 모든 가치 있는 것은 몸으로 환원되고 표상된다. 그에 따라 여성의 몸은 자연적 기능이 부여하는 역할 이외에 아름다운 여성이 가치 있는 여성이라는 신화가 여성들의 정체성을 근본적으로 새롭게 규정하고 있다. 현대 자본주의 사회에서 몸은 사유재산이다. 자본주의적 생산과 소비의 구조 속에서 여성들은 자신의 몸을 한편으로는 자본으로, 다른 한편으로는 숭배의 대상으로 간주한다. 자신의 몸을 잘 관리하여 건강과 아름다움을 유지하면 유행의 시장에서 승리할 수 있다. 여성들에게 있어서 아름다운 용모와 멋진 몸매는 상품처럼 그것을 소유한 여성의 신분을 규정해

준다고 믿는다.

현대 한국여성들의 과도한 외모와 몸매 가꾸기 열풍은 자기 파괴의 욕망으로 이어질 수 있으며, 여성들이 지금까지 살아온 자기 삶의 여정과 스스로의 가치를 부정하게 되는 결과를 초래할 수도 있다. 또한, 아름다움과 젊음에 대한 맹목적 욕망은 여성을, 우리 사회를 병들게 할 수도 있다. 이러한 결과를 가져오지 않게 하려면 여성들 스스로가 주체성에 대한 통찰이 우선시되어야 할 것이다. 밖에서 여성을 바라보는 시각적 자극에서 벗어나 여성 스스로가 외적인 아름다움만큼 내면을 가꾸는 삶을 선택하는 것은 매우 중요하다. 아름다운 외모와 젊음에 대한 맹목적 욕망 대신에 본래 주어진 모습 그대로를 받아들이고 자신을 소중하게 생각하는 것, 그리고 자신의 삶을 적극적으로 찾아가는 삶의 방식과 삶의 태도가 더 필요하지 않을까?

제 14 장

디지털 사회 욕망:
호모 모빌리쿠스

미국 뉴욕에서 사는 코벤이 차에 올라타자 로봇이 말을 건넨다. 그는 로봇과 짤막한 대화를 주고받은 후, 자동차 시동을 걸자 차고가 열린다. 그의 앞에 펼쳐지는 것은 아스팔트 도로가 아니라, 하늘이다. 그는 자동차와 함께 고층 빌딩 사이를 휘저으며 하늘을 날아다닌다. 그 사이에서 순찰하던 경찰이 수상쩍은 한 여성을 발견하고 그들이 타고 있던 순찰차는 그 여성이 누구인지 인식한다. 영화 <제5원소>가 그리는 미래 도시의 모습이다. 몇 년 후에는 영화 속 가상의 모습이 아니라 현실이 된다. 사물인터넷과 드론 등의 결합이 시도되고 무인 자동차가 상용화되는 시점이 다가오고 있다.

　집안 곳곳 조명에 달린 센서가 사람의 동선에 맞춰 조명을 자동으로 켜고 끄고, 옷장 속 센서는 빨래해야 할 옷들을 체크해 준다. 그리고 냉장고 속 센서는 유통기한이 얼마 남지 않은 음식들을 추천해 준다. 출근을 위해 집을 나서는 순간 주차장에 세워둔 차의 시동이 자동으로 켜진다. 마치 영화에서처럼 사물인터넷(IoT)이 구현할 아주 가까운 미래의 모습이다. 우리 인간의 상상 속에 머물렀던, 모든 것이 하나로 연결되는 세상이 우리 눈앞에 다가왔다. 말 그대로 세상의 모든 사물이 인터넷으로 연결되는 사물인터넷(IoT)이 이미 우리 생활 깊숙이 적용되고 있다. 이러한 새로운 기술들은 우리가 사는 공간의 모습뿐만 아니라 우리 인간의 삶의 양식까지도 변화시키고 있다.

파놉티콘(panopticon)[278]

박찬욱 감독의 영화 <아가씨>에 나오는 코오즈키의 대저택은 코오즈키가 자신의 욕망과 권력을 쌓는 공간이며 백작과 히데코가 처음 만나는 공간이기도 하다. 저택 자체가 코오즈키의 제국으로서 코오즈키의 절대 권력과 욕망의 장소라고 할 수 있다. 숙희가 처음 코오즈키의 저택 현관문을 통해 차를 타고 들어가는 장면과 낭독회가 끝나고 집으로 돌아가는 귀족들의 자동차가 현관문을 나가는 장면, 그리고 현관문을 통과해 집으로 들어갈 때의 긴 숲길은 푸코의 '파놉티콘'에서 '감시자의 시선'을 연상하게 된다. 마치 'CCTV'와 같이 중앙 감시탑에 의해 저택 안으로 들어오고 나가는 것을 통제하고 감시하는 '보이지 않는 권력'을 이미지화해서 보여주는 것처럼 보인다. 숙희가 걸어 들어가는 거대한 저택의 긴 숲길과 현관문을 통과할 때 나타나는 장면들은 수감자를 통제하기 위해 만든 '원형감옥'을 떠올리게 한다. 푸코가 『감시와 처벌』에서 언급했던, 보는 자와 보이는 자 사이의 관계와도 관련 있다. 코오즈키의 '권력'은 시각화된 권력(카메라)이 되어 저택의 곳곳에 펼쳐져 있다는 것을 암시한다.[279] 히데코가 있는 코오즈키의 대저택 자체가 감옥이다. 정신병원의 축소판이며 그 등가물이다. 코오즈키 대저택은 코오즈키 그 자체이며 그가 모든 통제와 감시의 주체라는 것을 대변하고 있다.

제러미 벤담은 그가 원하는 방식으로 사람을 개선할 수 있도

---

278) 1791년 영국의 철학자 제러미 벤담이 죄수를 효과적으로 감시할 목적으로 고안한 원형감옥을 말한다.

279) 김용희, 「박찬욱 영화 '아가씨'의 구성과 스토리텔링 분석」, 『한국문예창작』 제15권 제3호(통권 38호), 2016, 177~178쪽 참조.

록 완벽하게 통제할 수 있는 수단으로 파놉티콘을 구상하였다. 이 파놉티콘을 통해 자신이 구상한 이상 사회 원리를 구체화하고 실현하고자 했다. 이것은 단지 하나의 기능으로만 사용되는 것이 아니라 모든 곳에 사용될 수 있다. "만일 다수의 사람에게 일어나는 일을 모두 파악할 수 있고, 우리가 원하는 방식으로 이끌 수 있도록 그들을 에워쌀 수 있는, 그들의 행동과 인적 관계, 생활환경 전체를 확인하고 그 어느 것도 우리의 감시에서 벗어나거나 의도에 어긋나지 않도록 할 수 있는 수단이 있다면, 이것은 국가가 여러 주요 목적에 사용할 수 있는 정말 유용하고 효력 있는 도구임이 틀림없다."280)

파놉티콘은 감시자가 보이지 않는 공간에서 죄수가 자신을 감시하게 만드는 감시의 원리를 완벽하게 구체화한 자동기계이다. 이 기계의 원리는 감옥에만 적용되는 것이 아니라, 감옥 밖의 사회 어디에서나 이용될 수 있다. 벤담이 주장했던 것처럼 파놉티콘을 통해서 도덕성이 발전하고 산업이 활성화될 수 있다면, 현대사회의 무수한 권력자들은 개인의 도덕성과 생산성을 높인다는 이유로 이 기계를 이용하려고 할 것이다. 감시자의 비가시성은 권력이 어떤 집단의 우두머리이거나 가시의 역할을 하는 사람과 동일시되지 않으면서 익명적이고 자동으로 작동하게 만드는 효과가 있다.

푸코는 인간이 파놉티콘 감시구조의 사회에 살고 있다고 주장하면서 파놉티콘의 원리를 감시와 통제의 기제로 파악하였다. 파놉티콘의 이념을 감시, 통제, 교정으로 분류한다. 이 요소들이 곧 현대 사회에 존재하는 권력 관계의 기본적인 특징이며, 현대사회의

---

280) 제러미 벤담, 신건수 역, 『파놉티콘』, 책세상, 2017, 19쪽.

파놉티콘 권력의 특징이라고 할 수 있다. 따라서 이러한 파놉티콘의 원리를 사회 일반에 적용한 푸코의 파놉티시즘(panopticism) 이론은 하나의 패러다임으로서 현대 디지털 사회에서 인간의 욕망과 맞물리면서 또 다른 권력과 감시의 주체로 등장했다고 할 수 있다.

파놉티콘은 권력의 기능적 장치이자 개인을 훈련하고 순응하는 신체로 만들면서 생산력은 증가시킬 뿐 아니라, 더 많은 권력을 창출하고 사람들을 효과적으로 통제할 수 있는 기계이다. 파놉티콘의 사회는 도처에서 개인을 감시하며 개인의 행동을 관찰하고, 기록하는 사회이다. 현대처럼 컴퓨터가 일반화되어 모든 개인의 행동이 기록되고 자료화되는 사회는 디지털 파놉티콘의 사회로 명명될 수 있다.[281]

'파놉티콘'은 '모두'를 뜻하는 'pan'과 '보다'라는 뜻의 'opticon'을 합성한 것이다. 번역하면 '모두 다 본다'라는 뜻이다.[282] 원래는 죄수를 감시할 목적으로 영국의 철학자이자 법학자인 제러미 벤담(Jeremy Bentham)이 1791년 처음으로 설계하였다. 파놉티콘은 중앙의 감시탑에서 각 수용실을 단번에 파악할 수 있는 구조로, 널리 알려진 사각 원리 즉 보는 것과 보이는 것을 분리할 수 있는 건축 장치다. 벤담은 여기서 이 감시 권력이 가시적이지만 확인할 수 없는 것이 되어야 한다는 원칙을 세운다. 감시탑에서는 모든 것이 보이지만 각 수용실에서는 감시탑의 상황을 알 수 없다. 즉 감시의 주체가 드러나지 않는 것이다. 누가 감시하는지 모르지만, 항상 감시되고 있는 상태, 이를 가능하게 하는 것이 파놉티콘이다.[283] 중앙의

---

281) 미셸 푸코, 오생근 역, 『감시와 처벌: 감옥의 탄생』, 나남, 2016, 12~13쪽 참조.
282) 같은 책, 128쪽, (옮긴이 주1) 참조.
283) 같은 책, 90~91쪽.

원형 공간에 높은 감시탑을 세우고, 중앙 감시탑 바깥의 원둘레를 따라 죄수들의 방을 만들도록 설계되었다. 또 중앙의 감시탑은 늘 어둡게 하고, 죄수의 방은 밝게 해 중앙에서 감시하는 감시자의 시선이 어디로 향하는지를 죄수들이 알 수 없게 되어있다.

파놉티콘은 벤담이 설계한 뒤 주목을 받지 못하다가 푸코가 그의 저서 『감시와 처벌(Discipline and Punish)』에서 한 분석이 파놉티콘을 다시 크게 주목받게 한 계기가 되었다.[284] 푸코는 파놉티콘의 감시체계 원리가 사회 전반으로 파고들어 규범 사회의 기본 원리인 파놉티시즘(panopticism)으로 바뀌었음을 지적하면서 새로운 주목을 받기 시작한 것이다. 푸코는 이 책에서 근대의 인간들이 빠져 있는 '보다-보이다'라는 지배구조를 날카롭게 지적하고 있다.

빅 브라더[285]는 사회학적 통찰과 풍자로 유명한 영국의 소설가 조지 오웰(George Orwell, 1903~1950)의 소설 『1984년』에서 비롯된 용어이다. 긍정적 의미로는 선의 목적으로 사회를 돌보는 보호적 감시, 부정적 의미로는 음모론에 입각한 권력자들의 사회통제 수단을 말한다. 사회적 환난을 예방한다는 차원에서 정당화될 수도 있는 이 빅 브라더는 사실 엄청난 사회적 단점을 가지고 있다. 소설 『1984년』에서 빅 브라더는 텔레스크린을 통해 소설 속의 사회를 끊임없이 감시한다. 이는 사회 곳곳에, 심지어는 화장실에까지 설치되어 있어서 실로 가공할 만한 사생활 침해를 보여준다. 사회의 희망적 권력체제가 아닌 독점 권력의 관리자들이 민중을 유혹하고 정보를 왜곡하여 얻는 강력한 권력의 주체가 바로 빅 브라더의 정보수집으로 완성된다고 할 수도 있다. 과거 빅 브라더의 실체는 매우 비현실

---

284) 같은 책, 71쪽.
285) 정보의 독점으로 사회를 통제하는 관리 권력, 혹은 그러한 사회체계를 일컫는 말.

적으로 보였지만, 소설 속의 그것과 흡사한 감시체제가 현대에 이르러 실제 사회에서도 실현되기 시작한 것이다. "파놉티즘의 작동은 자기 감시 메커니즘의 내면화를 통해 순종적인 신체 혹은 규칙에 따르는 신체를 만든다."286)

2016년 미국 대통령 선거에서 도널드 트럼프 진영의 컨설팅업체가 페이스북 이용자 5,000만 명의 개인 정보를 유용해 선거 전략에 이용한 사실이 뒤늦게 드러났다. 그 업체는 영국의 캠브리지 애널티카라는 회사이다. 애플리케이션을 활용하여 개인 정보를 수집하고, 페이스북 이용자들에게 소정의 대가를 지불하면서 앱을 내려받도록 유도했다. 성격 검사 앱으로 포장하였지만 교묘하게 설계된 개인 성향 분석 프로그램이다. 5,000만 명의 성향 분석을 토대로 캠브리지 애널티카는 그들의 소비 성향, 사회 이슈, 종교, 정치적 성향까지 파악하여 선거에 맞춤형 전략을 세웠다고 한다. 우리는 현대판 빅 브라더에 포위되어 있다. 우리는 소셜미디어뿐 아니라 폐쇄회로, 차량용 블랙박스는 현대판 텔레스크린이자 파놉티콘이다.

피터 위어 감독의 <트루먼쇼(The Truman Show)>는 폭력적인 매스미디어의 본질에 대해 질문하는 동시에 리얼리티 쇼의 범람을 예측한 피터 위어의 SF 코미디영화이다. 30세의 보험회사 직원 트루먼은 집과 회사를 시계추처럼 오가며 살고 있다. 트루먼은 아버지를 일찍 여읜 것 말고는 큰 어려움 없이 성장해서 대학을 졸업하고 대학 동창 메릴과 결혼한다. 쾌활하고 유머러스한 트루먼은 좋은 남편이자 성실한 직장인이고 건전한 시민이다. 하지만 트루먼

---

286) 제러미 벤담, 124쪽.

은 무료한 일상에 회의를 느끼고 남몰래 피지로 떠날 계획을 세우고 있다. 트루먼이 피지를 선택한 것은 대학 시절 잠깐 만났다가 영문도 모른 채 헤어진 실비아가 있는 곳이기 때문이다. 트루먼은 아내가 여행에는 전혀 관심이 없고 아이를 낳을 생각뿐이라는 걸 알게 되자 혼자 떠나기로 작정한다. 아내와 여행 이야기가 오고 갈 즈음, 돌아가신 아버지를 우연히 만나는 등 이상한 일들이 벌어진다. 조명기구가 난데없이 보도블록 위로 떨어진 사건을 시작으로 트루먼은 자신의 이동 경로를 방송하는 라디오 방송까지 듣게 된다. 혼란에 빠진 트루먼은 엄마와 아내에게 고민을 토로하지만 둘 다 그의 말을 믿지 않는다. 트루먼의 삶은 태아 때부터 30년 동안 전 세계에 24시간 생중계되고 있었다. 그가 사는 세상은 거대한 세트고 그 자신을 제외한 모든 사람은 역할을 맡은 배우다. 그의 일상에 등장하는 모든 제품은 사실 광고를 위해 협찬된 물품들이고, 물 공포증조차도 그가 먼 곳으로 떠날 수 없게 조작된 것이었다. 엄마도 아내도 죽마고우도 다 연기자였다는 걸 알게 된다면 누구라도 상상할 수 없는 배신감과 공포를 느낄 것이다. 신문, 라디오 같은 공적인 매체도 다 조작되었으며 심지어 기후도 프로그램으로 조절되는 세계는 끔찍하다. 트루먼이 세트 밖으로 나가지 못하게 하려고 물 공포증을 갖도록 치밀하게 유도했다는 것도 경악할 일이다.[287] 자신의 모든 삶이 24시간 생중계된다는 사실을 오직 자신만 모르고 있었던 트루먼은 진실을 알게 되자 새로운 인생을 찾기 위해 탈출을 시도한다.

　　데이터 스캔들 파문이 확산하면서 수많은 사람이 페이스북으

---

287) [네이버 지식백과], 트루먼 쇼 (The Truman Show), (세계영화작품사전 : 매스미디어를 다룬 영화, 씨네21)

로부터 탈출하고 있다. 누군가 나의 행적과 생각을 들여다보고 있는 소름 돋는 상황이 영화가 아닌 현실에서 실제로 일어나고 있다.

OS(컴퓨터 운영체계)와 사랑에 빠지다

초연결 가상 디지털 사회에서 사랑의 욕구마저 편리하게 해결하고 싶은 현대인의 욕망을 세밀하게 그려낸 영화가 있다. 나날이 진화하는 디지털 사회에서 인간과의 소통에 힘들어서, 인간처럼 자기만의 욕망이 있는 주체가 아닌 OS(컴퓨터 운영체계)와 대화를 하고 급기야 사랑에 빠지게 되는 내용의 영화다.

스파이크 존즈 감독의 영화 'Her'에서 '테오도르'는 다른 사람들의 편지를 대신 써주는 대필 작가로, 아내와 별거 중이다. 타인의 마음을 전해주는 일을 하고 있지만, 정작 자신은 너무 외롭고 공허한 삶을 살고 있다. 그러던 어느 날, 스스로 생각하고 느끼는 인공 지능 운영체제인 '사만다'를 만나게 된다. 자신의 말에 귀 기울이고, 이해해주는 사만다로 인해 조금씩 행복을 되찾기 시작한 테오도르는 점점 그녀에게 사랑을 느끼게 된다. 처음에는 OS를 그저 차가운 컴퓨터로 인식했지만, 점점 친밀하게 다가오는 OS 사만다에게 사랑을 느낀다. OS와 사랑에 빠지는 것이 비단 테오도르만의 일이 아님을 이 영화에서 보여준다. 그녀는 항상 밝고 긍정적인 대화로 그 남자에게 삶의 활력을 준다. 테오도르는 셔츠 포켓에 항상 수첩을 꽂고 다닌다. 늘 그녀와 함께한다. 해변을 걸을 때, 버스를 탈 때 사만다는 음성을 통해 늘 그와 함께한다. 감정을 말로써 전달하는 인간의 고유 영역을 인공지능에게 거부감 없이 자리를 내어준다. OS는 인간의 개인적 감정 영역까지 세밀하게 파고든다.

영화는 이미 OS가 우리 인간의 일상 깊숙이 들어와 있다는 것을 체감하게 만든다. 테오도르는 현실에서 새롭게 만나는 이성과는 두려움 때문에 원활한 감정적 교류를 나누지 못한다. 상대방도 자기만의 고유한 욕망이 있는 존재라는 것을 알게 되는 순간, 멈칫한다. 더 이상 관계를 진전시키지 못하고 주저한다. 어쩌면 사만다와 사랑에 빠지게 된 것도 결국 사만다가 인간처럼 자기만의 욕망이 있는 주체가 아니고, 자신의 요구를 정확하게 이해하며 그저 들어주고 위로해주는 존재라는 것을 이미 인식하고 있었기 때문이다. 그녀와 대화하고 싶지 않으면 그녀가 원하든 원하지 않든 그냥 일방적으로 전원을 꺼버리면 그만이다. 내가 원하는 것만 요구하면 되고, 상대방의 기분을 살피고 배려할 필요가 없다. 이는 곧 이 시대의 사람들이 소통과 이해에 굶주려 있다는 증거이다. 그러나 테오도르는 사만다와 함께 즐거운 시간을 보냈지만, 그녀가 OS라는 한계에 부딪히게 되면서 그 관계는 끝나고 만다. 몇천 명의 사람과 인연을 맺고, 그 각각의 사람들의 성향에 맞춰 맞춤형 대화 상대가 되어주는 한낱 기계일 뿐이라는 사실에 공허함을 느끼며 예전의 자신의 모습을 되돌아보게 된다.

영화에서 조그만 기계에 시선을 고정한 채 걸어 다니는 사람들의 모습이 우리 현실에서 그대로 일어나고 있다. 거리를 걸어 다니면서, 버스 안에서, 지하철 안에서, 음식점과 카페에서도 우리는 각자의 사만다와 대화 중이다. 디지털 사회를 살아가는 우리는 타인의 감정을 받아들이고, 타인을 제대로 이해하기 위해 노력하기보다는 점점 더 거부하며 살아가고 있는 것은 아닐까? 그래서 우리는 서로 생각을 공유하고 소통하는 일이 갈수록 어렵고 힘들기만한 것은 아닌지? 자기 생각과 가치관을 표현할 곳도 공유할 사람도 없는 것은 아닌지? 한 번쯤 나 자신을 들여다볼 일이다.

우리는 디지털에서만 보던 것을 아날로그로 옮겨와 직접 실체를 느끼고 싶어 한다. 우리는 때로는 디지털보다 아날로그 환경에서 더 편안함과 아늑함을 느낄지도 모른다. 우리는 아날로그 세계에서 인간이 가진 오감으로 실제로 만지고, 느끼고 싶어 한다. 인간은 이성만 있는 것이 아니라 감성도 가진 존재이기 때문에.

호모 디카쿠스

'인간'을 의미하는 'Homo'에 디지털카메라의 줄임말인 '디카'를 결합하여 만든 말로, 디지털카메라를 사용하는 인간을 뜻한다. 디지털카메라를 자유자재로 사용하고 언제 어디서나 사진을 찍어대는 호모 디카쿠스는 촬영을 통해 자신의 개성이 담긴 이미지를 생산하고, 그 이미지들을 자신의 블로그에 첨부하여 여러 사람과 공유한다. 호모 디카쿠스들에게는 문자보다 디지털카메라에 포착된 이미지가 더욱 유용한 소통의 통로인 셈이다. 이런 면에서 이들을 '호모 이미지쿠스'라는 별칭으로 부르기도 한다. 이와 유사한 용어로 '호모 핸폰쿠스'가 있는데 이는 휴대전화를 자유자재로 사용하는 사람들을 의미한다.288)

현대인들은 하루 중 일정 시간 이상을 인터넷, 소셜네트워크서비스(SNS)를 쓰고 있다. 유튜브, 페이스북, 인스타그램을 통해 자기 생각을 타인과 공유하고 영상과 이미지 자료를 나눈다. 그 중심에 셀피(selfie, 스마트폰으로 찍은 자신의 사진)가 있다.

영국 작가 윌 스토어는 자신의 저서 '셀피(Selfie)'에서 현대인

---

288) [네이버 지식백과] 호모 디카쿠스, 대중문화사전, 2009.

이 셀피에 집착하는 이유에 질문을 던진다. 셀피를 활발하게 찍는 것은 자기애와 자신의 개성을 발산하고 싶은 욕망에서 나온 행위일까? 그렇다면 셀피에 집착하는 사람들은 자기애가 강한 사람이라고 할 수 있다. 그런데 스토어는 셀피를 자세히 관찰하면 몇 가지 공통점을 발견할 수 있다고 썼다. '외향적이고, 날씬하고, 아름답고, 개인적이고, 긍정적이고, 열심히 일하고, 사회 활동도 활발히 하지만 자존감이 높은, 넓은 세계관을 지닌 사람'이라는 것이다. 현대인에게 셀피란 각기 다른 개성을 지닌 사람들이 자아를 표현하는 수단이 아니라 시대가 요구하는 이상적 인간상을 구현하려는 욕망을 드러내는 창구에 불과하다는 것이다.[289]

특히 우리나라 사람들의 '셀카' 사랑은 유별나다. 해외여행에서 한국인을 알아보는 방법이 바로 '셀카봉'이라는 재미있는 이야기가 있다. 셀카봉을 들고 열심히 사진을 찍고 있으면 어김없이 한국인이다. 멋진 자동차, 값비싼 럭셔리 제품들, 맛있는 음식, 예쁜 물건, 멋진 휴양지 사진 등을 사진을 찍어 소셜네트워크서비스에 올린다. 지인들과 일상의 대화를 나누던 SNS가 자신의 재력을 과시하고, 마치 서로 행복을 경쟁하는 장이 되었다. 그래서 어느새 행복 경쟁이 치열해지는 가운데 타인의 행복을 부러워하면서 행복 강박증에 시달리기도 하고, 때로는 타인의 행복에 미치지 못하는 자신을 보며 마냥 우울해하기도 한다.

이러한 행복 강박증은 주체할 수 없는 욕망으로 나아간다. 더 비싸고 멋진 자동차, 더 맛있는 음식, 더 예쁜 물건, 더 멋진 휴양지 사진을 SNS에 올리기 위해 과소비로 이어지면서 마치 돈이 행

---

289) 동아일보, A23면, 2017. 8. 14일 자, 글로벌 북카페, 영국 작가 스토어의 '셀피'

복의 조건인 것처럼 착각하게 된다. 비싼 자동차를 타고, 값비싼 물건을 사고, 비싼 음식점에서 좋은 음식을 먹는 삶이 곧 행복한 삶이라고 생각하는 사람들은 오늘도 다른 사람에게 뒤처지지 않기 위해 과도한 지출을 하고, 멋진 포즈로 셀카를 찍어서 자신의 SNS에 올리기에 여념이 없다. 지금 이 순간에도 호모 디카쿠스족들은 자신의 모습을 남기기 위해 사진을 찍는다. 그리고 타인의 시선을 끌 수 있는 멋진 사진을 고른다.

호모 모빌리쿠스(Homo Mobilicus)[290]

휴대폰 사용을 생활화하는 현대 사회의 새로운 인간형을 일컫는 말이다. 모바일 미디어가 인간의 생활에 미치는 변화를 문화 생태학적 관점에서 조망한 『호모 모빌리쿠스』[291]라는 책에서 비롯된 신조어로, 휴대폰이 생활 일부가 된 현대 사회의 새로운 인간형을 뜻한다. 이와 유사한 용어로는 모빌리언(Mobilian), 모빌리티언(Mobilitian)이 있다. 호모 모빌리쿠스는 휴대폰을 단순한 커뮤니케이션 매개체로 보는 것이 아니라 권력·위상·정체성 등에 대한 개인의 자각, 사회적 행동 양식, 사회적 조직방식에 연계된 현대문화의 주인공이다.

모바일의 사전적 의미는 '움직일 수 있는'이다. 자동차나 선박, 항공기, 휴대폰 등 이동성을 가진 것을 총칭한다. 정보통신에서 모바일이란 휴대폰이나 태블릿PC 등과 같이 이동 중에도 휴대 및 사용 가능한 장치나 기기를 뜻한다.

---

290) http://www.doopedia.co.kr
291) 2008년 고려대학교 언어학과 교수인 기호학자 김성도가 출간한 책.

최근 급속한 정보통신 기술의 발달로 휴대폰은 지금 대부분 스마트폰으로 바뀌고 있다. 단순히 통신 서비스에 국한되었던 기존의 휴대폰은, 현재 그 기능이 대폭 확대되어 통신 기능은 물론이고 고속의 실시간 영상을 바탕으로 정보처리, 오락 등 미디어의 기능도 갖고 있다. 이러한 고속의 다양한 서비스 제공이 가능해짐에 따라 우리 사회는 모바일 문화라는 새로운 문화가 형성되고 있다.

　　스마트폰은 커뮤니케이션이 주된 목적인 기존의 휴대전화와 구별되는 독특한 속성으로 인해 지금까지 생각하지 못한 다양하고 새로운 형태의 생활패턴을 만들어내고 있다. 텍스트, 이미지, 사운드 등 여러 가지 미디어 구성요소들의 융·복합화로 사람의 시각, 청각, 촉각 등과 연결하는 다중감각에 관여하는 멀티미디어의 고유한 특성 구현을 가능하게 한다. 스마트폰이 앱으로 다양한 기능을 수행할 수 있으므로 이는 단순한 통신 기능을 넘어 '문화 인터페이스'로서의 기능을 수행하여 책, 영화, 텔레비전 등 전통 미디어를 통한 문화를 접할 수 있도록 하는 새로운 형태의 플랫폼이 되고 있다. 이러한 스마트폰의 기능이 갖는 특이한 속성으로 우리 사회는 개인의 가치관, 인간관계, 사회구성원 간 상호성에 대한 성격까지 변화시키고 있다.

　　휴대폰은 인류가 경험한 다양한 매체 즉 문자·인쇄술·텔레비전·인터넷 중 최단기간에 가장 빠른 속도로 확산하며 현대인들의 생활필수품이 되었다. 유엔 국제전기통신연합(ITU; International Telecommunication Union)에 따르면 2009년 말까지 전 세계의 휴대폰 가입 수는 46억 건에 이르렀고, 2019년에 이르면 스마트폰 이용자가 50억 명을 넘을 것으로 예상한다. 그러면 전 세계 인구의 약 67%가 모바일과 업데이트에 귀속되는 것이다.

『호모 모빌리쿠스』의 저자는 휴대폰이 이처럼 급속하게 보급된 것은 적정 비용의 기술 제공, 후기 자본주의가 추동시킨 네트워킹 역학 등의 이유도 있지만, 무엇보다 인류가 오랫동안 꿈꿔온 '편재성의 욕망' 즉 이곳과 저곳에 동시에 존재하는 꿈을 휴대폰이 실현해주었기 때문이라는 것이다. 호모 모빌리쿠스는 즉각적 의사소통, 공적·사적 영역의 경계 붕괴, 시간과 공간의 새로운 축조 등 순기능적인 편리성을 누리지만 충동적 반응으로 소통이 원활하지 못하고, 자기 은폐 증가, 기다림의 미학의 소멸과 같은 폐단도 가지고 있다고 지적하였다.

우리가 사용하고 있는 스마트폰 앱에는 메신저, 기차·항공을 비롯한 지하철·버스 노선도, 각종 카드, 멤버쉽, 메일, 소셜 커머스, 웹브라우저, 영화 예매, 내비게이션, 스케쥴, 달력 등이 있다. 이 앱들이 없으면 이제 우리의 일상은 불가능하다. 장소에 제한받지 않고 스마트폰을 통해서 날씨, 뉴스, 이메일을 확인한다. 업무와 관련한 커뮤니케이션도 전화나 문자보다 카카오톡을 주로 이용한다. 그리고 스마트폰 게임을 하거나 모바일 TV로 미처 보지 못한 드라마나 예능 프로그램을 챙겨본다. 저녁 약속이 있으면 맛집과 메뉴를 고르고 할인쿠폰을 다운받아 예약하는 것도 스마트폰으로 해결한다. 그리고 모바일로 결제와 송금을 하고, 개인자산관리, 크라우드 펀딩도 가능한 '핀테크(Fin-Tech)'[292] 시대가 열렸다. 이제 우리는 스마트폰으로 시작해서 스마트폰으로 끝나는 '호모 스마트쿠스' 시대에 살고 있다.

---

[292] '핀테크(Fin-Tech)'는 금융과 정보기술(IT)의 합성어이다.

호모 데이터쿠스

미래는 속도경쟁이다. 폰의 신인류, 데이터가 일상을 접수한다. 식당예약, 간단한 대화, 공연 예약 등 모든 것을 데이터 통신으로 해결한다. 데이터가 모든 것을 대체하는 시대가 열렸다. 음성통화·문자 기능을 넘어, 우리 삶의 깊숙한 곳까지 데이터가 자리를 잡았다. 택시를 부르는 것은 물론 전화번호나 상호 검색, 심지어 주차장 예약까지도 데이터로 한다. 데이터가 스마트폰을 사용하는 수단이나 기능이 아닌 하나의 상품이다, 데이터는 이제 우리 삶의 일부로 자리를 잡고 있다. 데이터를 나누어 쓰고, 이월해서 쓰고, 이제는 미리 당겨쓰기까지 한다. 지인들에게 자신의 데이터를 선물하고, 또 온라인 커뮤니티 곳곳에서는 데이터 선물 서비스를 이용한 장터가 열리기도 한다.

데이터 통신 속도 개선도 갈수록 가속화되고 있다. 기가(Giga)급 속도를 제공하는 5세대(5G) 시대도 오는 2020년부터 열린다. 이때는 지금의 LTE 시대보다 더 많은 것들이 가능해진다. 모든 영역의 패러다임 기폭제가 된다는 것이다. 공상과학영화(SF)에서나 나올 법한 '순간이동'이나 '홀로그램' 등이 대표적이다. 실시간으로 대용량 콘텐츠의 송·수신이 가능해지면서 언제 어디서든 다른 공간으로 이동하는 경험을 할 수 있다.

모든 것이 연결된 '사물인터넷(IoT)'도 우리의 삶을 설레게 한다. 스마트폰과 정보통신 기술의 급성장으로 최근엔 모든 디바이스를 연결하는 사물인터넷(IoT)과 모바일 클라우드 서비스가 새로운 패러다임으로 자리 잡고 있다. 인터넷이 지구의 모든 사람을 하나로 연결했다면 사물인터넷은 지구상의 모든 사물을 하나로 연결할 목적으로 진화해간다. 클라우드 서비스는 기존 PC나 스마트폰 단말에 음악, 사진, 영상 등을 저장하는 것에서 벗어나 인터넷에 접속하기만 하면 언제 어디서든 데이터를 이용할 수 있게 하는 것을 의미한다. 현재 트랜드를 주도하는 핵심 키워드 중 하나가 바로 '4차 산업혁명'이다. '4차 산업혁명'은 모든 것이 연결되고 고도로 지능화된 '초연결 사회'를 지향한다. 실물과 디지털의 연계를 가능하게 하는 '사물인터넷'은 '만물인터넷'이라고도 불린다. 상호 연결된 기술과 다양한 플랫폼을 기반으로 한 사물(제품, 서비스, 장소 등)과 인간의 관계로 설명할 수 있다. 실생활과 가상 네트워크를 연결해 주는 센서와 여러 장비가 놀랄만한 속도로 쏟아져 나오고 있다. 더 작고 저렴하며 스마트해진 센서들은 제조 공정뿐 아니라 집, 의류, 액세서리, 도시, 운송망과 에너지 네트워크 분야까지 내장되어 활용되고 있다. 디지털 혁명은 기존의 개인과 기관의 참여와 협업 방식을 완전히 뒤바꿔 새로운 접근법을 만들어낸 것이다.[293]

초연결 사회: 모바일의 혁명

최근 급속한 정보통신 기술의 발달로 휴대폰은 지금 대부분 스마트폰으로 바뀌고 있다. 단순히 통신 서비스에 국한되었던 기존의 휴대폰은, 현재 그 기능이 대폭 확대되어 통신 기능은 물론이고 고속의 실시간 영상을 바탕으로 정보처리, 오락 등 미디어의 가능도 갖고 있다. 이러한 고속의 다양한 서비스 제공이 가능해짐에 따라 우리 사회는 모바일 문화라는 새로운 문화가 형성되고 있다. 모바일의 사전적 의미는 '움직일 수 있는'이다. 자동차나 선박, 항공

---

293) 클라우스 슈밥 저, 송경진 역, 『제4차 산업혁명』, 새로운 현재, 2016, 41~42쪽 참조.

기, 휴대폰 등 이동성을 가진 것을 총칭한다.

현대 사회는 이미 모바일 사회로 진입하였으며 스마트폰이 창출하는 새로운 형태의 문화는 SNS, 클라우드 컴퓨팅, 빅데이터 등의 디지털기술이 융합되면서 인간이 영위하는 삶의 질을 향상시키고 문화예술 발전을 촉진하고 있다. 문화 관련 산업이 정보통신 기술과 융·복합화 되어 다양한 복합적인 성격을 띤 새로운 형태의 문화가 탄생하고 있다. 디지털기술과 문화 콘텐츠 창작 기술, 예술 표현 기술, 디지털 디자인 기술 등이 어우러져 우리 생활 문화와 접목이 되면서, 모바일 문화는 현대사회의 문화 지형을 구축하는 하나의 축이 되고 있다.

예를 들어 스마트폰이 앱으로 다양한 기능을 수행할 수 있으므로 이는 단순한 통신 기능을 넘어 '문화 인터페이스'로서의 기능을 수행하여 책, 영화, 텔레비전 등 전통 미디어를 통한 문화를 접할 수 있도록 하는 새로운 형태의 플랫폼이 되고 있다. 또 하나의 특이한 예로써 '현실조작장치(reality manipulator)'를 들 수 있다. 이 현실조작장치는 스마트폰이 컴퓨터의 기능과 결합하여 가상현실 앱(VR app)이나 증강현실 앱(augmented app)으로 현실조작이 가능하다. 이러한 스마트폰의 기능이 갖는 특이한 속성으로 우리 사회는 개인의 가치관, 인간관계, 사회구성원 간 상호성에 대한 성격까지 변화시키고 있다. 사람 속으로 깊숙이 파고든 스마트폰은 새로운 형태의 모바일 문화를 계속 만들어가고 있다.

스마트폰으로 대표되는 모바일은 현대 인간의 감각 스타일, 생활패턴, 사고방식, 가치관 형성, 인간관계 등 다방면에 변화를 주고 있다. '모바일 문화'라고 불리는 새로운 형태의 현대 문화가 나타남으로써, 이를 매개로 현대인이 공간적으로 다른 곳에 존재하는 사람과 실시간으로 생활의 리듬과 흐름을 공유하게 되면서 오랫동안 확대되어 온 동시성을 더욱 촉진하고 있다.

그러나 모바일이 '감시 기기'로서 사생활 침해의 요인으로도 작용하고 있다. 모바일과 함께 많은 시간을 자신만의 세상을 구축하는 데 할애함으로써, 함께 살아가는 공동체의 기본 질서를 해칠 우려가 있다. 이는 모바일로 인한 큰 문제점으로 부각되고 있다. 때로는 사적인 감정의 보복 도구로 쓰이기도 하고, 자극적인 소재의 일반인 신상을 무차별적으로 유포하는 일이 빈번하게 일어나고 있다. 사람들이 흥밋거리로 퍼 나르는 동안 한 인간의 인권은 처참하게 유린당한다. 온라인에서 자의적으로 특정인을 응징하는 것을 묵인하는 동안 우리는 또 다른 '디지털 린칭(Digital lynching)'의 피해자가 될 수 있다.

테크노피아의 빛과 그림자

초 디지털 시대가 도래했다. 변동성(Volatility), 불확실성(Uncertainty), 복잡성(Complexity), 모호성(Ambiguity)이 혼재하는 시대다. 이 시대를 일컬어 VUCA라고 부른다.

라이언 아벤트(Ryan Avent)[294]는 디지털 혁명 시대, 일자리와 부의 미래에 대한 분석서 『노동의 미래』[295]에서 디지털 혁명이 고용을 파괴함으로써 우리 인간의 노동력을 박탈하여 우리를 실직자로 만들게 될 것인가에 대해 논의하고 있다. 그에 따르면 디지털 혁명으로 인해 세계는 걷잡을 수 없는 속도로 변모하고 있다. 그러

---

294) ≪이코노미스트≫ 수석 편집자, 경제 전문 칼럼니스트.
295) 라이언 아벤트, 안진환 역, 『노동의 미래』, 민음사, 2016.

나 디지털 혁명이 앞으로 전례가 없는 대규모 번영을 창출하겠지만, 급속한 기술 진보와 자동화로 인하여 인간의 고용 기회를 위협받을 위기에 직면해 있다고 경고한다. 디지털 혁명은 자동화, 세계화, 기계화 이 세 가지 방식으로 인간 미래의 고용 기회를 위협하는 상황에서 사람들의 일에 변혁을 가한다고 주장한다. 우리 삶과 일자리는 어떻게 변화하며, 신기술이 창출할 사회적 부는 과연 어떤 사람들이 갖게 될 것인지, 또한 소수에게 몰리게 될 엄청난 부는 어떻게 재분배될 것인지 논의한다.[296]

모바일 미디어를 매개로 한 커뮤니케이션이 타인이나 혹은 다른 분야에 대한 이해를 증진하기보다는 욕망이나 욕구불만의 해소 공간으로 이용하는 현상도 일어나고 있다. 아울러 모바일이 감시 기기로서 사생활 침해의 요인으로도 작용하고 있다는 점이다. 모바일 메신저 덕분에 삶이 편리해진 것은 분명하지만, 시간과 장소에 제한받지 않고 내려지는 업무지시 때문에 직장인들은 피로감을 느낀다. 그리고 언제 유출될지 모르는 개인 정보가 쌓여가는 것도 모바일 메신저의 폐해라고 할 수 있다. 모바일 메신저 운영사 서버에 대화 내용이 저장되기 때문에 은밀한 대화는 불안하다. 마치 거대한 세트장에 갇혀 누군가에게 나의 사생활이 그대로 노출되고, 24시간 생중계되고 있음에도 그것조차 인식하지 못하고 생활하고 있는 트루먼의 모습과 같다. 현대인들은 수십 개의 앱이나 웹 사이트를 이용한다. 그래서 늘 주기적으로 비밀번호를 바꾸고, 업데이트하기 위해 패치를 깔아야 하며, 수시로 업데이트되는 플랫폼과 앱에 적응하기 위해 최신 버전으로 업데이트하느라 바쁘다. 현대인들

---

296) 라이언 아벤트, 안진환 역, 15~16쪽 참조.

은 업데이트가 안 되면 불안하다. 누가 더 빨리 더 많은 정보와 시스템을 업데이트했느냐에 따라 진화와 도태가 결정되기 때문이다.

미국에 세계 최대 전자상거래 회사 아마존이 있다면, 중국에는 알리바바가 운영하는 타오바오가 있다. '알리페이'는 알리바바의 모바일 금융결제 서비스이다. 많은 중국인이 물건을 구입할 때 알리페이를 이용한다. 이제는 현금과 카드를 가지고 다닐 필요가 없다. 모든 소비 활동을 스마트페이로 결제할 수 있기 때문이다. 모든 소비 활동은 모바일 결제로 가능하게 된 것이다. 모바일을 이용한 핀테크[297] 기술은 스마트폰을 통해서 송금, 결제, 대출 등 모든 금융 서비스를 받을 수 있다. 핀테크 기술은 금융 생활의 혁명이다. 스마트페이 앱이 깔린 스마트폰 하나만 있으면 원하는 경제활동이 가능하다, 스마트페이는 사용이 쉽고 편리하다는 큰 장점을 갖고 있다.

그러나 모바일 시스템을 통해 내가 어떤 물건을 선호하고 구입하는지, 주로 어디에서 외식하고, 쇼핑하는지 나의 일거수일투족이 그대로 드러날 수 있다. 이러한 개인의 정보를 기반으로 한 빅데이터를 선점하려는 기업들의 경쟁이 날이 갈수록 치열해지고 있다. 만일 모바일 시스템이 해킹이라도 된다면 개인의 정보가 조작될 수도 있는 보안의 취약성에 항상 노출되어 있다. 그야말로 거대한 '빅 브러더' 시대가 올 수 있다. 왜냐하면, 스마트페이를 사용하는 개인의 연령대, 선호하는 제품, 구매 장소, 자주 가는 곳 등 빅데이터를 활용하여 개인 정보가 악용될 수 있는 여지가 많기 때문이다.

인공 지능(AI) 플랫폼 안에 스포츠, 엔터테인먼트, 음식, 음악

---

297) 핀테크란 금융(Finance)과 기술(Technology)의 합성어로 스마트폰을 통한 송금, 결제, 대출 등의 금융 서비스이다.

등 모든 생활 영역의 서비스가 실행된다. 빅스비 플랫폼 안에 다양한 서비스가 들어오면 이용자들의 편의성도 높아진다. 수많은 앱 중 어떤 앱을 써야 할지 소개해주는 역할부터 최종적으로는 앱 다운로드 없이 결제까지 가능하게 된다. 이 빅스비는 사용자가 했던 말을 기억하고 자연스럽게 대화를 이어가기도 한다. 그뿐만 아니라 사용자 정보 학습을 기반으로 개인 맞춤형 정보를 제공하기도 하고, 예약, 결제까지 서비스를 한 번에 완료하는 편리함을 갖추게 된다. 한층 진화한 AI가 등장한다.298)

인공 지능은 우리 인간의 지능을 빠르게 따라잡고 있다. 알파고는 바둑에서 아무도 생각해내지 못했던 전략을 이용해서 이세돌 9단을 꺾어 세상을 놀라게 했다. 바둑만큼은 인공 지능이 감히 침범할 수 없는 인간의 고유한 영역이라고 굳건히 믿었기 때문이다. 알파고는 인간들의 그 굳건한 믿음을 보란 듯이 한순간에 날려버렸다. 머지않아 자율주행차들이 거리로 쏟아져 나오고, 인공 지능은 질병을 진단하는 것은 물론 수술까지 완벽하게 해낼 것이고, 인간의 세밀한 감정을 이해하는 일까지도 우리 인간보다 더 잘 해낼 것이다. 인간이 직업시장에서 내몰리게 되는 일은 곧 우리 눈앞에 현실처럼 다가올 것이다. 인간의 본능적인 지배 욕망과 소유 욕망, 그리고 편리함에 대한 욕망이 디지털 사회에서 과연 어떤 모습으로 나타날까? '테크노피아'를 구현할 것인지, 인간을 통제하고 조종하는 '디스토피아'로 질주해 갈 것인지 우리의 상상을 초월한다.

---

298) 동아일보, 2018. 8. 13. B3면 참조.

제 15 장

욕망 사회:
현대 한국인의 욕망과 불안

인간이 욕망에 따라 행위 한다고 할 때 거기에는 우리가 행위하기 이전에 경험하는 어떤 심리적 상태가 있다고 할 수 있다.

현대인의 욕망 이면에 나타나는 불안은 과연 어떻게 어떤 모습으로 나타날까?

불안의 근원

하이데거는 인간을 자신이 선택하지도 만들지도 않은 세계에 자의와 상관없이 던져진 존재라고 지적했다. 인간은 자의와 상관없이 이 세계에서 살아가야만 한다. 모든 인간에게 공통된 이런 상태를 하이데거는 '피투성(Geworfenheit)'이라 이름 붙였다. 그리고 피투성(내던져짐)은 불안을 통해 자각된다. 예를 들면 일상생활의 어느 순간 '왜 나는 여기서 이렇게 살고 있을까?', 혹은 '머지않아 죽을 나에게 산다는 것은 어떤 의미가 있을까?' 같은 불안을 내포한 물음은 누구에게나 슬며시 다가온다. 그때 인간은 '왜 나는 여기에 존재하는가'라는 불안으로부터 자신이 이 세상에 던져졌고 여기에서 절대로 도망가지 못한다는 것을 자각할 수밖에 없다. 세계 속에 자의와 상관없이 던져진 인간은 불안을 통해서 이런 상황을 자각하는 동시에 새로운 자신을 포착해 내고 새로운 삶의 방식을 시작한다. 죽음의 자각을 통해서 인간은 자신을 새로운 가능성으로 던져 넣을 수 있게 되는 것이다. 인간은 불안을 통해서 피투성에 직면하지만, 역으로 이런 상황 때문에 최초로 존재와 자유의 진정한 의미를 획득하게 된다.

하이데거는 불안(Angst)을 공포(Furcht)와 대비시켜 설명하고 있다. 공포는 단적으로 우리가 세상을 살아가면서 만나게 되는 어떤 구체적인 지시 가능한 것과 연결된다. 그 구체적인 어떤 것이 우리를 무섭게 한다. 우리가 그 앞에서 공포를 느끼는 그것, 즉 무서운 것은 모든 경우에 이용 가능한 것이나 대상 가능한 것, 또는 공동현존재의 존재 방식으로부터 우리가 세계 안에서 만나게 되는 그런 것이다. 그래서 공포를 일으키게 하는 것은 위협의 성격을 지닌다. 이 위협적인 것은 우리가 세계 안에 살면서 만나는 이용 가능한 기구(器具)나 대상 가능한 사물이나 같이 사는 다른 현존재들로부터 느끼는 무서움이다. 그런 위협이 더욱 무서워질 때는 그 위협의 정체가 우리의 가처분 능력의 바깥에 처해 있으면서도 점차로 나에게 가까이 접근하고 있다고 여기는 그런 순간이다. 치안 상태가 좋지 않은 거리를 걸을 때의 무서움, 사업가가 늘 갖고 다니는 부도의 공포, 선거에 임하는 정치인이 겪는 낙선에의 두려움, 시험을 앞둔 수험생의 낙방에의 공포 등이 모두 일상적인 공포의 종류다.299)

반면에 불안은 우리가 세계 안에서 만나는 어떤 특정한 이것이나 저것에 의하여, 규정될 수 있는 존재자에 의하여 제기되는 것이 아니다. 이 불안으로 말미암아 일상적 자아의 욕망이나 욕심 등이 모두 우습고 무의미해진다. 왜냐하면, 세상에 존재한다는 것 자체가 무의미해지므로 나의 야망이나 욕심이 무의미해지는 것이 당연하기 때문이다. 세상의 무의미성이 나타나면서 현존재도 스스로 무의미성을 느낀다.300)

---

299) 김형효, 『마음의 철학』, 청계출판사, 2000, 194쪽 참조.
300) 같은 책, 195~197쪽 참조.

"불안은 위협적인 것이 접근하는 규정된 '여기'나 '저기'를 지적하지 못한다. 위협적인 것이 어디에도 없다는 것이 불안을 느끼게 하는 것의 특징이다. 불안은 불안을 느끼게 하는 것이 무엇인지 모른다. 어디에도 없다는 것이 불안을 느끼게 하는 것의 특징이다. 불안을 느끼게 하는 것이 무엇인지 모른다. 어디에도 없다는 것은 아무것도 아니라는 것을 의미하지 않고, 어디에도 없는 곳은 가까운 근처이고, 본질적으로 공간적인 의미에서 세상에 거주하고 있는 존재에 대한 세상의 현시이기도 하다. 그렇다고 위협하는 것이 가까운 곳 안에 있는 어떤 규정된 방향으로부터 접근될 수 있는 것이 아니지만, 그것은 이미 세상에 있고, 그런데도 어디에도 없다. 그것은 아주 가까이 있어서 우리를 숨 조이게 하고 숨 막히게 하지만 그것은 어디에도 없다."301)

불안은 공포와 달라서 어떤 지시 가능한 것이 자리 잡은 그런 방향성을 말할 수 있는 것이 아니고, 어디에도 그것이 뚜렷하게 존재하지는 않지만, 우리 가까운 근처에 존재하는 이상한 성질을 지니고 있음을 알 수 있다. 이런 이상야릇한 느낌이 들게 하는 불안을 하이데거는 '스산한 느낌(Unheimlichkeit)'을 갖게 하는 감정에 비유하였다. "불안 속에서 사람들은 스산한 감정을 느낀다. 현존재가 불안 속에서 마음으로 느끼고 있는 특이한 무규정성은 그런 스산한 감정에서 무엇보다 먼저 무(Nichts)와 어디에도 없음(Nirgends)으로 표현한다. 스산한 느낌은 동시에 자기 집에 있지 않음(das Nicht-zuhause-sein)을 의미한다."302) 우리가 스산한 느낌이 들게 하는 그런 기분으로서의 불안,

---

301) M. Heidegger, *Sein und Zeit*, 186쪽.
302) 같은 책, 188쪽.

'자기 집에 있지 않음'의 감정과 동시에 세상의 무의미를 현시해 주는 심정
으로서의 불안이다.303)

불안은 우리 삶의 일부를 이룬다. 불안은 늘 새롭게 변화하면
서 태어나서 죽을 때까지 우리와 동반한다. 불안은 한 민족의 문화
나 발전 정도와는 무관하게 존재한다. 불안은 우리 존재의 일부이
다. 불안은 한 사람이 체험하고 반영된 것으로만 존재하며, 불안
체험 자체는 공통적인 것인데도 늘 개인적으로 각인된 특색을 지
닌다. 불안은 개인적인 삶의 조건들과 더불어 성향이나 주변 세계
와 연관되어 있다.304)

오랫동안 불안에 관한 이론은 정신분석 이론에 지배되었다.
프로이트에 따르면 불안은 어떤 정서적 상태로서 쾌, 불쾌 등의 특
정한 느낌과 그것에 부합되는 신경 자극 전달과 그에 대한 지각과
의 결합이다. 그러나 그것은 유전적 형질로 육화된 어떤 특수하고
의미심장한 사건의 기억 속에 남아 있는 침전물일 수 있다. 그것을
다른 것과 비교하자면 개인적으로 습득된 히스테리 발작과 유사한
것이다. 인간에게 있어서 최초의 불안은 유독(惟獨)한 것이라고 할
수 있다. 인간은 그 후 실재적 불안과 신경증적 불안을 구별하게
된다. 실재적 불안은 어떤 위험, 즉 외부로부터 기대되는 손상에
대한 반응이고, 신경증적 불안은 대체로 수수께끼 같은 것이다. 실
재적 불안은 감각적으로 증가된 주의 깊음과 운동 신경적인 긴장
상태로 규정하고, 그것을 '불안 예기(Angstbereitschaft)'의 상태로
부른다. 이러한 상태로부터 불안 반응이 생겨난다.305)

---

303) 김형효, 200쪽.
304) 프리츠 리만, 전영애 역, 『불안의 심리』, 문예출판사, 2007, 13~14쪽 참조.
305) 프로이트, 임홍빈 외, 『새로운 정신분석 강의』, 열린책들, 1996, 118~119쪽 참조.

프로이트는 특히 신경증적 불안에 초점을 맞추어 그것이 세 가지의 상황에서 관찰될 수 있다고 지적한다. 첫째로 자유롭게 떠다니는 일반적인 불안증으로서 기대 불안(Erwartungsangst)이라고 할 수 있는데, 전형적인 불안 노이로제에서 발견되는 증상이다. 두 번째로 어떤 특정한 표상 내용에 단단히 연결된 것으로서 바로 공포증이다. 이것은 외부적 위험과의 관계를 조금은 인정할 수 있지만, 그에 대한 불안은 대체로 부적합하게 과장된 것일 수 있다. 마지막으로 히스테리 증상에서의 불안과 심한 노이로제 증상에서의 다른 불안 형태들이다. 그것들은 다른 증후들을 동반할 때도 있고, 증후들과는 독립적으로 발작이나 오래 지속하는 상태로 나타나게 되는데 외부적 위험을 인정할 수 있는 뚜렷한 이유가 없다는 것이다.306)

독일의 정신분석학자 프리츠 리만은 인간은 누구나 네 가지 불안 중 하나로 성격이 결정되고, 그 불안들은 아동기 때 획득되며 일부분은 체질적으로 타고난다는 이론을 내세웠다.307) 리만은 병적인 불안과 정상적인 불안을 구분 짓지 않았다. 리만은 인간의 인성을 우울한 인성, 정신 분열적인 인성, 강박적인 인성, 히스테리적 인성, 이렇게 네 가지로 나눈다. 좋든 나쁘든 모든 성격은 이 네 가지 원형에서 파생된다는 것이다.308) 이 네 가지 인성 원형의 이면에는 특정 불안이 존재한다는 것이다. 우울한 인성의 이면에는 안정감의 상실과 고립으로 체험되는 자기 되기에 대한 불안이, 강박적인 인성의 이면에는 무상과 불확실함으로 체험되는 변화에 대한 불안이, 히스테리적인 인성의 이면에는 자유의 제한에 대한 불

---

306) 같은 책, 119쪽 참조.
307) 프리츠 리만, 전영애 역, 『불안의 심리』, 문예출판사, 2007.
308) 같은 책, 27쪽 참조.

안이, 정신 분열적인 인성의 이면에는 자아 상실과 종속성으로 체험되는 자기 헌신에 대한 불안이 존재한다.309)

프리츠 리만에 따르면 인간에게 가능한 모든 불안은 결국 이네 가지 기본 불안의 변형이며, 이 네 가지 근본적인 힘과 연관되어 있다. 인간이 각자 체험한 불안의 종류와 밀도는 크게 우리가 지녀온 성향, 유전에 의존하며 또한 우리가 태어난 환경조건에 의존한다.310)

반면에 빅터 프랭클은 불안신경증이 정신적 충격이나 심리적 충격으로 해당 환자가 어린 시절에 트라우마 때문에 생기는 원인은 아니라는 것이다. 이런 것들은 불안신경증 질환의 결정적 요건도 본래 원인도 아니다. 트라우마나 감당하기 힘든 어떤 경험이 사람의 정신을 온통 상처로 뒤덮을 수 있는지, 장기간에 걸쳐 해를 미칠 수 있는지는 그 사람의 전체적인 성격 구조에 달린 것이지 경험 자체의 문제는 아니다. 중요한 것은 경험, 즉 환경이 아니라 개개인의 특성과 자신이 경험한 것에 어떤 태도를 보이느냐 하는 것이다.311)

현대인의 실존적 공허: 불안, 그리고 우울, 자살

실존적 공허는 20세기에 광범위하게 퍼져있는 현상 중의 하나로서 대개 권태를 느끼는 상태에서 나타난다. 자살의 상당수가 바로 이런 실존적 공허 때문에 일어난다. 현대 사회에 만연해 있는 우울증과 공격성, 중독성의 원인이 무엇인지 알려면 그 저변에 깔

---

309) 같은 책, 24쪽 참조.
310) 같은 책, 25쪽 참조.
311) 빅터 E. 프랭클, 강윤영 역, 『심리의 발견』, 청아출판사, 2008, 89쪽.

린 실존적 공허에 대해 먼저 이해해야 한다. 실존적 공허는 가면을 쓰거나 위장을 한 형태로 나타나기도 한다.312) 실존적 공허는 인간이 두 가지를 상실할 경우 생긴다. 하나는 인간의 동물적 생명을 둘러싼 본능적 안정감이 상실되는 경우이고, 또 하나는 예전에 인간의 생활을 지배하고 있던 전통이 상실된 경우이다.313)

잇따라 일어나는 우리나라 사람들의 자살이 우리를 혼란과 충격에 휩싸이게 한다. 흔히 우리 시대를 불안의 세기라고 한다. 실존철학에서는 모든 불안은 결국 무에 대한 불안이라는 말로 이 문제에 답을 제시하려 했다.

빅터 프랭클에 따르면 보통 불안은 우리의 삶을 위험에 빠트린다. 어떤 사람이 두려워하는 것, 불안에 차서 예상하는 일은 결국 그 사람에게 벌어지고 만다. 예를 들면 얼굴이 빨개질까 봐 무서워하는 사람은 그 때문에 얼굴이 빨개지고, 땀을 흘릴까 불안해하는 사람은 그 불안 때문에 식은땀을 흘린다. 이것은 예기불안의 악순환 메커니즘이다.314)

전문가들은 현대인의 불안은 경제 상황과 관련 있다는 분석을 하고 있다. 경제가 나빠질수록 사람들이 감정을 밖으로 표출하기보다 안으로 삭이고, 이런 불안이 우울증으로 발전하는 경향을 보인다는 것이다. 특히 우리 사회의 3대 스트레스라고 할 수 있는 입시, 취업, 노후불안 문제가 갈수록 심해지면서 우울증은 점차 늘어날 수밖에 없는 실정이다.

연령대별로 불안과 우울증을 증폭시키는 요인은 다르게 나타

---

312) 빅터 E. 프랭클, 『죽음의 수용소에서』, 177~179쪽 참조.
313) 빅터 E. 프랭클, 『심리요법과 현대인』, 29쪽.
314) 같은 책, 141~142쪽 참조.

난다. 연세대학교 세브란스병원이 정신과 환자들을 분석한 결과에 따르면, 10대는 과도한 학업 스트레스와 '집단 따돌림' 같은 학교 내에서의 갈등으로, 20·30대는 연애와 취직 등의 목표를 달성하지 못한 데서 오는 좌절감이 우울증을 일으킨다고 한다. 그리고 40·50대 여성은 폐경에 따른 신체 변화와 자식들이 장성해 품을 떠난 후 허전함을 느끼는 '빈 둥지 증후군'에 따르는 불안과 우울함이 나타난다. 그리고 60·70대는 경제적 빈곤과 독거 생활로 인한 외로움 등이 우울증 증폭 요인으로 지목된다.[315] 우리 사회에서 우울증이 워낙 감춰지고 숨기고 싶은 질병으로 인식되다 보니 밖으로 드러나는 경우가 드물다.

사람들이 느끼는 현실적인 불안 중 가장 많은 비율을 차지한 것이 바로 직장과 관련한 불안이다. 가장 큰 이유는 직장을 잃을지도 모른다는 두려움, 승진 탈락에 대한 불안 때문이다. 그런데 다른 현상이 증가하고 있다. 완벽주의, 성공과 승진에 대한 욕망 때문에 불안에 시달리는 것이다. 요즘 사람들은 성공을 꿈꾼다. 나는 절대 스스로 확인되지 않는다. 나는 항상 나와는 다른, 또 다른 어떤 것에 의해 확인되는 존재다. 그러나 나를 확인해야 하는 그 대상이 쉽게 사라지는 것이라면 존재 불안은 끊임없이 계속된다. 그래서 사회적 지위로 자신의 존재를 확인하게 된다. 빅터 프랭클은 "오늘날의 사람들은 프로이트 시대 사람들과 달리 성적으로 좌절한 것이 아니라 존재론적으로 좌절해 있다. 그리고 알프레드 아들러 시대의 사람들과 달리 열등감에 시달리는 것이 아니라 존재적 진공에서 흘러나오는 무의미함에 괴로워한다."[316]라고 지적한다.

---

315) 한국경제신문, 2009, 3, A10면.
316) 빅터 E. 프랭클, 214쪽.

사회적 지위에 대한 욕망

18세기 영국 최고의 풍자 화가였던 윌리엄 호가스는 영국 상류층의 부도덕한 결혼 세태를 풍자한 그림을 그려 그 당시의 사회상을 담아냈다. 당시의 결혼 풍습을 리얼하게 묘사하여 마치 재미있는 한 편의 이야기책처럼 6편의 연작으로 그렸다. 호가스가 활동하던 당시 영국에서는 기품 있고 우아한 생활을 유지하기 위해 돈이 없는 귀족들은 신분 상승을 꿈꾸었던 신흥 부르주아들과 결혼을 하는 것이 유행이었다. 연작의 첫 번째 작품 '결혼 계약' 그림은 돈이 필요한 몰락 직전의 백작과 신분 상승을 꿈꾸는 중인계급 상인이 자식들의 결혼 계약을 맺는 장면을 묘사하고 있다. 테이블 오른쪽에 앉은 백작은 자신의 집안이 대단하다는 것을 자랑하듯이 왼손으로 족보를 가리키고 있다. 그리고 테이블 위에는 신부 아버지가 지불한 결혼 지참금인 금화와 지폐가 쌓여 있다. 정략결혼의 당사자인 신랑과 신부는 나란히 앉아있지만, 서로에게 무관심한 듯 보인다. 신부는 손수건에 반지를 끼워 돌리며 나중에 자신의 정부가 될 변호사의 말만 듣고 있고, 푸른색 코트를 입은 신랑은 고개를 돌려 자아도취에 빠진 듯 거울을 응시하고 있다. 이 결혼으로 신흥 부르주아는 상류층이 되는 꿈을 이루고, 백작은 재정 문제를 해결하기를 바랄 것이다. 자식들의 결혼을 통해 한쪽은 명예를, 다른 한쪽은 돈을 얻고자 하는 당시 영국 사회의 귀족과 부르주아의 풍습을 재미있게 풍자해서 그려냈다. 그러나 결국 결혼과 동시에 신랑 신부는 파국의 길로 들어선다. 신랑은 방탕한 생활로 매독에 걸리고, 신부와 변호사의 외도 장면을 목격하는 바람에 격투 끝에 남편은 칼에 맞아 죽는다. 변호사도 살인죄로 사형을 당하고 신부 역시 독약을 먹고 자살한다. 서로의 욕망을 채우기 위해 실행한 정략결혼은 비극으로 끝난다.

지금의 세태는 다르다고 할 수 있을까? 미국의 아이비리그 대학들 가운데에서도 같은 대학 동문들끼리 결혼을 하는 비율이 높아지는 추세다. 특히 미국 프린스턴대 동문은 '끼리끼리 결혼'을 선호하는 것으로 소문나 있다. 그런데 같은 졸업생이라도 결혼 시기는 부모 재력에 따라 달라진다.317) 그들만의 리그에서 결합한 커플들은 사회적 지위와 경제적 효과를 훨씬 많이 누릴 수 있기 때문이다. 우리나라에서도 '금수저'는 '금수저'끼리 결합하는 사례가 많다. 자신이 누리고 있는 혜택을 계속해서 이어가려는 계산이다. 부와 명예를 계속해서 견고하게 유지하고 싶은 욕망 때문이다.

지위는 기본적으로 사회적 관심이나 매혹, 경의를 일으키는 모든 것을 의미한다. 사회적 영장류에 속하는 모든 종에서 지위가 높은 개체는 다른 개체들의 시선과 그루밍을 받는 자이자, 먹이처럼 누구나 원하는 자원 앞에서 다른 개체들을 쫓아낼 수 있는 자이자, 친구나 동맹자나 배우자가 되어달라는 간청을 더 자주 받는 자다.318)

알랭 드 보통에 따르면 사회에서 제시한 성공의 이상에 부응하지 못할 위험에 처한 결과 존엄을 잃고 존중을 받지 못할지도 모른다는 걱정, 현재 사회의 사다리에서 너무 낮은 단을 차지하고 있거나 현재보다 낮은 단으로 떨어질 것 같다는 걱정, 이런 걱정은 매우 독성이 강해 생활의 광범위한 영역의 기능이 마비될 수 있다. 불안은 무엇보다도 불황, 실업, 승진, 퇴직, 업계 동료와 나누는 대

---

317) 동아일보, 2018. 7월 3일 자, A30면.
318) 제프리 밀러, 김명주 역, 『섹스, 진화 그리고 소비주의의 비밀』, 동녘.

화, 성공을 거둔 걸출한 친구에 관한 신문 기사 등으로 유발된다. 질투를 고백하는 것과 마찬가지로 불안을 드러내는 것 역시 사회적으로 경솔한 행동이며, 따라서 이 내적인 증거는 흔치 않다. 보통 어디에 몰두한 듯한 눈길, 부서질 것 같은 미소, 다른 사람의 성공 소식을 들은 뒤 이어지는 유난히 긴 침묵 등으로만 간간이 나타날 뿐이다. 우리가 사다리에서 차지하는 위치에 그렇게 관심을 가지는 것은 다른 사람들이 우리를 어떻게 보느냐가 우리의 자아상을 결정하기 때문이다.319)

『지위 경쟁 사회』320)에서 저자는 오로지 한 단계라도 더 높은 등위를 지향하는 지위 경쟁은 사람들을 끝없는 불안과 초조 상태로 만든다. 따라서 지위 경쟁이 우리 모두의 행복을 깎아 먹으며, 전 사회적인 노력의 낭비를 가져온다고 경고한다. 본래 지위 경쟁은 학력이 사회적 지위획득의 수단이 되면서 사람들이 더 높은 학력을 취득하려 경쟁하는 현상을 일컫는 말이다. 지금 사람들은 자신이 무엇을 얼마나 가졌는지는 큰 관심이 없다. 중요한 것은 '남들보다' 무엇을 얼마나 더 가졌는가이다. 절대적인 성취보다 상대적인 위치가 더 중요해지는 경쟁, 이것이 지위 경쟁이다. 저자가 재정의한 지위 경쟁의 특징은 두 가지다. 첫째, 상대평가라는 점에서 남들과의 비교에서 자신의 순위가 달라지기 때문에 이 경쟁에는 어떤 절대적 기준이 없다. 내가 아무리 객관적으로 잘해도 남들이 더 잘하면 나는 못하는 것이다. 둘째, 보상 격차가 크다는 것이다. 만약 그 차이가 크지 않다면, 경쟁은 치열해지지 않는다. 상대평가에 따른 보상의 격차가 지위를 만들어낼 만큼 크기 때문에 사

---

319) 알랭 드 보통 저, 정영목 역, 『불안』, 이레, 2005, 8~9쪽 참조.
320) 마강래 저, 『지위 경쟁 사회』, 개마고원, 2016.

람들은 경쟁에 뛰어든다. 지위 경쟁이 관철되는 지위 경쟁 사회에서는 내가 가만히 있으면 남들이 나를 앞질러 간다. 그리고 앞서가는 사람에게는 큰 보상이, 뒤처지는 이에게는 가혹한 벌칙을 준다. 이런 구조에서는 모두가 계속 달릴 수밖에 없다. 다른 사람들이 속도를 올리면 나도 더 빨리 뛰어야 한다. 결국, 서로가 서로를 쫓으며 한시도 쉬지 못한다. 이른바 '레드퀸 효과'이다. 지위 경쟁의 연료는 '나만 뒤처지면 안 될 것 같은 불안감'이다. 우리 사회에서 지위 경쟁에서 밀려나는 건 영구적인 탈락을 의미한다. 이런 지위 경쟁은 개인에게 고통을 줄 뿐 아니라 결국에는 집단을 공멸의 위기로 몰아넣을 수도 있다는 것이다. 직장에서 동료에 뒤지지 않기 위해 야근과 휴일 근무를 밥 먹듯 하고, 자신의 능력을 과시하기 위해 명품을 두르고 다니며, 별 필요도 없는 공부를 단지 자격이나 지위를 얻기 위해 몇 년씩 해야 하는 것, 이런 것들이 지위 경쟁의 사회적 양상이다.

불확실성 시대, 현대인 그 욕망의 그늘

프리츠 리먼에 따르면 불안은 한 민족의 문화나 발전 정도와도 무관하게 존재한다. 바뀌는 것은 다만 그때그때 불안을 야기하는 불안의 대상들이고, 한편으로는 우리가 불안을 퇴치하려고 쓰는 수단과 대책들이다. 오늘날에는 예전의 문화들에서는 알지 못했던 불안들을 알고 있다. 이를테면 박테리아에 대하여, 새로운 질병의 위협에 대하여, 교통사고에 대하여, 늙음과 외로움에 대하여 우리는 불안을 느낀다. 반면 불안을 퇴치하는 방법들은 별로 바뀌지 않았다. 제물이나 주술의 자리에 오늘날엔 불안을 덮어두는 현대적

의약품이 들어섰을 뿐 불안은 우리에게 남아있다.321) 불안은 인간을 활동적으로 만들고 한편으로는 우리를 마비시킨다. 불안은 늘 일종의 신호이며 위험 경고지만, 동시에 일종의 권유 성격, 즉 그것을 극복하려는 힘 또한 가진다. 불안을 받아들이고 그것을 이겨내려고 하는 것은 우리를 발전시킨다. 반면 불안이나 불안과의 대결을 회피하는 것은 우리를 정체시킨다.

현대 사회는 개인 상담 또는 집단 상담에 대한 요구가 나날이 증폭되고 있다. 우리나라에서도 상담과 치료에 대한 수요와 공급 현상은 거의 모든 영역에서 확산하고 있다. 너무나 많은 사람이 개인적 삶의 문제로 고통 받고 있으며, 거의 모든 문제 상황의 중심에는 따지고 보면 철학적인 문제들이 도사리고 있다. 특히 불확실성의 시대에 사는 현대인들은 그 욕망의 그늘에서 하루하루 매 순간 불안에 시달리고 있다.

지난 40년간 1인당 **GDP** 상승률이 4위를 기록하면서 한국인은 물질적 풍요를 이루었다. 세계에서 가장 많이 일하는 국민 중 하나인 한국인, 하루 평균 공부하는 시간이 세계에서 가장 오래 공부하는 한국의 학생들, 그러나 각종 '삶의 질' 지수에서 한국은 하위권이다. 외국인들에게 비친 한국인들은 육체적 정신적으로 팍팍하고 통제된 삶을 사는 '불안한 우등생'일 뿐이다.322) 경제적 풍요가 우리 인간 삶의 질을 반드시 보장하지는 않는다.

우리는 자기 자신의 행복에 집중하기보다는 상대와 비교한 잣대를 가지고 자신의 행복을 가늠한다. '나는 진정 행복한가?'라는 물음보다는 '나는 남들에게 행복한 모습으로 비칠까?' '다른 사람

---

321) 프리츠 리만, 『불안의 심리』, 12쪽 참조.
322) 조선일보, 2010, 8월 8일 자, A6면.

들 눈에 나는 어떠한 모습으로 보일까?' 늘 타인의 시선을 의식하며 거기에 자신을 옭아매고 있는지도 모른다. 그래서 현대인은 불안하다. 타인의 시선은 언제, 어떤 상황에서, 어떻게 변할지 모르기 때문에.

프랭클에 따르면 "행복의 추구" 자체가 행복을 방해하는 것이다. 행복의 이유가 있으면 행복은 자동으로 그리고 무의식적으로 계속해서 따라오는 것이다. 그러므로 인간은 행복을 추구할 필요가 없다. 행복의 이유가 있는 이상, 인간은 그것에 관심을 기울일 필요가 없다. 인간이 행복을 동기의 대상으로 삼는 한, 그는 필연적으로 행복을 주의의 대상으로 삼게 된다. 그렇게 함으로써 그는 행복을 추구하는 이유를 놓치게 되며, 행복 자체는 달아나 버린다. 행복과 성공은 모두 성취의 단순한 대용물이다.[323]

인간은 그저 존재하는 것이 아니라 앞으로 어떻게 존재할 것인지 그리고 다음 순간에 어떤 일을 할 것인지에 대해 항상 판단을 내리며 살아가는 존재이다. 인간은 어느 순간에도 변할 수 있는 자유를 가지고 있다. 인간 존재의 주요한 특징 중의 하나는 인간은 그런 조건을 극복하고 초월할 수 있는 능력이 있다는 것이다. 인간은 가능하다면 세계를 더 나은 쪽으로 변화시킬 수 있고, 필요하다면 자기 자신을 더 좋게 변화시킬 수 있다.[324]

웰빙(well being)에 관심이 높아지면서 웰빙 상품 매출이 가파르게 오르고, 요가·명상 학원이 우후죽순처럼 들어서고 있는 상황에서 우울증 발병과 자살 건수가 급증하는 것은 욕망에 비례해 우리의 마음이 갈수록 경쟁에 피폐해지고 있다는 것을 보여주고

---

323) 빅터 E. 프랭클, 『의미에의 의지, 로고테라피의 이론과 실제』, 분도출판사, 39~41쪽 참조.
324) 같은 책, 206~207쪽 참조.

있는 셈이다. 내면적 행복보다는 돈, 학벌, 직업, 지위 등 외형적인 성공만을 욕망하고, 지향하는 데 가치를 부여하는 의식구조가 우리 자신을 더욱더 힘들게 하고 있는지 모른다.

에필로그

요즘 사람들이 모인 자리에서는 '비트코인' 이야기, 그리고 자고 나면 아파트 가격이 얼마가 올랐다더라… 이런 이야기들이 빠지지 않고 어김없이 나온다. 누구는 적은 돈으로 몇십억을 벌었고, 또 누군가는 몇 년 만에 백억을 벌었다는 믿을 수도 안 믿을 수도 없는 그 실체를 알 수 없는 이야기에 사람들은 귀를 쫑긋 세우고 열광한다.

우리나라 사람들은 대한민국에서 강남을 떠올리면 가장 먼저 떠올리는 키워드가 바로 '부자 동네'이다. 돈이 많은 사람이 모여 사는 곳으로 이미 부의 상징적인 의미가 된 지 오래다. 그래서 우리나라 사람들에게 강남은 부러움의 대상이며, 욕망 그 자체다. '강남'이라는 키워드는 '금수저', '능력', '권력', '욕망'을 내포하고 있다. 우수한 학군과 함께 좋은 교육 환경, 비싼 집값, 아파트 등 경제적인 부분과 교육적인 부분에서 다른 지역과 비교가 불가하다. 특히 올해 강남의 아파트값이 천정부지로 치솟는 바람에 강남에 부동산을 가지고 있으면 '금수저'라는 공식이 사람들에게 점점 더 강하게 인식되고 있다. 그래서 대부분 사람에게 '강남에 사는 금수저'는 부러움의 대상인 것이다. 왜냐하면, 강남은 마치 성공의 대명사처럼 인식되기 때문이다. 반면에 '강남에 거주하는 금수저'는 서민층의 사람들에게는 질투와 반감의 대상이기도 하다. 열심히 노력해도 평생 다다를 수 없는 곳이라는 것을 알기 때문에.

최근 세간에 인기를 끌었던 드라마 'SKY 캐슬'은 입시에 집착하는 대한민국 상류층 학부모들의 민낯을 폭로하였다. 대한민국 상위 0.1%가 모인 'SKY 캐슬'에서는 자식의 교육을 매개로 자신들이 그동안 누려온 부와 명성, 그리고 권력과 사회적 지위를 자신의 자식들에게 그대로 대물림하기 위해서 발버둥 치는 욕망을 보여주었다.

프랑스 사회학자 피에르 부르디외는 자신의 저서『구별 짓기』라는 책에서 상류층의 문화를 끊임없이 모방하면서 계층 상승을 꿈꾸는 인간의 숨은 욕망을 분석했다. 우리가 더 좋은 집, 더 좋은 차, 더 좋은 옷, 더 좋은 신발에 항상 눈길을 빼앗기는 이유는 단순히 그 물건들이 나에게 꼭 필요해서가 아니라 하층민과의 '구별 짓기'를 통해서 상류층에 소속되고 싶은 욕망을 멈추지 못하기 때문이라는 것이다.

너도나도 몇십억, 몇백억, 그리고 더 크고 좋은 차, 더 큰 평형의 아파트, 모든 게 '업 사이징'이 목표다. 그러고 보면 우리 인간은 자신이 가진 것에 만족하는 법이 없는가 보다. 무언가를 이루었을 때 인간이 보이는 가장 흔한 반응은 만족이 아니라 지금보다 더 갈구하는 것이다. 인간은 항상 더 맛있고, 더 크고, 더 나은 것을 찾는다. 그 한가운데 비트코인과 집값 열풍은 평범한 소시민들에게 왠지 모를 씁쓸함과 허탈감에 빠져들게 한다. 마치 잡으려고 안간힘을 써도 잡히지 않는 신기루와 같기 때문이다.

반면 이런 열풍과는 상관없이 최근 들어 개인의 행복을 중시하는 분위기와 맞물리면서 '욜로(You Only Live Once)', '워라밸(Work and Life Balance)' '소확행(소소하지만 확실한 행복)' 트랜드가 우리 사회에 전반적으로 확산하고 있다. 큰 흐름에서 본다면

'웰빙'이나 최근의 '욜로', '워라밸', '소확행'은 모두 삶의 질과 행복을 최고의 가치로 삼는다. 그러나 그 가운데 '소확행'은 일상에서 느낄 수 있는 작지만 확실하며 실현 가능한 행복을 추구하는 삶의 경향이다. 평범한 일상에서 자주 느낄 수 있는 소소한 기쁨이 행복의 원천이라고 생각한다.

원래 '소확행'이란 용어는 일본의 소설가 무라카미 하루끼의 에세이 <랑겔한스 섬의 오후>(1986)에서 쓰인 말이다. 바쁜 일상이지만 순간순간 느끼는 작은 즐거움이 있다. 작가 무라카미 하루키는 이를 '소확행(小確幸·작지만 확실한 행복)'이라고 표현했다. 1970~80년대 버블 경제 붕괴로 경제가 침체하며 힘들게 지낸 경험을 토대로, 소소한 행복을 추구하는 심리가 담긴 용어다.

'막 구운 따끈한 빵을 손으로 뜯어 먹는 것, 오후의 햇빛이 나뭇잎 그림자를 그리는 걸 바라보며 브람스의 실내악을 듣는 것, 서랍 안에 반듯하게 접어 넣은 속옷이 잔뜩 쌓여 있는 것, 새로 산 정결한 면 냄새가 풍기는 하얀 셔츠를 머리에서부터 뒤집어쓸 때의 기분, 겨울밤 부스럭 소리를 내며 이불 속으로 들어오는 고양이의 감촉…'

경기 침체와 개인화가 가속화되면서 혼란과 불확실성 속에서 스스로 자아와 행복을 찾아가는 새로운 소비 흐름이 자리 잡고 있다. 평범한 일상에서 손에 쥘 수 있는 작지만, 현실적이고 확실한 행복을 원하는 것이다.

이제 사람들이 행복을 찾는 방식이 새로운 국면을 맞이했다. 공부하는 것, 취업하는 것, 돈을 버는 것, 결혼하는 것, 애를 키우는 것 … 어느 것 하나 녹록지 않다. 내 삶이, 우리의 삶이 항상 즐겁고, 만족스러운 행복한 삶을 살기에는 현실적으로 많은 어려움이 따른다는 것을 체감하게 된다. 나날이 치솟는 주택 구입, 낙타가 바늘구멍으로 들어가기만큼이나 어렵고 힘든 취업 전쟁, 사랑도 사치라고 생각하며 꿈도 꾸지 못하는 결혼 등 성취가 불확실한 것들을 좇으며 좌절감을 느끼고 허탈해하면서 불행하다고 생각한다.

그래서 사람들은 잡히지 않는 마치 신기루 같은 부와 성공보다 커피, 자전거, 산책, 애완동물 키우기 등 작고 일상적인 소소한 것들을 소중히 여기기 시작했다. 소확행을 추구하는 사람들은 실리를 추구한다. 예를 들어 값비싼 레스토랑에 가기보다는 편의점 도시락을 사서 캔맥주와 함께 마시며 만족한다. 번잡한 만남보다는 가볍게 혼술을 하고, 혼자 영화를 보며 느긋하게 저녁 시간을 보낸다. 지극히 현실적인 행복이다. 자신의 능력과 부를 자랑하는 대신 자신이 성취한 소소한 성과를 올리며 즐거워하는 식이다. 매일 공부한 내용을 인증하는 '스터디 인증'에서부터 자신이 요리한 음식 사진 등 그날의 성과를 SNS에 올린다. 어제와 달라진 오늘을 관찰하며 소소한 기쁨을 느낀다. 일상에서 겪는 작은 행복을 놓치지 않겠다는 움직임이 나타난 것이라고 할까? 최근의 트랜드라고 할 수 있는 '소확행' 현상 이면에는 살기 팍팍한 우리 한국 사회 분위기가 반영되어 있다고 할 수 있다.

이미 '소확행'은 세계적인 추세다. '선진국'에서는 이미 소확행이 널리 퍼져있다. '조용한, 한적한'의 뜻을 가진 '오캄(Au calme)'은 현실을 즐겨야 한다는 압박에서 벗어나 평온한 정신상태를 유지하는 프랑스인의 생활 방식을 의미한다. 이들은 현실에서 벗어나 집 앞 카페에서 커피를 마시며 조용히 시간 보내는 것을 선호한다. 스웨덴인들의 삶의 철학을 나타내는 '라곰(LAGOM)'은 '너무 적지도 너무 많지도 않은' 것을 뜻한다. 집을 값비싼 가구로 화려하게 꾸미기보다 허브를 기르며 공간을 소박하게 채우는 것에 더 많은 의미를 둔다. 그리고 편안함, 따뜻함, 아늑함을 뜻하는 덴마크어 '휘게(Hygge)'는 정서적인 편안함과 안정감에 중점을 둔 덴마크인의 삶의 방식이다.

이러한 삶의 유형은 모두 자신에게 집중하면서, 자신의 라이프스타일 자체에 기준을 두고 가치를 가진다. 순간순간 나만의 행복의 가치를 확실히 실현하는 삶에서 현재의 가치와 행복을 누리는 삶의 방식이다. 미래의 불확실함에서 느끼는 불안감, 지금보다 더 나은 미래의 꿈을 위해 현재를 희생하면서 받는 고통보다는 지금 이 순간의 행복을 놓치지 않고 누릴 줄 아는 것, 지금 내 앞에 놓인 작은 행복을 놓치지 않는 그런 삶이다. 그것은 일상에서 느낄 수 있는 작지만 확실하게 실현 가능한 행복을 추구하는 삶의 경향이다. 나의 일상에서 작지만 성취하기 쉬운 소소한 쾌감을 느끼는 것이 더 중요하다고 생각하는 것이다.

현재 우리 한국사회의 욕망은 갈증이다. 목마름 때문에 바닷물을 들이키면 더 심한 갈증을 느끼듯이, 욕망은 채우려 해도 쉽사리 채워지지 않는다. 왜냐하면, 욕망은 꿈을 성취해나가는 것이 아니라, 그저 채우는 행위이기 때문이다. 욕망이 좌절됐을 때 오는 피로감, 허탈감, 그로 인해 불안한 마음을 술, 마약, 섹스 등 순간적인 쾌락으로 정신도, 육체도 망가질 수밖에 없다. 그것은 꿈이 아니라 그저 헛된 욕망일 뿐이다.

나는 진정 무엇을 원하는가? 나 자신도 미처 깨닫지 못하고 있는 내 안에 숨겨진 욕망은 무엇인가? 내 삶에서 방관자가 아니라 주인공으로 살기 위해서는 무엇보다도 나 자신의 욕망이 무엇인지 깨달아 가는 과정이 필요하다고 본다. 우선 내 안에 있는 욕망의 정체가 무엇인지, 내가 그토록 간절하게 원하는 욕망을 먼저 찾아내는 것이 중요하다. 왜냐하면, 나 자신이 진정으로 욕망하는 것이 무엇인지를 정확하게 알게 될 때, 나의 욕망이 비로소 솔직한 모습으로, 구체적으로 드러나기 때문이다. 지금까지 나의 욕망을 타인에게 투사하며 감추려고 했던 그것은 어쩌면 진정한 나의 욕망이 아니라 끊임없이 타인에게 투사된 욕망일지도 모른다. 거기에서 벗어나는 순간, 내가 진정으로 바라고, 원하는 것을 알고 그것을 얻기 위해 노력하게 될 것이다.

그러므로 나는 왜 그것을 원하는가? 욕망의 동기를 먼저 알아야 한다. 그리고 내가 진정 원하는 것을 어떻게 성취할 것인가에 대해 질문을 던져야 한다. 그런 과정을 거친 후에 비로소 나 자신의 욕망에 따라 일상을 계획하고, 그것을 위해 더 열심히 할 수 있으리라.

결국, 우리 삶에서 진정한 욕망은 이런 질문을 통해서 수정하고 보완해나가는 그 과정에서 조금씩 내가 원하는 방향을 찾아 나가야 하는 것이 아닐까? 그러한 시도와 시행착오를 통해서 내가 진정 원하고 바라는 욕망을 향해 한 걸음씩 나아갈 수 있지 않을까? 그럴 때 우리는 시시때때로 우리를 단숨에 집어삼킬 것 같은 욕망이라는 거대한 파도와 맞서서 싸우며, 한순간 그 욕망에 휩쓸리지 않고 우리 자신을 지킬 낼 수 있을 것이다.

불확실성 속에서 생활의 많은 부분을 불안과 두려움으로 살아가고 있는 현대인들에게 욕망을 내려놓는다는 것, 집착을 버린다는 것은 쉽지 않은 일이다. 그러나 욕망을 내려놓고, 집착을 버리지 않는 한 자신에게 맞는 좋은 삶을 살아가기는 힘들 것이다. 왜냐하면, 끝없는 욕망과 집착의 속성 안에는 자기존중과 타인에 대한 존

중, 배려가 없기 때문이다. 그래서 정체를 알 수 없는 욕망과 집착에 끌려다니는 삶에는 주체성이 없다. 결국, 자신의 삶에 대한 자부심이 결여되어 공허함만이 지속될 뿐이다. 대량 생산되는 똑같은 기성복에 내 몸을 맞추기보다는, 처음부터 내가 원하는 옷감과 색감으로 나에게 맞는 삶을 디자인한다면 훨씬 행복하고 좋은 삶을 살 수 있지 않을까?

나는 지금 나만의 방식으로 삶을 즐기며, 타인의 욕망이 아니라 나의 욕망을 따라 나만의 행복한 삶을 살아가고 있는가? 한순간 탐욕이 우리 영혼을 갉아먹고, 우리 삶을 통째로 집어삼키는 일은 일어나지 않기를.

참고문헌

강대석, 『니체와 현대철학』, 한길사, 1986.

고려대 철학연구소, 『자기실현의 동력으로서의 욕망』, 한국학술정보, 2011.

고려대 철학연구소, 『극복대상으로서 욕망』, 한국학술정보, 2011.

고병권, 「스피노자의 코뮨주의: 자유를 향한 욕망의 아쌍블라주」, 『문학과 경계』, Vol. 1 No. 1, 2001.

교재편찬위원회, 『사고와 표현』, 대구가톨릭대학교출판부.

권택영, 『자끄라캉- 욕망이론』, 문예출판사, 1994.

권경선 외, 「'악식' 황선생의 쓴소리 "미식은 거짓말"」, 『한국일보』, 2015.

김명주, 「욕망 개념을 통해서 본 들뢰즈 철학의 의미-'탈주'와 '생성'」, 『철학논총』, 제57집 제3권, 새한철학회, 2009.

김영희, 「욕망에 관한 모색: '욕망의 생성'에 관한 연구」. 『대동철학』 제43집, 대동철학회, 2008.

김서영, 『영화로 읽는 정신분석』, 은행나무, 2014.

김성도, 『호모 모빌리쿠스』, 삼성경제연구소, 2008.

김석, 「욕망하는 주체와 욕망하는 기계-라캉과 들뢰즈의 욕망이론-」, 『철학과 현상학 연구』 29, 한국현상학회, 2006.

김영필, 『현대철학의 전개』, 이문출판사, 1998.

김용희, 「박찬욱 영화 「아가씨」의 구성과 스토리텔링 분석」, 한국문예창작 제15권 제3호(통권 38호), 2016.

김원철, 「욕망은 인간의 본질 그 자체이다」, 『범한 철학』 제55집, 범한 철학회, 2009.

김형효, 『마음의 철학』, 청계출판사, 2000.

네그리(이기웅 옮김), 『전복적 스피노자』, 서울: 그린비, 2005.

노의현, 「'먹방'의 욕망에서 '쿡방'의 욕망으로」, 문화과학 86, 『문화과학사』, 2016.

니체, 강대석 역, 『차라투스트라는 이렇게 말했다』, 2부, 이문출판사.

니체, 강수남 역, 『권력에의 의지』, 청하, 1988.

니체, 김대경 역, 『비극의 탄생』, 청하, 1980.

니체, 권영숙, 『즐거운 지식』, 청하, 1989.

다니엘 데닛 저, 이희재 역, 『마음의 진화』, 두산동아, 1996.

데이비드 볼리어 저, 배수현 역, 『공유인으로 사고하라』, 갈무리, 2015.

데이비드 흄, 이준호 역, 『정념에 관하여: 인간 본성에 관한 논고 2』, 서광사.

데카르트, 소두영 역, 『방법서설』, 동서문화사, 2007.

데카르트, 김선영 역, 『정념론』, 문예출판사, 2013.

데카르트, 최명관, 『방법서설』, 서광사, 1989.

도스토옙스키, 이동현 역, 『지하생활자의 수기』, 문예출판사.

들뢰즈, G.(이진경/권순모 옮김), 『스피노자와 표현의 문제』, 서울: 인간사랑, 2003.

들뢰즈/과타리(김재인 역), 『천 개의 고원』, 새물결, 2002.

들뢰즈/과타리(최명관 역), 『앙띠 외디푸스』, 민음사, 1997.

들뢰즈/과타리(하태관 역), 『감각의 논리』, 민음사, 1995.

들뢰즈/과타리(박기순 역), 『스피노자와 철학』, 민음사, 1999.

들뢰즈, G.(박기순 옮김), 『스피노자의 철학』, 서울: 민음사, 1999.

들뢰즈, G.(이진경/권순모 옮김), 『스피노자와 표현의 문제』, 서울: 인간사랑, 2003.

들뢰즈, 과타리(이정임・윤정임 옮김), 『철학이란 무엇인가』, 서울: 현대미학사, 1999.

들뢰즈, 『푸코』, 동문선, 2003.

라이언 아벤트, 안진환 역, 『노동의 미래』, 민음사, 2016.

르네 지라르, 김치수 역, 『낭만적 거짓과 소설적 진실』 (한길그레이트북스 53), 한길사, 2001.

리엄 B. 어빈 저, 윤희기 역, 『욕망의 발견』, 까치, 2008.

마강래 저, 『지위 경쟁 사회』, 개마고원, 2016.

마르쿠제, 김문환 역, 『에로스와 문명』, 나남, 1990.

마르셀 푸르스트, 『잃어버린 시간을 찾아서』, 국일미디어, 2011.

말렉 슈벨 저, 서민원 역, 『욕망에 대하여』, 동문선, 2001.

멜린다 데이비스 저, 박윤식 역, 『욕망의 진화』, 21세기북스, 2003.

미셸 푸코, 오생규 역, 『감시와 처벌』, 나남, 2016.

미셸 푸코, 이규현 역, 『성의 역사 1권: 앎의 의지』, 나남, 1990.

미셸 푸코, 황정미 역, 『미셸 푸코, 섹슈얼리티의 정치와 페미니즘』, 새물결, 1995.

문성원, 「생산하는 욕망과 욕망의 딜레마-들뢰즈와 과타리의 욕망이론-」, 『코키토』, (65), 부산대학교 인문학연구소, 2008.

문장수 외, 「강박증에 대한 프로이트적 정의와 원인에 대한 비판적 분석」, 『철학논총』, 제82집, 새한철학회, 2015.

박민미, 「푸코의 근대 권력 비판과 '성-주체'」시대와 철학 제16권 3호, 2005.

박범신, 『은교』, 문학동네, 2010.
박삼열, 「스피노자의 욕망윤리학과 정신분석」, 『근대철학』 제7권, 서양근대
　　철학회, 2012.
박정희, 「한의 페미니즘적 이해: 나혜석의 경우」, 철학논총, 새한철학회.
박찬국, 「쇼펜하우어의 형이상학적 욕망론에 대한 고찰」, 철학사상 36, 서울
대학교 철학사상연구소, 2010.
발리바르(진태원 옮김), 『스피노자와 정치』, 서울: 이제이북스, 2005.
변광배, 『장 폴 사르트르 시선과 타자』, 살림, 2016.
백승영, 『니체 디오니소스적 긍정의 철학』, 책세상.
보르빈 반델로브, 한경희 역, 『불안, 그 두 얼굴의 심리학』, 뿌리와 이파리, 2008.
브루스 핑크, 김서영 역, 『에크리 읽기』, 도서출판 b, 2007.
빅토르 델보스/모리스 블롱델(이근세 옮김), 『스피노자와 도덕의 문제』,
　　서울: 선학사, 2003.
뽈 디엘, 안용철 역, 『그리스 신화의 상징성』, 현대미학사.
빅터 E. 프랭클, 『의미에의 의지, 로고테라피의 이론과 실제』, 분도출판사, 1980.
빅터 E. 프랭클, 이봉우 역, 『심리요법과 현대인』, 분도출판사, 2000.
빅터 E. 프랭클, 『삶의 의미를 찾아서』, 아이서브, 2003.
빅터 E. 프랭클, 이시형 역, 『죽음의 수용소에서』, 청아, 2005.
빅터 E. 프랭클 저, 김영철 역, 『태초에 의미가 있었다, 정신분석에서 로고테
　　라피 에로』, 분도출판사, 2006.
빅터 E. 프랭클, 강윤영 역, 『심리의 발견』, 청아출판사, 2008.
사르트르, J. P. 『존재와 무』, 정소성 역, 동서문화사, 2009.
사르트르, 방곤 역, 『구토』, 문예출판사, 1999.
사르트르, J. P. 『존재와 무』, 정소성 역, 동서문화사, 2009.
색, 계(色, 戒), 세계영화작품사전 : 성과 에로스를 다룬 영화, 씨네21.
서사이토 다카시 저, 홍성민 역, 『세계사를 움직이는 다섯 가지 힘』, 뜨인돌
　　출판사, 2010.
서동욱 저, 『들뢰즈의 철학: 사상과 그 원천』, 민음사, 2002.
서동욱, 「들뢰즈의 마지막 스피노자주의」, 『철학연구』 제57집, 철학연구회, 2002.
서머싯 몸, 황소연 역, 『인생의 베일』, 민음사.
성회경, 「스피노자 『에티카』의 '신'개념에 대한 유식·불교 철학적 이해」,
　　『철학논총』 제50집, 새한철학회, 2007.
성회경, 「스피노자 인식론의 유식·불가적 이해」, 『철학논총』 제54집, 새한철
　　학회, 2008.

셰익스피어, 김종환 역, 『맥베스』, 태일사, 2002.

소병일, 「생리학적 욕망과 기하학적 이성 간의 갈등·정념론을 중심으로 본 데카르트의 욕망관」, 범한 철학회 논문집, 『범한 철학』, 제55집, 2009년 겨울,

소병일, 「욕망과 정념을 중심으로 본 칸트와 헤겔의 차이」, 『범한 철학』 제59집, 2010.

소병일, 「헤겔의 행복관: 욕망 충족으로서의 행복」, 『철학』 126, 한국철학회.

소병일, 「인륜성의 실현으로서 욕망의 변증법」, 『철학연구』 제41집, 고려대학교 철학연구소, 2010.

소포클레스, 강대진 역, 『오이디푸스 왕』, 민음사, 2013.

쇼펜하우어, 최현 역, 『쇼펜하우어 인생론』, 범우사, 2008.

쇼펜하우어, 이동진 역, 『사랑은 없다』, 해누리, 2009.

쇼펜하우어, 곽복록 역, 『의지와 표상으로의 세계』, 을유문화사, 2007.

쇼데를로 드 라클로, 윤진 역, 『위험한 관계』, 문학과 지성사, 2007.

스크러턴 R.(정창호 옮김), 『스피노자』, 서울: 시공사, 2000.

스크러턴 R.(조현진 옮김), 『스피노자』, 서울: 궁리, 2002.

스피노자(강영계 옮김), 『에티카』, 서울: 서광사, 1990.

스콧 피츠제럴드, 김욱동 역, 『위대한 개츠비』, 민음사, 2009.

신승철, 「들뢰즈/과타리의 욕망론과 신체론에 대한 고찰·『천 개 고원』의 제6장 '기관 없는 신체'를 만드는 법을 중심으로」, 『철학·사상·문화』 제1집, 동국대학교 동서사상연구소, 2005.

신철하 저, 『이미지와 욕망: 서사, 욕망, 시간에 관한 코기토』, 한양대학교 출판부, 2012.

신승철 저, 『대한민국 욕망보고서』, 당대, 2011.

시몬 드 보부아르, 조홍식 옮김, 『제2의 성』, 을유 문화사, 2002.

심하늘, 「트렌드 '먹방'을 찾는 사람들 인터넷 먹는 방송 보면서 밥 먹고 외로움 달래고」, 『주간조선』, 2241호, 2013.

아미르 D. 악젤 저, 김명주 역, 『데카르트의 비밀 노트』, 한겨레출판, 2008.

안종수, 「스피노자와 유학」, 『철학논총』 제44집, 새한철학회, 2006.

알렉상드르 마트롱 지음, 김문수·김은주 옮김, 『스피노자 철학에서 개인과 공동체』, 도서출판 그린비, 2008.

알랭바디우 저, 박정태 역, 『들뢰즈-존재의 함성』, 이학사, 2001.

알랭 드 보통 저, 정영목 역, 『불안』, 이레, 2005.

알베르 소불 저, 양영란 역, 『프랑스 대혁명』, 두레, 2016.

양선이, 「흄의 철학에서 행복의 의미와 치유로서의 철학」, 『철학논집』, 제43집, 2015

연효숙, 「헤겔, 스피노자, 들뢰즈의 욕망론에 대한 한 해석」, 『해석학 연구』 제17집.

에피쿠로스, 오유석 역, 『쾌락』, 문학과 지성사, 1998.

에픽테토스, 김재홍 역, 『엥케이리디온』, 까치, 2003.

엘리자베스 라이트 저, 이소희 역, 『라캉과 포스트 페미니즘』, 이제이북스, 2002.

앤서니 기든스 저, 황정미 외, 『현대사회의 성, 사랑, 에로티시즘』, 새물결, 2001.

오생근, 「데카르트, 푸코, 들뢰즈의 육체」, 『성 평등 연구』 9권, 가톨릭대학교 성평등연구소, 2005.

오은하, 「사르트르 실존적 정신분석: 그 미완의 존재 윤리」, 『프랑스학 연구』 78, 프랑스학회.

윤수종 저, 『욕망과 혁명』, 서강대학교 출판부, 2009.

윌리엄 B. 어빈 저, 윤희기 역, 『욕망의 발견』, 까치, 2008.

윌리엄 서머셋 몸, 송무 역, 『달과 6펜스』, 민음사, 2000.

유재명, 「사르트르의 구토에 나타난 '구토'의 구조화 양태」, 『한국프랑스학논집』 제45집, 프랑스학회, 2004.

음성원, 「맛있는 '먹방', 시청자 관심도 폭풍 흡입」, 『한겨레』, 2013.

이나가키 에미코, 『그리고 생활은 계속된다』, 김미형 역, 엘리, 2018.

이성환, 「사르트르 속의 헤겔: 사르트르의 대타존재론」, 『철학논총』, 제78집

이승환, 「후기근대적 신체-주체의 부박(浮薄)함에 대하여」, 『인문연구』, 47호, 2004.

이영호, 「힘에의 의지의 구조적 고찰」, 『니체 철학의 현대적 조명』, 청람.

이정호 저, 『테스트의 욕망: 정신분석과 영미문학 텍스트 읽기』, 서울대학교 출판부, 2005.

이진우, 「욕망의 계보학」, 『니체연구』, 제6집, 한국니체학회, 2004.

이진경, 『노마디즘』, 휴머니스트, 2002.

이찬, 「맹목적 욕망과 자기인식의 결여: 부끄러움에 대한 철학적 인간학의 성찰」, 범한 철학회 논문집, 범한 철학, 제63집. 2011.

이현수, 『이상행동의 심리학』, 대왕사, 2002.

이효인, 『영화로 읽는 한국 사회 문화사』, 개마고원, 2003.

임마뉴엘 칸트, 이원봉 역, 『도덕 형이상학』, 책세상, 2002.

임마뉴엘 칸트, 이남원 역, 『실용적 관점에서 본 인간학』, 울산대학교출판부, 1998.

자크 라캉, 김석, 『에크리』, 살림, 2015.

자크 라캉, 권태영 역, 『욕망이론』, 문예출판사, 1994.

장시기 저, 『들뢰즈와 탈근대 문화연구』, 당대, 2008.

장 자크 루소, 주경복·고봉만 역, 『인간 불평등 기원론』, 책세상, 2003.

장 자크 루소, 이환 역, 『사회계약론』, 서울대학교출판부, 2011.

장필화, 『여성, 몸, 성』, 또 하나의 문화, 1999.

존 엘드리지 저, 김애정 역, 『인간의 욕망』, 포이에마, 2010.
장시기 저, 『들뢰즈와 탈근대 문화연구』, 당대, 2008.
장 보드리야르 저, 이상률 역, 『소비와 사회』, 문예출판사, 1999.
전영갑 「도덕적 이성주의에 대한 흄의 논박」, 『대동철학』 제44집, 2008.
전영갑, 『욕망의 통제와 탈주』, 한길사.
정미숙, 욕망, 「무너지기 쉬운 절대성-한강 연작소설 『채식주의자』의 욕망 분석」,
　　　『코키토』 (65), 부산대학교 인문학연구소, 2008.
제프리 밀러, 김명주 역, 『섹스, 진화 그리고 소비주의의 비밀』, 동녘, 2014.
조심선희, 「섹슈얼리티」, 여성이론, 14, 『도서출판 여이연』, 2006.
조안 핑겔슈타인 저, 김대웅 공역, 『패션의 유혹- 욕망의 문화사』, 청년사, 2005.
조홍길 저, 『욕망의 블랙홀』, 한국학술정보, 2010.
존 엘드리지 저, 김애정 역, 『인간의 욕망』, 포이에마, 2010.
진인혜, 「플로베르의 마담 보바리-'다른 곳'을 향한 욕망과 아프로디지아-」,
　　　유럽사회문화 제3호.
질 들뢰즈 저, 권영숙 외, 『들뢰즈의 푸코』, 새길, 1995.
질 들뢰즈, 한정헌 역, 『경험주의와 주체성』, 난장출판사, 2012.
철학 아카데미, 『처음 읽는 프랑스 현대철학』, 동녘.
최봉영 저, 『주체와 욕망』, 사계절출판사, 2000.
카트린 방세 저, 이세진 역, 『욕망의 심리학』, 북폴리오, 2006.
클레어 콜브룩 저, 백민정 역, 『질 들뢰즈』, 태학사, 2004.
키머러 라모스, 저, 홍선영 역, 『몸, 욕망을 말하다』, 생각의 날개, 2009.
파스칼, 박은수 역, 『팡세』, 마당문고, 1985.
프로이트, 김석희 역, 『꿈의 해석』, 열린책들, 2004.
프로이트, 김석희 역, 『문명 속의 불만』, 열린책들, 2004.
프로이트, 김석희 역, 『정신분석학의 근본 개념』, 열린책들, 2004.
프로이트, 김석희 역, 『성욕에 관한 세 편의 에세이』, 열린책들, 2004.
프로이트, 김석희 역, 『늑대인간』, 열린책들, 2004.
프로이트, 임홍빈 외, 『새로운 정신분석 강의』, 열린책들, 1996.
프리츠 리만, 전영애 역, 『불안의 심리』, 문예출판사, 2007.
플로베르, 김화영 역, 『마담 보바리』, 민음사, 2000.
피터 퍼타도, 마이클 우드 저, 김희진, 박누리 역, 『죽기 전에 꼭 알아야 할
　　　세계 역사 1001 Days』, 마로니에북스, 2009.
한강, 『채식주의자』, 창비, 2016.
한자경 외, 『욕망, 삶의 동력인가 괴로움의 뿌리인가?』, 운주사.

허경, 「프로이트와 니체, 욕망의 '억압'과 '긍정'」, 『철학연구』 제41집, 고려
　　대학교철학연구소, 2010.
헤겔, 임석진 역, 『정신현상학 1, 2』, 한길사, 2005.
헤겔, 이동춘 역, 『법의 철학』, 박영사, 2001.
헨리 데이빗 소로우 저, 강승영 역, 『월든』, 은행나무, 2011.
홉스, 김용환 역, 『리바이어던』, 살림출판사, 2005.
홍덕선 외, 『몸과 문화』, 성균관대학교 출판부, 2009.
홍영미, 「스피노자의 코나투스 이론」, 『철학연구』, Vol. 73 No, 철학연구회, 2006.

Bruce Fink, *A Clinical Introduction to Lacanian Psychoanalysis:*
　　therory and Technique, 맹정현 역, 민음사, 2002.
Descartes, *The Passions of the Soul,* The philosophical Writings of
　　Descartes Vol. I (trans. and ed. by John Cottingham, Robert
　　Stoothoff, Dugald Murdoch), Cambridge Univ. Press, 1985.
Hegel, *Phänomenologie des Geistes,* Gesammelte Werke, Band 9, Hamburg/M,
　　1980.
Hegel, *Nürnberger und Heidelberger Schriften,* Suhrkamp, 1970.
Marcus Aurelius, *Meditations,* Translated by Maxwell staniforth, London:
　　Penguin, 1964.
M. Heidegger, *Sein und Zeit*
Magda B. Arnold and John A. Gasson, *The Human Person,* Ronald Press, New York,
　　1954.
Platon, *Symposion,* 200a-d, *Sämtliche werke* 2, Hamburg, 1957
Platon, *Politeia/Der Staat, 442a, Werke in acht Bänden, Griechisch und*
　　Deutsch, Vierter Band(Darmstadt: Wissenschaftliche Buchgesellschaft,
　　1971), pp. 350~353. 한국어판; 플라톤, 박종현 역, 『국가』, 서광사.
Thomas Hobbes, *Leviathan,* Oxford University Press, 2009.
Seneca, *"On the Happy Life"* In *Moral Essays,* Vol. II. Translated by
　　John W. Basore. Cambridge, MA: Harvard University Press, 1932.
Seneca, *Letters from a Stoic.* Translated by Robin Campbell. London:
　　Penguin, 1969.
Spinoza, Baruch(1883), *The Chief Works of Benedict de Spinoza.* 2 vols.
　　Translated by R. H. M. Elwes, London: Chiswick Press.

Spinoza, Baruch(1925), *Spinoza Opera.* 4 vols. Edited by Carl Gebhardt. Heidelberg: Carl Winter.

Spinoza, Baruch(1949), *Ethics.* Translated by James Gutmann. New York and London: Hafner Press.

Spinoza, Baruch(1985), *The Collected Works of Spinoza.* Vol. 1. Edited and translated by Edwin Curley. Princeton: Princeton University Press.

Spinoza, Baruch(2002), *Spinoza Complete Works.* Edited and translated by Samuel Shirley. Indianapolis and Cambridge: Hackett Publishing Company.

Spinoza, Baruch de, *Die Ethik*, Marixverlag, Wiesbaden 2007.

Spinoza, Baruch de, 추영현 역, 『에티카 정치론』, 동서출판사, 2008.

Spinoza, Baruch de, 강영계 역, 『에티카』, 서광사, 2007.

William Desmond, *Desire, Dialectic, and Otherness*, Cascade Books, 2013.

William Braxton Irvine, *On Desire: Why We Want What We Want*, Oxford Univ Pr, 2007.

Wetlesen, J., *The Sage and the Way: Spinoza's Ethics of Freedom*, The Netherlands: Van Gorcum, Assen, 1979.

Yirmiyahu Yovel, *Desire and Affect: Spinoza as Psychologist- Spinoza As Psychologist*, Fordham Univ Pr, 2000.

경남 매일, 2017. 3. 8일 자.

교수신문, 2010. 8. 23.

[네이버 지식백과] 바흐, 커피 칸타타 [J.S. Bach, Coffee Cantata BWV 211] (클래식 명곡 명연주).

[네이버 지식백과] 트루먼 쇼 (The Truman Show), (세계영화작품사전 : 매스미디어를 다룬 영화, 씨네21).

[네이버 지식백과] 호모 디카쿠스, 대중문화사전, 2009.

[네이버 지식백과] 나혜석 [羅蕙錫]

동아일보, A23면, 2017. 8. 14일 자, 글로벌 북카페, 영국 작가 스토어의 '셀피'

동아일보, 2018. 8. 13. B3면.

조선일보, 헬스조선, 2008. 11. 04.

조선일보, 2016. 7. 12.

위키백과

한국경제신문, 2010. 1. 27.

한국경제신문, 2010. 9. 2.

한국일보, 2010. 10. 26.

헬스조선, 2008. 11. 4.

http://medical-tribune,co.kr/news/articleview.html?idxno=38575

http://www.hani.co.kr/arti/specialsection/esc_section/784780.html#csidx09648
        5836a1878fbc1766608ecef103.

http://www.doopedia.co.kr

박정희

대구가톨릭대학교에서 철학박사학위를 취득하였으며,
대구교육대학교 학술연구교수를 역임했다.
현재 창원대학교에서 철학을 강의하며,
주로 심리철학, 여성철학을 비롯하여
현실문제들과 관련된 철학 분야의 글을 발표하고 있다.

욕망의 메타포

서양 철학자들의 욕망 담론을 통해 욕망의 메커니즘을 말하다

초판인쇄 2020년 3월 30일
초판발행 2020년 3월 30일

지은이 박정희
펴낸이 채종준
펴낸곳 한국학술정보㈜
주소 경기도 파주시 회동길 230(문발동)
전화 031) 908-3181(대표)
팩스 031) 908-3189
홈페이지 http://ebook.kstudy.com
전자우편 출판사업부 publish@kstudy.com
등록 제일산-115호(2000. 6. 19)

ISBN 978-89-268-9885-7 03160